コーポレート・イノベーション

CORPORATE INNOVATION

イノベーターへ贈る企業変革のシナリオ

内山 力【著】
TSUTOMU UCHIYAMA

まえがき

　これまで日本を支えてきた日本的株式会社は、今「変わりたい」という切なる願いを持っている。これは日本国民が政治に対し、「改革」というキャッチフレーズに賛同する不思議な現象とよく似ている。

　この願いはどこから来ているのだろうか。

　企業という生き物は「変わりたい」という変革の思いと、「このままでいたい」という保守の思いが常に併存している。変革には「変わる」ための時間と労力が必要である。保守には何もいらず、ただ流れに任せるだけである。企業が普通に生きていれば、当然のことながら変革よりも保守のベクトルが働いて、企業は「変えられない」。しかし変革へのストレスは、企業の若手層を中心にマグマのように企業内に蓄積されていく。

　戦後60年間で確かに企業は変わった。しかしそれは企業の意思で「変えた」のではなく、いつの間にか「変わった」のである。そしてバブル崩壊後には、リストラ、コーポレート・ガバナンスなど企業の意思とは逆方向に変えざるを得なくなり、結果として「変わってしまった」。この変化は変革マグマを沈静化させるのではなく、むしろ活性化する方向に動かしていく。そしてついにこのマグマを地上に噴き出す企業が現れてくる。この企業を導火線として、日本中の企業でこのマグマ噴火が始まろうとしている。

　この噴火は従来の問題点改善や環境適応といったものとは異なり、聖域なき抜本的改革を起こそうとしている。かつては従業員が指摘するのはタブーとされた企業目標、業績評価といった経営者の専権事項、かつてはブラックボックスが当然でむしろそれを美としていた給与、人事評価、昇格といった人事制度、かつては当然のように考えられていた生産性向上、競争優位性が本当に幸せをもたらすのかという疑問……。まさに企業における従来のあらゆるパラダイムを再考、そして否定するものである。

本書は、このマグマ噴火を「コーポレート・イノベーション」と表現している。

コーポレート・イノベーションは「変わってどうするんだ。変わったら幸せになれるのか」という問いに対する答えはあえて持たず、「変わらなければ企業じゃない」という理念、「変わるんだ」という意思、「今変わらなければ変わる時がない」という時代認識に支えられるものである。

本書はこの理念、意思、時代認識のもとに、「企業は従業員が作り上げたものである」「イノベーションには従業員の合意が必要である」という2つの原則をベースとして書いたイノベーションパラダイムの記述書であり、イノベーションを志向する企業への提案書である。

したがって、本書の読者対象は経営者、マネジャー、一般社員などイノベーションを志向するすべての企業メンバーである。彼らに本書によって企業を変革しようという勇気を与えることがその目的であり、本書が日本におけるコーポレート・イノベーションのトリガーとなってもらえれば幸いである。

本書ができるまでには、多くの方々のご協力をいただいた。私がコンサルティングや経営塾、リーダー塾などの講師を担当させていただいた企業には本書を書く上で多くのヒントをいただいた。とりわけ10年来のお付き合いであるハウス食品株式会社、近畿コカ・コーラボトリング株式会社にはコーポレート・イノベーションのイメージ企業として、執筆の際には常に念頭に置かせていただいた。この「まえがき」を借りて、そして本書の内容によって感謝の言葉に代えさせていただきたい。

また弊社のスタッフである西久美子さん、北田恵さん、中村桂子さん、および私の妻でもある内山みつほには原稿作成に多大な協力をいただいた。そして産業能率大学出版部矢後日出雄氏、榊淳一氏には執筆に関するアドバイスをいただき、あわせて内容に関して私のわがままを聞いていただいた。ここに深く感謝の念を表したいと思う。

2006年3月

㈱MCシステム研究所

内山　力

コーポレート・イノベーション
CONTENTS

まえがき

第1章　イノベーションを起こす5つの波 —— 1
　1．コーポレート・イノベーションが起きる —— 2
　2．団塊の世代のリタイア —— 3
　3．ライフサイクルの変化 —— 6
　4．能力主義の波 —— 10
　5．コーポレート・ガバナンスの波 —— 13
　6．CSRの波 —— 16
　7．コーポレート・イノベーションへの提案 —— 19

第2章　経営イノベーション —— 21
　1．経営フローと経営ストック —— 22
　2．ミッションの4つの意味 —— 23
　3．ビジョンは経営者の意思 —— 27
　　（1）株主との関係は権限委譲 —— 27
　　（2）従業員との関係は合意 —— 33
　4．戦略はメッセージ —— 34
　　（1）戦略という不思議な言葉 —— 34
　　（2）ビジョンの具現化 —— 36
　　（3）やってはいけないことの誓い —— 40
　5．経営計画は目標と評価 —— 43
　　（1）指標を決める —— 43
　　　①戦略立案のための目標設定／②約束としての目標

（2）目標を配賦する ————————————————————— 48
　　（3）予算で評価する ————————————————————— 51
　6．イノベーション経営者の像 ———————————————————— 53
　　（1）イノベーション経営者に求められる資質 ————————————— 53
　　　①企業への愛／②リーダーシップ＝「人のために働く」／③チームワーク＝シナジー／
　　　④信頼感＝「逃げない」
　　（2）イノベーション経営者に求められる3つの能力 ————————————— 55
　　　①創造力／②問題解決力／③リスクヘッジ
　　（3）経営者経験を補う ——————————————————————— 56
　　（4）MUST条件とWANT条件 ——————————————————— 57
　　（5）イノベーション経営者を育てる ———————————————————— 58

第3章　組織イノベーション ———————————————————— 61
　1．組織イノベーションの構造 ———————————————————— 62
　2．人材獲得イノベーション —————————————————————— 62
　　（1）募集要件をイノベーションする ————————————————— 63
　　　①ミッションへの合意／②求める能力は能力マップで／③キャリアステップを提示
　　　する／④報酬条件を提示する／⑤退職条件を提示する
　　（2）採用イノベーション —————————————————————— 67
　　　①採用ポリシー／②採用人数モデル／③採用決定方法は評価表で
　　（3）退職は脱退ルール ——————————————————————— 71
　3．組織構造イノベーション —————————————————————— 74
　　（1）階層構造を再定義する ————————————————————— 74
　　　①秩序を作る／②プレイヤーはプロフェッショナル／③リーダーがイノベーション
　　　の決め手／④経営者は2層で
　　（2）部門構造 ————————————————————————————— 80
　　　①部門構造のポリシー／②ライン構造はミッションで決める／③スタッフ構造は
　　　機能別で
　　（3）チーム内構造は非同期で ———————————————————— 85
　　　①非同期コミュニケーション／②情報の方向

4．組織実行イノベーション ——— 91
(1) ムードを定義する ——— 91
(2) ムード作りのための能力ランキング表 ——— 94

5．評価イノベーション ——— 96
(1) 給与イノベーション ——— 96
　①給与総額を決める／②給与分配を決める
(2) 従業員評価の目的 ——— 103
　①人材獲得のために／②人事異動に使う／③ムードアップを考える／④教育に使う
(3) 従業員の評価方法 ——— 105
　①ラインプレイヤーはチームワークも評価する／②スタッフプレイヤーは能力評価のウェイトを大きく／③リーダーは業績評価がメイン／④経営者評価は予算のみ

6．教育イノベーション ——— 110
(1) 教育ポリシーを打ち出す ——— 110
(2) 教育計画 ——— 112
　①教育予算は一定額／②リーダーが予算要求／③予算調整は ROI で
(3) 教育実行・評価は OJT と Off-JT に分ける ——— 114
　① OJT はムードが大切／② Off-JT は講師がポイント

第4章　ビジネスモデル・イノベーション ——— 123

1．ビジネスモデル・イノベーションの構造 ——— 124

2．オペレーション・イノベーション ——— 125
(1) オペレーション方法を変える ——— 125
　①システム・イノベーション／②メソッド・イノベーション／③予測イノベーション
(2) オペレーション実行はムードを考える ——— 133
(3) オペレーション評価は品質がものさし ——— 135
　①生産性から品質へ／②評価指標を定義する

3．マーケティング・イノベーション ——— 138
(1) マーケティング計画のベクトル ——— 138
　①競争から顧客へ／②売れるものを売る
(2) マーケティング実行は3Wで考える ——— 140

　　　　①WHO＝CPM／②WHAT＝すべての情報を渡す／③WHERE＝3M
　　（3）マーケティング評価は顧客満足度で ──────────── 148
　　　　①顧客満足度を評価する／②マイナスの顧客満足度も考える
4．アライアンス・イノベーション ──────────────── 152
　　（1）アライアンスの課題 ────────────────── 153
　　　　①独立性を保ったまま意思決定ルールを作る／②共通目的と個別目的のコンフリクト／③時間的継続性によるためらい／④共有資源のクロスライセンシング性／⑤分け前でもめる
　　（2）アライアンスモデル ───────────────── 155
　　　　①水平型アライアンスでは子会社を作る／②垂直型アライアンスは中核型から対等型へ／③アウトソーシング型アライアンスはパートナーシップ
　　（3）アライアンス・イノベーションのポイント ────────── 163
　　　　①独立性は覚書と権限委譲で／②コンフリクトは第三者に／③解消ルールは覚書に／④共有資源はカネに換算する／⑤シナジーはROIで分ける
5．ITイノベーション ─────────────────────── 165
　　（1）IT投資はIT予算で考える ─────────────── 166
　　（2）3つのIT利用モデル ───────────────── 167
　　　　①計算型利用モデル／②覚えておいて見たい人に渡す／③ネットワークとして使う
　　（3）IT組織を変える ─────────────────── 177
　　　　①情報システム部は何をやる組織か？／②使う側の問題はリテラシーと不統一／③情報システム委員会でイノベーションする／④情報システム部を変える
6．経理イノベーション ───────────────────── 181
　　（1）経理は2つの仕事から成る ────────────── 181
　　　　①ファイナンス（finance）／②アカウンティング（accounting）
　　（2）経理イノベーション組織は3つのチーム ───────── 181
　　　　①ファイナンシャルセンターは資金確保／②アカウンティングセンターは中立性と信頼性／③シミュレーションセンターはノウハウ集約
7．上場イノベーション ───────────────────── 185
　　（1）上場の意味を考える ───────────────── 185
　　（2）株価はどうやって決まるのか ─────────────── 187

（3）IRイノベーション ――――――――――――――― 189
　8．PRイノベーション ――――――――――――――――― 191
　　（1）PRがマーケティングへ ―――――――――――――― 191
　　（2）PRをなぜやるのか――――――――――――――――― 191

第5章　コーポレート・イノベーションへの道 ――――― 195
　1．経営塾で経営者を育てる ――――――――――――――― 196
　　（1）イノベーションに求められるもの ――――――――― 196
　　（2）経営塾のねらい ――――――――――――――――― 196
　　（3）経営塾の運営は外部講師とスタッフで――――――― 197
　　（4）経営者に求められる4つの要件―――――――――― 197
　　　　①経営者適性は塾を通して評価する／②変えるためにはナレッジが必要／③成功と失敗のノウハウ／④経験は疑似体験で／⑤経営者候補を選定する
　2．リーダー塾 ――――――――――――――――――――― 210
　　（1）リーダーを育て、選ぶ――――――――――――――― 210
　　（2）リーダー塾は経営塾と並行して ――――――――― 211
　　　　①入塾条件と適性能力／②リーダーになる前に準備する／③知識は自己啓発／④募集は公平に／⑤経営塾の結果を使う／⑥卒業生を評価する
　3．イノベーション委員会で方向を決める ――――――― 216
　　（1）メンバーは各層の代表者 ――――――――――――― 216
　　（2）イノベーション委員会で合意すること ――――――― 218
　　（3）イノベーション実施後にトライアルを――――――――― 218
　4．外部機関の利用 ――――――――――――――――――― 220
　　（1）イノベーションのトリガーとする ―――――――― 220
　　（2）客観性を担保する ――――――――――――――― 221
　　（3）外部機関が監査する ―――――――――――――― 222
　　（4）不足機能を補充する ―――――――――――――― 223
　　　　①ITベンダーとはアライアンスする／②教育もアライアンスする

イノベーションを起こす5つの波

Innovation Essence

★団塊の世代のリタイアは新しい企業モデルを築くチャンスを生む

★バブルリバウンドは勝ち組と負け組を分けその後に変革企業の花が開く

★能力主義は企業のムードを高め、プライドという求心力をもたらす

★株主と企業の関係はコーポレート・ガバナンスという支配関係ではなく、ともにハッピーとなる関係を目指す

★CSRを考えることで企業のインテグリティは高まって、その企業に格とプライドをもたらす

1. コーポレート・イノベーションが起きる

日本的株式会社の誕生

振り返ってみれば太平洋戦争は、日本のビジネスを大きく変化させた。戦前には工場、商店という経営スタイルであった日本企業は、名実ともに「会社」となった。事業主、使用人と店員、作業員という時代から、経営者、管理職、従業員という会社としての階層組織を形成するようになった。

その組織が高度成長期を通過し、グローバル化し、特にアメリカ型経営の大きな影響を受けた。しかし日本企業はこれに完全に染まるのではなく、不思議な和洋折衷モデルを作り上げ、「日本的株式会社」という世界に類を見ないビジネスモデルを築き上げた。

年功序列、終身雇用、経営家族主義(従業員は家族。上司といえば親も同然)、企業内労働組合、福利厚生型報酬(盆、暮れの賞与、扶養手当……)、胸に光る社員バッチ、愛社精神、QCサークルによる改善活動、親・下請関係によるカンバンシステム……。これによって工業製品、特に家電、自動車など耐久消費財において、「メイド・イン・ジャパン」は世界チャンピオンにまで登り詰め、栄光の時代を迎える。

古くは松下対ダイエー、東芝対ソニー、トヨタ対ホンダ、近年ではテレビ朝日対ソフトバンク、フジテレビ対ライブドア、TBS対楽天の戦いに象徴されるように、イノベーションリーダーたちが何回にもわたって、これらの破壊にチャレンジする。しかし世界チャンピオンの壁は厚く、若きイノベーターたちもいつの間にか日本的株式会社に染まっていく。

コーポレート・イノベーションの芽

しかしこれら日本的株式会社は、戦後以来初めての大きな変革期を迎えようとしている。というよりも、すでにいくつかの企業ではその新しい芽が生まれ、さらには花が咲こうとしている。この変革を本書では「コーポレート・イノベーション」と呼ぶ。

コーポレート・イノベーションは次に述べるような5つの波が、ほぼ同時に日本経済を襲ったことが、そのトリガー(引き金)と考えられる。

2. 団塊の世代のリタイア

競争と秩序

　第1の波は団塊の世代がもたらすものである。団塊の世代とは1947年～49年のいわゆる「戦後ベビーブーム」に生まれた人たちであり、まさに日本的株式会社というビジネスモデルを完成し、遂行してきた中心層である。

　生まれたときに親から「あなたは同世代の人が多すぎるので、がんばらないと生き残れない」と言われ、それが彼らの人生のトラウマとなる。そして彼らは常に「戦争と平和」「競争と秩序」という相反するものを追い続けてきた。

　彼らが就学するとき、幼稚園、小学校、中学校はマス化していった。それが教師を変え（教師の人数が変わらないのに生徒だけが急増する）、人に教える「師」から、仕事を効率よくこなす普通のサラリーマンへと変身させた。学校の中は数少ない勝者とマジョリティ、そして落ちこぼれという構造を生む。しかし今でいう学級破壊などは起こらず、競争と秩序のバランスをとっていく。

　彼らが高校、大学へと進む頃、競争はますます激化し、団塊の世代のマジョリティは戦争から平和を求めるようになる。彼らの中のリーダーたちは権力と戦争をしてでも平和を勝ち取ると訴え続け、それがいつの間にかこの世代全体に共鳴されていく。

　そして次々と従来の競争ルールを崩壊していく。全国の高校の頂点にあった日比谷高校などエリート都立高校をこわし、東大入試を力で排除し、学生運動はピークを迎え、彼らは全共闘世代と呼ばれるようになる。団塊の世代が1つになって目指したこの戦いは、大学のみならずあらゆる社会の競争を破壊しようとした。社会から競争を排除するマルクス経済学が彼らの理論的バックボーンとなり、このまま日本のビジネスさえも変えてしまうのではと思われた。

企業間格差が生まれる

　しかし彼らが就職適齢期を迎える頃、長く続いた学生運動は終わり、多くは従来型のサラリーマンへと変身していく。こうして彼らが大量に就職を希望することで、雇用の需要と供給のバランスは崩れ、就職戦争、入社試験という新しい波を生む。そしてその就職戦争によって、いつの間にか企業の偏差値のようなものを生んでしま

う。いわゆる学生が選ぶ企業ランキングである。まさに彼らが破壊しようとした競争ルールが、逆に就職の世界にも持ち込まれていく。

彼らの競争に対する直感は鋭く、「伸びていく企業」には「優秀な学生」が集まり、企業偏差値を高め、それがさらに優秀な学生を集めるというスパイラルを生んでいく。この就職構造が大企業と中小企業という日本的構造を生むことになる。

キャリアステップが崩れる

団塊の世代の持ち前の競争力は、社内出世競争、ライバル企業間のシェア争いというスキームの中でいかんなく発揮される。この競争が大きな原動力となり、日本は高度成長という栄光の時代を迎える。

年功序列という秩序の下で、彼らは戦争の第一線の戦士から指揮官への昇格適齢期である40代を迎える。しかし彼らは次世代の育成には興味を示してこなかったため（教育よりも戦争のほうが楽しい）、次の戦士は育っていない。

第一線の戦士がその戦闘力を失っていく中で、日本経済は急激な下降期を迎える。いわゆるバブルの崩壊である。企業業績が落ち込む中で、当然のように採用は抑えられ、さらに第一線の戦士は減っていく。戦士が減れば指揮官の減少をせざるをえないが、逆に指揮官希望者は一気に増大する。ここでもまた労働の需要と供給のバランスが大きく崩れる。

企業はここで生き残りをかけて再構築を図る。この「生き残り」という団塊の世代のトラウマによって、企業は大きく変身していく。課長廃止、部長廃止による組織のフラット化、取締役減少、退職給付金の見直し……。彼らが作り、目指してきた出世というキャリアステップを、結果的には自らのパワーで壊してしまう。

秩序が崩れる

競争をしていく上で、もっとも大切なことはその秩序である。秩序なき競争は破滅をもたらす。団塊の世代はこの秩序によって「競争を楽しむ」ことを知っていた。

しかし彼らがキャリアステップを破壊していく中で、企業は秩序を失うことになる。従来、「競争の結果」はチームの成績なのだから、外敵に対しチームは一丸となり、チームの中は年功序列というのがもっとも良い秩序と考えられていた。

これがいつの間にかチームから個人主義へ、成果主義へ、そして若手の抜擢へと

変化し、従来の秩序は音を立てて崩れていく。

秩序を回復しようにも、団塊の世代が従来秩序の上位に位置するだけに、下からの突き上げにはいかんともしがたい。

先輩、後輩、同期、愛社精神、仲間意識はゆっくりと崩れ、労働は流動化し、そして中高年リストラさえも容認してしまう。

生き残りをかけて

2000年代に入って、彼らの一部はまさに「生き残り」、経営者へと昇格していく。

この団塊の世代の経営者たちは企業をもう1度活性化すべく、彼らのトラウマともいえる「生き残り」「競争」「No.1」を経営のキャッチコピーとして訴える。しかし戦争の喜び、勝つことの楽しさを知らない下の世代はついてこない。

むしろ下の世代は戦争の無意味さに気づき始める。「ライバルと戦って、日本一、世界一になるために働いているのではない」として、働く喜びを「戦い」以外に求めていく。

競争と秩序の次は

団塊の世代のリタイアの波が2007年から始まっている。そしてバトンタッチを受けるのが、1950年代生まれである我々の層(筆者は1955年生まれ)である。我々は常に団塊の世代たちが作り上げたことを、逆方向にゆり戻す形で、新しいシステムを考えてきた。

就職においては、競争力の強いメーカーから、金融機関、公的機関に代表される大きな企業、安定した企業へと流れていった。課長廃止、部長廃止、リストラの嵐の中で新しいリーダー像を作り、新しいキャリアステップを提案し、団塊の世代たちの戦争の後始末を行ってきた。

しかしこれは「反団塊の世代の新しい風」として、実は上にいる団塊の世代の反省とリーダーシップの下で行われてきたともいえる。

団塊の世代のリタイアは、日本的株式会社を築き上げた戦士たちを失うことだけではなく、我々の世代に新しい企業モデルを築くチャンスをも与えている。

「競争と秩序」の次にもたらすものは何か、これが本書のテーマである。

3. ライフサイクルの変化

変革期は企業を2つに分ける

2つ目の波は企業ライフサイクルの変化である。

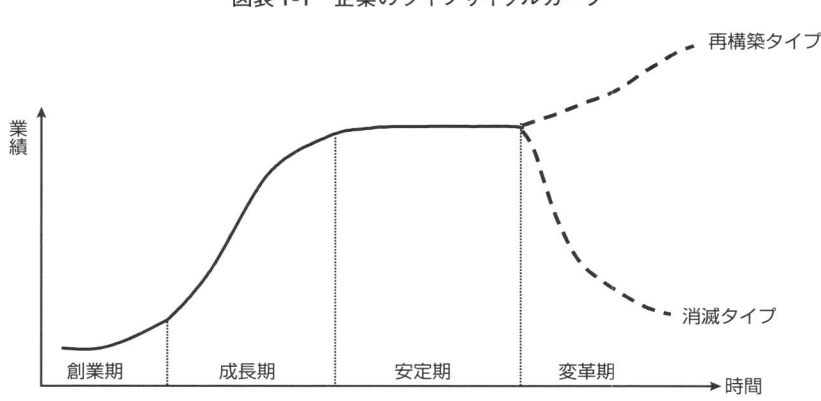

図表1-1　企業のライフサイクルカーブ

個々の企業の成長を見ると、成長スピード、成長の幅はさまざまだが、多くの企業は上図のようなライフサイクルカーブをとる。このライフサイクルは、次のような4つの時代に分けられる。

・創業期──企業が誕生して間もない頃であり、業績も急激には伸びず、自らが企業として生きていく道を模索している時期。
・成長期──特定の商品のヒットや得意客の獲得により、急激に業績、規模が成長する時期。ライバル、シェア、差別化といったものがキーワードとなる。
・安定期──成長が止まり、業績が安定してくる時期。利益重視、チャレンジ、チェンジ、スピードといったことがキーワードとなる。
・変革期──当然のことだが、いつまでも安定期が続くわけはなく、いつの日か業績は上昇か下降のどちらかの道を歩むことになる。

変革期において上昇へ向かっていくのは、安定期がいつか終わることにいち早く気づいた企業である。安定期のうちに環境変化に備え、企業の再構築を図り、業績

を安定から上向きへと向かわせる。下降に向かっていくのは安定期がまだまだ続くと考えていた企業である。そして突然急激な環境変化を迎え、いつの日か企業が消滅していく。

この上昇企業の再構築がアメリカで叫ばれたリストラクチャリングであるが、多くの場合日本ではこの言葉を別の意味に使っている。それは後者のタイプの企業が環境変化が突然訪れた際、一時的に業績をキープするために行った策を指している。中高年などを対象に雇用カット、人件費カットをして、一時的に業績を回復させるもので、「リストラ」と呼ばれた。

しかしいつまでもこのカットを続けていくわけにはいかず、単なる一時的な延命策に終わって、しばらくするとその企業は消滅していく。そしてこれにとって代わるような形で新しい企業が創業されていく。

皆が同じライフサイクル

ここまでは一般論であるが、日本企業、というよりも日本経済はこのライフサイクルにおいて2つの問題点を抱えることになる。1つは多くの企業が、同じようなタイミングでライフサイクルを迎えてきたことである。戦前、あるいは戦後すぐに創業期を過ごし、団塊の世代の入社とともに成長期、安定期を迎えてきた。

社会の本来あるべき姿は、ライフサイクルカーブ上で4つの異なる期にある企業が、バランス良く存在していることである。これによって社会は安定成長を遂げるといえる。

日本では大多数の企業が、成長期にいるときにはこのリスクに気づかず、それらが一気に安定期に入り、社会全体の成長が止まってから、創業期の企業がほとんどないことにふと気づいた。この頃アントレプレナーシップ（企業家精神）、ベンチャーキャピタル（創業を金融面で支援）、インキュベーター（ふ化器のこと。創業企業を育成する機関）といったキーワードが社会を賑わし、危機感が生まれてくる。

バブルがすべてを消した

そして2つ目の問題を迎える。1980年代後半のバブル時代の到来である。

企業自体が成長するのではなく、地価、株価の高騰という、いわば「バブル」によって企業業績は上積みされてしまう。土地、株を担保に融資というカネを受け、その土

地、株の価格上昇によってさらに融資がなされるというものである。土地、株自体の取得は利益に影響を与えず（買っても、買っても費用にはならない）、その利用や売買ではなく、所有による価格上昇で逆にカネをもたらしてしまう。こうしてカネ余り現象を生み、消費を刺激し、ぜいたく品ブーム、レジャーブームを生み、ついには企業の売上、利益をも押し上げていく。

このカネ回りによって銀行は活性化し、銀行を中心とする企業グループは団結力を強める。そして証券市場に余ったカネが流れ、株価が上がる。こうして本業への努力を怠っても、企業は利益、キャッシュを自然に得ていく。

そのため本来は安定期にあったはずの多くの企業は、成長期に戻ったと誤解してしまう。団塊の世代たちが戦士でなくなってしまった企業も、戦争なくして、競争なくして、業績を獲得してしまった。

バブルからバブルリバウンドへ

地価、株価は一気に下落し、バブルは崩壊した。バブル期に上乗せされた業績は、これを回収するような形でリバウンドされていく。

つまり通常の企業ライフサイクルとは異なる、図表1-2のような大きなトレンドが重なることになった。そして今やっとこのリバウンドを終え、日本経済全体としては平坦なトレンドとなった。

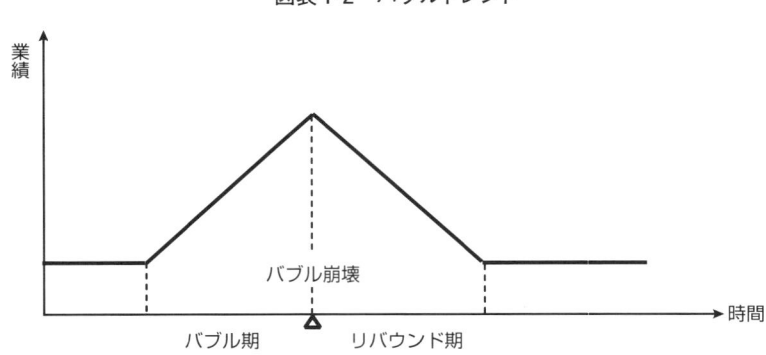

図表1-2　バブルトレンド

このバブルリバウンドは、企業ライフサイクルの変革期にあった企業を、図表1-1

にある一般的なパターンよりももっとはっきりとした形で、2つのタイプに分けていく。いわゆる勝ち組と負け組である。

負け組は一気に消滅

図表1-3のように本来は安定期から変革期に向かう中で、下降カーブを迎えつつあった企業も、バブルトレンドによってゆるやかな成長期に戻ったと勘違いしてしまう。しかしバブルが崩壊し、その下降は本来にも増して急激なものとなり、一気に消滅していく。

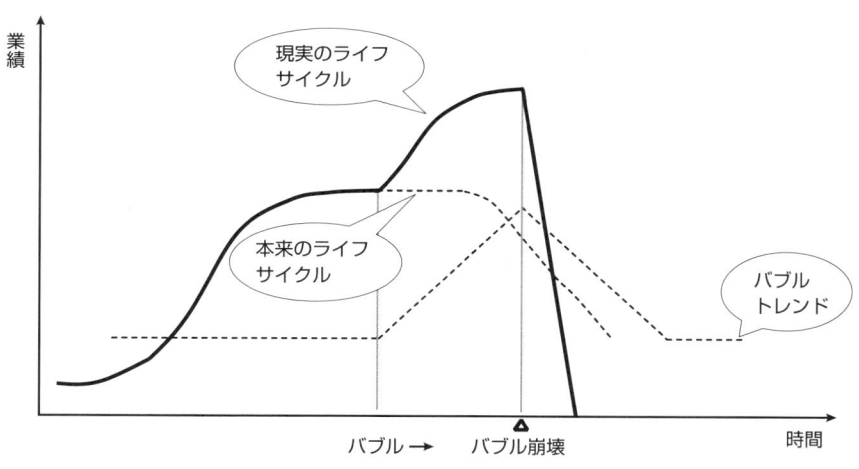

図表1-3　負け組のライフサイクルカーブ

中高年リストラなどで一時しのぎをする企業も出てくるが、焼け石に水で消滅の道をたどる。

勝ち組の花が開く

一方いち早くこれに気づいた勝ち組は、バブルリバウンドの下降線のトレンドに耐え、業績が上がらないことにも耐え、今日得られる一時的な利益を追いかけず、明日を夢見て、血のにじむような再構築を進めた。そしてバブルリバウンドの終わった今、一気に業績の花を咲かせている。

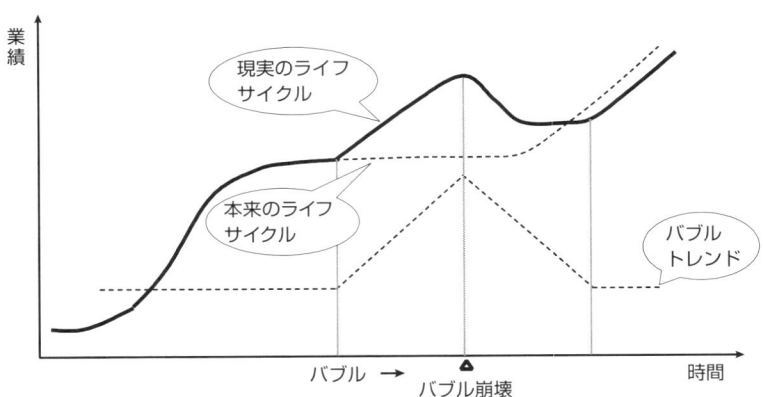

図表1-4 勝ち組のライフサイクルカーブ

　これら勝ち組の再構築努力を見て、バブル崩壊後、消滅していった企業の穴を埋める形で、新しいベンチャー企業が生まれつつある。見方を変えれば消滅してしまった企業の再構築を、彼らが代わって行っているものともいえる。

　本書はこの再構築の努力を「コーポレート・イノベーション」と名づけ、その努力を行う企業を「変革企業」と呼ぶこととする。この変革企業のたどった道を体系化し、明日の変革企業を生むことが本書のテーマである。

4. 能力主義の波

もう成長できないのでは

　前述したように、バブル崩壊は企業業績を直撃した。これは勝ち組でもなく負け組でもない安定期にあった多くの企業に、ある意味で絶望感のようなものを生んだともいえる。

　景気の波は過去何度も日本経済を揺るがした。神武景気、なべ底不況、岩戸景気、東京オリンピック、いざなぎ景気、列島改造、オイルショック……。しかしこれらは単なる風の強弱である。「良いときもあれば悪いときもある」というものであり、長い目

で見れば「右肩上がり」という構造である。

　バブルの崩壊は、日本が戦後信じてきた「終わりなき成長」という仮説を根底から覆し、上がり下がりではなく、長期的トレンドとしての右肩下がりを予感させた。

　もっとも長期的な投資ともいえる企業の新卒採用が、バブルのリバウンドとともに一気に冷え込んだことを考えれば、企業の「もう成長できないのでは」という絶望感がそこに読み取れる。

シェア第一主義から利益重視へ

　このような背景を受け、企業はその視点を大きく変えることになる。シェア、売上伸び率といった右肩上がり経済のオフェンス目標から、利益、キャッシュフローという右肩下がり経済のディフェンス目標へと変化させていく。

　シェアなどの売上目標は、従業員から見ると毎日の仕事の積み重ねで、少しずつ達成されていく。売上は社外での戦争の結果、ライバルから勝ち取るものともいえ、人間の本能的な闘争心をかき立てる。

　一方利益はあるタイミングに社内で計算されるものであり、上がっても下がっても、従業員から見るとあまり自分の仕事に結びつけることができない。

　経営陣は次第に自分の給与が、シェア、売上ではなく、この利益によって決まり、利益によって自らのクビが飛ぶかもしれないことに気づく。この恐怖感から「利益重視」を訴える。当然のことながらこの恐怖感を持っていない従業員は突然の目標変化に戸惑う。

　これに最後までどうしてもついてくることができなかったのが、現場の指揮官としてシェアという旗を振っていた団塊の世代であり、それが不幸な中高年リストラへ進んでいった原因の１つともいえる。

費用を落として利益を出す

　多くの経営者は「利益＝売上－費用」という構造の中で、費用を最小限まで落とす努力を始める。まずは３Ｋと呼ばれた交際費、交通費、教育費というすぐにでもカット可能な費用を落とし、光熱費、オフィス家賃、金利、さらには取引先の納入価格値下げ交渉……とその輪を広げる。

　そして最後のコストカット宝庫であり、経営者にとっては禁断の果実といわれた人

件費へとその目は向かう。中高年リストラ、残業代カット、派遣社員の利用、テンポラリースタッフ、アウトソーシングの利用とこれも際限なく進められていく。

　さらには成果主義、業績主義と称し、企業の成績である利益と個人の給与をリンクさせていく。これを業績の良いときにやれば企業は活気づくが、利益が現実に下降し、その先が読めない時期に総人件費カットの目的で導入すれば、企業内のムードは停滞する。

　腕に自信のある「能力の高い従業員」は退職し、より給与の高い所へ転職したり、独立して企業を興こすようになる。残った人たちも、ただただ今日の業績だけを意識し、場合によっては明日の業績を先食いしてでも、隣のチームの業績を共食いしてでも、業績を出すようになり、企業は崩壊の危機を迎えてしまう。

能力主義がもたらす幸せ

　負け組となっていく企業はこの波に飲まれる形で消滅したり、他社に吸収されていくが、変革企業は1つのヒントに気づく。これが能力である。従業員の仕事を遂行していく能力に着目することであり、能力主義と表現される。

　能力主義は3つの幸せを企業にもたらす。1つは今まで企業が訴えてきた成果主義、業績主義と矛盾せず、その弱点を補う点である。今日、明日といった短期的な業績に企業が走ることをセーブし、従業員が自らの能力を高めることで、企業の長期的な業績に貢献できるという期待感が、企業内に高まることである。コストカットが対症療法なら、能力アップは体力増強である。

　こうしてもたらされた体力は景気後退、ライバル増強などによる逆風にも耐える力を持ち、1度順風が吹けば大きく風に乗って成長する力となる。

　2つ目は企業内のムードである。成果主義、業績主義の下で、個人別に計算される業績は担当している業務、その環境によって大きく結果が異なり、不公平感が常につきまとう。この業績を利益と考えると、その計算方法（特に固定費の割賦など）にさらなる不公平感を生む。

　能力主義は各個人の仕事遂行能力によって評価、報酬が決まるという意味で公平感があり、かつその企業への求心力を高めることができる。「利益の大きい企業」「もうかっている企業」はあまり自慢にならないが、「能力の高い企業」「プロフェッショナルの集まる企業」は従業員にプライドという求心力をもたらす。

第1章：イノベーションを起こす5つの波

3つ目は企業と個人のベクトルが合うことである。各個人の能力を高めることに、その個人はもちろんのこと企業が注力することで、そしてそれが企業の業績を上げる期待感を両者が持つことで、企業と個人が一体化していく。

かつて高度成長時代に「売上の伸び」が企業サイズを大きくし、自分の部下を増やし、「大企業に勤めている」というプライドを従業員に与えたように、各個人の能力の向上が企業体力を上げ、業績をもたらし、「自分がプロフェショナルである」というプライドを従業員にもたらす。

能力の定義と測定

一方能力主義は2つの問題点を抱える。1つは能力の定義である。各業務にそれぞれどのような能力が必要で、その能力の高まりが業績、体力にどのような影響を与えるかという「仮説」である。これはキャリアステップと呼ばれ、各企業において全従業員が納得する形になるように、その道を模索している。

もう1つが能力の測定である。これについては1つの答えをすでにいくつかの企業は持っている。それは特定能力によってなされる仕事の結果、そしてプロセスを評価していくことである。結果として生まれた業績を以って、今日までの能力の高さを測り、仮に結果として業績を生まなくても、明日の業績を生むかもしれない仕事のプロセスを評価して、明日の能力を測るというものである。

能力の定義と測定については、第3章「組織イノベーション」で詳しく述べる。

5. コーポレート・ガバナンスの波

創業型から社会のための企業へ

多くの企業の始まりはたった1人の創業者である。創業者のアイデア、気力、能力の下に仕事が生まれ、人が集まり、次第に企業としての体をなすようになっていく。創業者は家長であり、従業員は運命共同体の家族となり、先輩、後輩という兄弟関係を生み、兄は弟を教育し、家長がすべての舵取りをし、企業は見事にコントロールされた形で成長していく。

成長した企業はさらなる成長のため、そして社会的ステータスを得るために証券

市場へ上場し、株式を公開する。こうして企業は創業者経営を終え、証券市場、というよりも社会から莫大なキャッシュ（エクイティ・キャッシュと表現する）を得て、社会的責任を担い、社会のための企業となる……となっていくはずである。

社会的ステータスのために上場する

しかし多くの日本的株式会社は上場目的のうち、「さらなる成長」よりも「社会的ステータス」に重きが置かれており、創業者の力を残したまま上場する。仮にさらなる成長をしていくケースでも、この成長分野について子会社を作り、その支配力を親会社が保ったままで、子会社を上場させていく。

上場しても「社会のための企業になった」と思う企業は少なく、社会の中での地位の向上にばかり目がいってしまう。上場によって得たエクイティ・キャッシュは、本社ビルの建設や一等地への本社移転などに使い、「一流企業」というトップランクを目指す。

この状態でバブル期を迎え、株価は業績や株主への貢献とは関係なく、いわゆる「マネーゲーム」の世界で、天井まで上昇してしまう。そしてその高株価の魅力につられ、企業はエクイティ（増資）によるファイナンスを続け、証券市場の株式はバブルのようにふくらんでいく。

コーポレート・ガバナンス宣言

そしてバブルの崩壊を迎える。地価と株価の暴落でダメージを受けたのは、金融機関、不動産業、ゼネコン、大手小売業という土地ファイナンスの被害者だけでなく、投資家という株価の被害者も生む。

多くの一般投資家、機関投資家が株の売却という形で証券市場から去っていく中で、リバウンド回復後の日本企業の本当の力を知っている人たちが、日本の証券市場に参入してくる。いわゆる外国人投資家である。

彼らは株価が思うように上がらない、バブルリバウンド直後の氷河期に、「株主」として次々と上場企業へ圧力をかけてくる。利益減少の中での配当の増大であり、株主代表訴訟であり、その極めといえるのがマネーゲームのルール変更である。

このルール変更はグローバルスタンダードと称される。目的は投資家で構成される証券市場の権限強化であり、これを拒む抵抗勢力の撃退であり、未来の株価を予測

する情報のリアルタイムなディスクローズである。これにより株価が上がるべくして上がる企業の株をいち早く買い、下がるべくして下がる企業の株をいち早く売り、当然の結果として利益を得る。さらには株価の低迷する企業には他企業への譲渡（売ること）、強者による買収（これを本書では他社を支配下に置くという意味で使う）を要求して、その株価を上げてから売る。そして声高らかに「企業は株主のものである」というコーポレート・ガバナンスを宣言する。

このとき存続の危機を感じていた企業は、この声を聞かざるを得ない。彼らの言うがままに自らの透明性を増し、その上で弱い事業を切り離して売却し、そのカネで強い事業を伸ばすといういわゆる「選択と集中」の道を選ぶ。

バブルの再来

外国人投資家のカネと意図が証券市場を支配し、株価は回復の兆しを見せる。そしてこの株価回復の波にいち早く乗ったのが、「六本木ヒルズ族」と呼ばれた若きベンチャーたちであった。彼らの特徴はビジネスモデルに着目するのではなく、株価の上がりそうな企業、不当に株価の安くなっている企業をいち早く見つけ、その株式を買い、その買収によって企業規模を拡大していくことにある。しかもその株式の売却で利益を得るのではなく、いってみれば買った株式を自らの企業価値として、証券市場において自企業のさらなる増資を図り、そのエクイティ・キャッシュでまた別の企業の株を買って、配下において……という買収モデルである。

この波に、インターネットによる一般投資家が乗り、カネが集まり、株価が上がり……と好循環を示すようになる。まさにバブルの再来である。

どうやったら株価が上がるのか

一方従来型の上場企業は、コーポレート・ガバナンスの嵐の中で自らを見失いつつあった。

戦後誕生した多くのカリスマ型経営者は年老いてしまい、サラリーマンとして入り企業を成長させてきた団塊の世代が、代わって経営者の座を射とめてきた。彼らはかつてぶつかったことのない「株主」という存在に戸惑いを隠せない。団塊の世代の秩序は「上下関係」であり、そのものさしは「勝ち負け」である。しかし証券市場の投資家は自らの上司ではなく、かつライバル企業との「勝ち負け」よりも、場合によっ

てはライバルと手を握ってでも「株価の上昇」を求める。

株価はどうやったら上がるかなど思いもよらず、利益しか注目するものがないので、とりあえず「利益主義」に走る。そして創業型経営者があれほど大事にして家族と思ってきた従業員は軽視され、株価やよくわからない企業価値という魔物におびえる。

経営の原点に返る

バブルリバウンドが終わり、次第に株価が上がっていく中で、上場企業はやっと落ち着きを取り戻す。そして企業と株主との新たな関係を考え始める。

コーポレート・ガバナンスという刺激的な支配関係ではなく、企業（というよりもそれを構成している従業員）と株主がともにハッピーとなる「橋渡し」を経営者が行うことである。それが変革企業において必ずといってよいほど見られる「経営の原点に立ち返る」という流れである。創業当時、上場当時の魅力的な企業に戻れば、従業員もハッピー、株主もハッピーのはずだという論理であり、それに基づくミッションやビジョン（この２つについては第２章参照）の見直しであり、自分たちは何のために働いているかという、まさに企業の原点への立ち返りである。

「株主は株主として」「経営者は経営者として」「従業員は従業員として」それぞれがあるべき姿を考え、互いを信じ、皆がハッピーになる道を選択する。これが本書でいうコーポレート・イノベーションの原点である。

6. CSRの波

コーポレート・イノベーションを呼び起こす最後の波がCSR（Corporate Social Responsibilityの略。企業の社会的責任）である。これは次の３つのことがトリガーとなっている。

コンプライアンスの誓い

１つ目のトリガーは企業の不祥事の続発である。企業の不祥事といえば古くは公害などの過失、あるいは従業員の使い込みなどの管理不足がその代表であった。

しかし現代ではタイプの異なったものが生まれている。「企業ぐるみ」と呼ばれる

ものである。過失や管理不足ではなく、企業がそれを犯罪と知りながら、企業としてそれを犯してしまうものである。この企業ぐるみというタイプは即企業の消滅をもたらすことも多い。雪印事件、保険金未払い、不良品隠し、談合摘発後のさらなる談合、建物の偽装構造計算、ライブドア事件、不二家事件といったものである。

　消滅していった企業は、消えてしまうので何も残らないはずであるが、あるものを社会に残していく。それは他企業での「共感」ともいうべき実感である。「うちの会社だって同じ状況だったら、もしかしたらやったかもしれない」という感想である。企業が厳しい経営環境の中で生き残りをかけて、業績だけを求めれば「多少のルール違反くらいは」「ライバル企業もやってるだろう」「自分個人のためでなく自らの企業のためだから」……という思いである。

　この思いを断ち切るために、コンプライアンス（ルールを守る）というごく当たり前のことが現代経営のキーワードとなっている。「ルールを犯してまで作った業績なんて意味がない」という固い誓いである。不祥事が起きて、何とか企業が生き残っても、経営者の「クビ」だけは確実に飛んでいくのを見た、新しい経営者たちの共通の思いでもある。

　これがCSRの中で、もっとも低レベルといえる公共責任（企業がしてはならないことはしない）である。この「してはならない」レベルを上げるべく、ISO9000、ISO14000など企業の当然持っておくべきコントロールの確保にも努めている。

利益を上げて社会に貢献する

　2つ目のCSRのトリガーが「勝ち負け」に代わる目標である。シェアNo.1、ライバルに勝つという目標を捨てざるを得なくなった企業は、何を目標とすればよいかである。

　ここでも暗中模索の末に、たどりついた先が利益である。経営者は企業が利益を目標とすることの理論的バックボーンを、このCSRに求めている。そしてその理論によって従業員に利益を目標にする意味を理解、そして合意して欲しいと考えている。

　企業は人間同様に社会の一員であり、社会に貢献すること自体が「その存在価値」という考え方がこの理論の原点である。これがCSRの中のもっとも高レベルにある存在責任である。

　では企業はどのようにして社会に貢献すべきか。1つは自らが生み出す付加価値による社会への貢献である。鮮魚商は「魚をうまくさばく」という自らの使命（これを

ミッションと表現する）を果たすことで、「魚をおいしく食べたい」と願っている社会に貢献をする。この社会貢献の大きさは付加価値という形で表現できる。つまり「どれくらいうまく魚をさばき」、社会に「どれくらいのおいしさを提供したか」という価値である。そしてその付加価値を高めれば、その企業の利益は上がる。だから「企業は利益を上げることを目指す」という論理である。

　もう1つはこの利益を上げることで社会共通費としての税金を払い、直接的に社会貢献するというものである。

　この2つがCSRにおいて、存在責任と公共責任の中間に位置する公益責任である。

　社会に迷惑をかけない公共責任をさらに一歩進めて、公益責任として積極的に社会に貢献し、それによって社会に存在する価値を持つことで、企業は存在責任を全うする。

格を高める

　3つ目のCSRのトリガーは企業の「格」である。ここでいう「格」とは人格の「格」と同じ意味である。人格は年収（企業でいう業績）で決まるものではなく、その人が持っているインテグリティ（integrity。高潔、誠実などと訳されるが、本書ではこれを「格を生み出すもの」という意味でそのまま使う）によって、自然と生まれてくるものである。人間にとって年収よりも人格が大切なことは、皆が納得できることである。

　業績第一主義に走っていく中で、多くの企業は自らが持っていたインテグリティをいつの間にか失ってしまったことに気がついた。急激に伸びて、ただ株価、企業価値向上だけを追い、マネーゲームを続けるベンチャー企業などを見るにつけ、皆が思う「美しくない」という反面教師としての感情である。

　日本企業は経営家族主義の時代にはこのインテグリティ、格を持っていたはずである。いつの日かこれを失ってしまい、業績のみを追いかけるようになってしまった。この反省である。

　インテグリティ、格を取り戻すため、CSRという社会貢献、社会責任を前面に押し出している企業も多くなっている。従業員が自社に勤めるプライドを持ち、まわりの人たちに「私は〇〇社の人間だ」と胸を張り、自らの息子や娘に「私の会社は良い会社だ。お前も入れ」といえる「誇り」の回帰を目指している。さらにこの企業の格、インテグリティをコアとして、コーポレート・イノベーションを担い得る人材の確保、教

育に努めている。
　高度成長時代に「闘う力の高い企業」に闘う力を持った人間が自然に集まり、勝ち抜いてエクセレントカンパニーになったように、格の高い企業になれば、そこに自然と格の高い、能力の高い人間が集まり、エクセレントカンパニーになっていくだろうという仮説である。

7. コーポレート・イノベーションへの提案

コーポレート・イノベーションのパラダイム
　本書でいうコーポレート・イノベーションを呼びおこすパラダイムは、次頁の図表1-5のように表現できる。
　イノベーションを呼び起こす5つの波は、過去の日本経済を支えてきた日本的株式会社といわれる大企業を襲っている。毎日が戦争といえる中小企業や、毎日成長しているベンチャー企業よりも、安定期にあった大企業を直撃し、変革企業への変身を促している。

変える意思
　しかし本書でいうコーポレート・イノベーションは、決して波が来たので波に合わせて変わるものではない。自らの企業を「変える」という強い意志のことである。「我が社も変わらなければ生き残れない」という発想ではなく、「良い企業になりたい」「働くことにプライドを持ちたい」という経営者、従業員の夢、願いのようなものである。

　本書はこのコーポレート・イノベーションを実施するための提案書であり、私がコンサルタントとして携わっている企業で実行しつつある計画書である。
　以降、第2章から第4章ではコーポレート・ガバナンスによって到達すべき姿を、第5章ではその姿までの道程を述べていくこととする。

図表1-5 イノベーションパラダイム

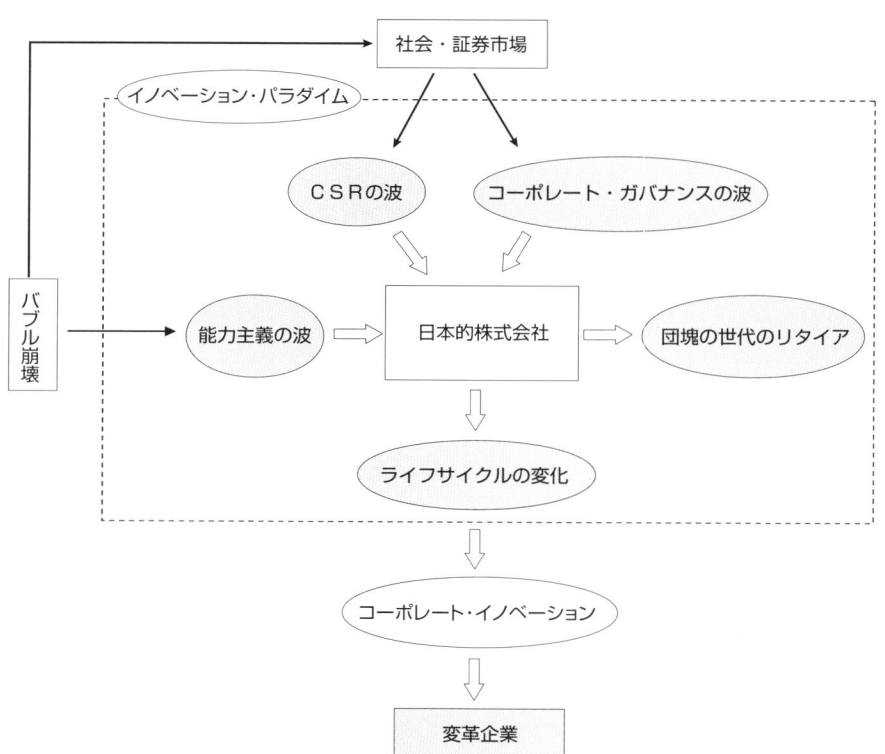

経営イノベーション 2

Innovation Essence

- ★ミッションはCSRの存在責任であり、株主・従業員を募集するフラグである
- ★ミッションに合意することで企業に秩序が生まれる
- ★ビジョンは経営者の意思であり、これによって株主から権限委譲を受ける
- ★戦略はビジョンの具現化と、従業員がやってはいけないことの提示である
- ★戦略立案のための目標は顧客満足度であり、株主との約束目標は利益である
- ★予算システムにはコントロール、現場への目標配賦、公平な評価の3つの意味がある
- ★経営者のMUST条件は企業への愛、チームワーク、知識である

1. 経営フローと経営ストック

経営をフローで考える

コーポレート・イノベーションを起こす第一歩は、当然のことながら「経営」という領域からである。この経営イノベーションは大きく「経営に対する考え方」と「経営者」の2つから成る。

まず前者のイノベーションから考えていこう。経営はフローとストックの2つの側面からとらえることができる。フローとは仕事の流れ（順番）で考えることであり、ストックとは仕事の要素で考えるものである。

経営フローは、一般に次のような「流れ」で考えていく。

図表2-1　経営フロー

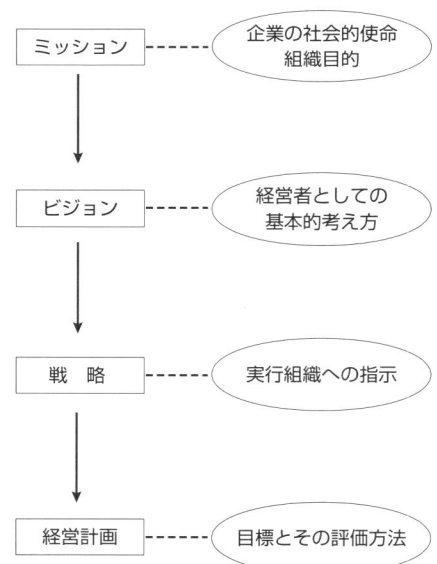

フローとストックの関係

一方、経営ストックはCSR、組織、ビジネスモデルの3つの要素に分けられる。さらにCSRは第1章で述べたとおり、次の3つの「責任」に分けることができる。

・存在責任……企業は何のために社会に存在しているのか。
・公益責任……企業が社会利益に貢献する責任。
・公共責任……社会に対してやってはいけないこと。

　経営フローと経営ストックの関係は、次図のように表すことができる。

図表 2-2　経営フローと経営ストックの関係

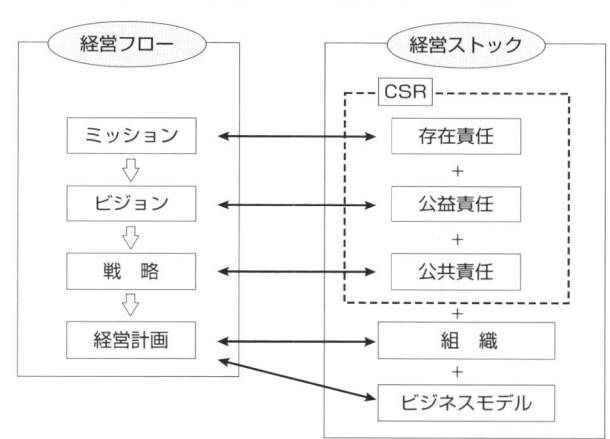

　このうち本章では経営フローおよびCSRとの関係について述べ、組織については第3章、ビジネスモデルについては第4章で述べていくことにする。また、経営イノベーションのもう1つの領域である「経営者」については、本章の最後で述べることとする。

2. ミッションの4つの意味

ミッションは自然に生まれる

　ミッションとは、企業のあるべき姿を表現したものをいう。企業理念とも呼ばれるが、本書では理念（基本的考え方）よりも、CSRとの関係で使命（課せられた任務。英語で mission）のほうがよりフィットするのでミッションと表現する。

ミッションは企業の創業時に作られるというよりも、いつの間にかできてしまうものである。創業者が宣言したり、創業メンバーが話し合って、こうしようと決めるものではなく、無我夢中で仕事をし、そのための組織、ビジネスモデルを作っていくうちに、自然に生まれてしまった文化のようなものである。企業文化、企業風土と表現されるものとほとんど同じ意味である。

ミッションとは存在責任

　ミッションが1度生まれると、4つの意味を持つことになる。

　1つはCSRの存在責任に当たるものである。人間は生きていくために、1人ですべてのことを行うわけにはいかず自然に機能を分担していくようになり、社会という組織が生まれる。ある人は魚を捕り、ある人は魚を切り、ある人は魚を運び、ある人はそのために船を造り……というものである。

　これらの分担作業は、同一作業をやっている人がチームを組んだほうが合理的ということで、ここに企業が誕生する。この分担作業が企業のミッションであり、企業が「何のために社会に存在しているか」というCSRの存在責任といえる。

　社会における分担作業は、分担しているメンバーが1人でも欠けると成り立たない。社会はそれぞれの企業が存在していることを前提に各メンバーが活動しており、これが消滅することは社会に対する最大の責任放棄といえる。これはゴーイング・コンサーン（企業は社会に存在し続けなければならない）というキーワードで表現される。

ミッションはフラグ

　2つ目はフラグ（旗）となることである。このミッションに賛同して、カネを出してくれる株主などの出資者、およびそこで一緒に働く従業員を募集するフラグとなる。この企業は何のために何をやる企業か、何を目指しているかというフラグを作り、それに賛同する人やカネが、そのフラグの下に集まるということである。

　フラグミッションは先程の存在ミッションに加え、特徴（「速い船を造る」「楽しい船を造る」「安全な船を造る」……）、約束事（「社会的弱者のために尽くす」「楽しくなければ仕事じゃない」……）、ビジネス限定（「九州地方に存在して地域貢献する」「家庭の幸せに役立つ」……）などの要素が取り入れられる。

　これはどれが良くて、どれが卑しいというものではなく、企業、従業員の使命感、

価値観であり、個人でいう人生観(「楽しく暮らす」「誠実に生きる」……)のようなものといえる。そういう意味で「社訓」「社是」などの一部を成すものといえる。

原点に返る

3つ目は方向となることである。コーポレート・イノベーションとは企業を変革することであるが、ミッションを変革することを指すわけではない。ミッションはこのフラグの下に皆が集まったのだから、基本的には変えるべきものではなく、企業が「右へ行くか、左へ行くか」と悩んだときに、その基本的方向として用いられるものである。

コーポレート・イノベーションの第一歩は、企業を創業した原点に立ち返ることである。「この会社は何のために作ったのか、何のために存在しているのか、どういう約束の下に集まったのか、何を目指したのか」を経営者、従業員が振り返ってみることである。そしてそのフラグミッションにある特徴、約束事、ビジネス限定を今自分たちのビジネスは守っているのか、ただ業績を上げるためだけにそれを犯していないか、という方向チェックをまず行うべきである。

ミッションに合意する

カレーのNo.1企業であるハウス食品株式会社のミッション(彼らは企業理念と表現する)は「食を通じて、家庭の幸せに役立つ」である。多くの場合、ミッションはこのような抽象的なキーワードで表現される。

「食」がビジネス限定であり、どんなにもうかるとしてもこれ以外のビジネスには手を出さない。「家庭の幸せに役立つ」が約束事である。決して自らの幸せではなく、ましてやライバル企業の不幸でもない。ライバル企業に勝って、それをたたきつぶし、自企業に大きな利益をもたらすことであっても、家庭を幸せにしないなら決してやらないという誓いである。

コーポレート・イノベーションでは、まずミッションの位置づけを経営者、従業員が考え、その解釈を合意し(合意しないものは退職したり、分社したりして)、このミッションを実現するために、もう1度創業時代に戻ろうと考える。

コーポレート・イノベーションの成否のカギは、変革へ向かっていく企業のムードである。このムードを盛り上げていくものがミッションへの合意である。企業のミッションについて考えることは、必ずそこで働く従業員の心を躍らせるはずである。

新しい秩序を作る

ミッションが最後にもたらすものは秩序である。コーポレート・イノベーションでは、前章で述べた「失った秩序」をミッションで取り戻す。

コーポレート・イノベーションの第一の目的はその企業を「システムにする」(システム化と表現される)ことにある。システムとは「複数の要素から成り、共通のベクトルに従う複合体」と定義され、日本語では組織、体系、方式など、さまざまな訳がとられる(あまり適切な訳がないので、本書ではシステムのままで表現する)。

企業をシステムと考えれば、上の定義にある「複数の要素」が株主、経営者、従業員という構成要素であり、ベクトル(先程の方向)にあたるものがミッションである。

秩序とは辞書によれば「規則だった関係」と定義される。この規則にあたるものがベクトルとしてのミッションである。

コーポレート・イノベーションにおける秩序とは、株主、経営者、従業員がミッションという規則に基づいて、新しい関係を築き上げることを指す。

企業という組織において、どのようにこの新しい秩序を築き上げていくかについては、第3章で述べることとする。

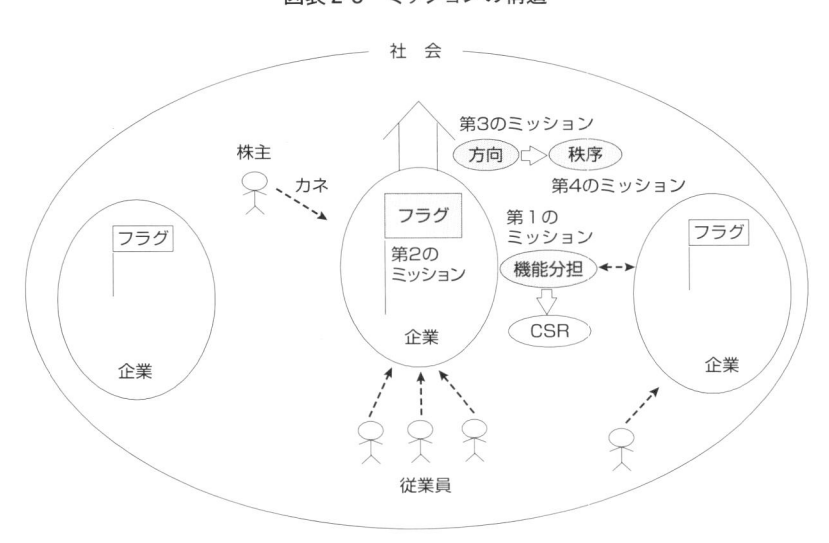

図表 2-3　ミッションの構造

3. ビジョンは経営者の意思

　ミッションを前提として「企業の進むべき具体的方向」を経営者が考える。これがビジョンであり、経営者の意思といえる。ビジョンは株主と従業員の中間に位置する経営者が、両者に自らの考えを伝え、その調整を図るものである。

　経営者の立場で、株主、従業員という2つの関係からビジョンを考えてみよう。

（1）株主との関係は権限委譲

コーポレート・ガバナンスの呪縛

　ビジョンでは、まずコーポレート・ガバナンスの呪縛を解くことである。

　コーポレート・ガバナンスとは「企業統治」と訳されるもので、もともとは「企業は誰のものか」という禅問答のような問いかけのことである。

　日本では1990年代後半から企業の不祥事が次々と露呈し、マスコミから「企業は企業のためだけに行動している」と批判され、このコーポレート・ガバナンスという「問いかけ」が注目され始めた。

　一方前章で述べたとおり、バブル崩壊後、証券市場に外国人投資家が増えてくるにつれ、上場企業の不透明性を解消するものとして、コーポレート・ガバナンスが注目され始めた。

　この2つの流れのたどりついた先が、「日本の上場企業は株主を軽視し、従業員、顧客を重視しすぎている」という結論である。少しきつい言い方をすれば「企業はもっと顧客から利益を享受すべきであり、それができないのなら従業員の給与を落としてでも利益を出し、株主へ配当し、自社の株価を上昇させることが経営者の責務である」という指摘である。

　これを強調すべく先進国の意思統一機関ともいえるOECD（Organization for Economic Cooperation and Development：経済協力開発機構）のコーポレート・ガバナンス原則の最初に、「コーポレート・ガバナンスの枠組みは株主の権利を保護するものでなければならない」とある。

　いつの日からかコーポレート・ガバナンスという問いかけの答えは「企業は株主のもの」となってしまった。

株主より大切なものがある

日本企業はこの答えに中途半端に対応してしまい、大きなダメージを受けることになる。リストラ、工場閉鎖などによって、体力を弱め、無理して利益を出し、これを原資に株主へ配当をするといったものである。

経営者も心の中では、この答えに今ひとつ納得せず、そのため従業員にその意味を説明できず、「会社の生き残りのためにあえて断行する」といった精神論で押し切ってしまおうとした。もちろん従業員は納得せず、利益増加に反比例するように企業のムードを落としてしまう。

2005年に起きたライブドアとフジテレビ、楽天とTBSの争いで、日本はさまざまなことを学習した。そして新しい意見の潮流が生まれた。仮にライブドアがニッポン放送の株式の50％超を保有し、大株主になっても「ニッポン放送はライブドアのものではない」「ニッポン放送は従業員たちが作ってきた」という「声」である。

企業の経営者、従業員をはじめ社会全体が前から感じていたことであり、口に出せなかった「思い」である。「会社には株主よりも大切なものがあり、それはそこで働く従業員である」という日本的心情である。マスコミも（自らの仲間がターゲットとなったこともあるが）、老舗大企業の経営者たちもこぞって「企業の心まではカネで買えない」「ビジネスはマネーゲームではない」と声をあげた。そして2006年初頭のライブドア事件で頂点に達する。

これに対する反論は心情的にはどうであれ、「法的には」というものである。しかし法律とは社会の合意であり、皆が合意してない「法」はいつまでも存在しえない。本書で述べるコーポレート・イノベーションの動きは、法律をもイノベーションしていくと考えられる。

株主の3つの権利

さて将来から現在へ話を戻して、「今の法律」で「株主支配」からのイノベーションを考えてみよう。

会社法において株主は会社に対して、主に次のような権利を持っている。
①会社の利益の一部を配当として受ける権利
②経営者を選任する権利
③会社を解散し、その財産分与を受ける権利

①により株主は利益を要求する。利益計算は「売上－費用」でなされ、この費用の中に従業員の給与も入っている。利益はある意味で従業員給与との間にトレードオフの関係をもたらす。この解決については第3章で考える。

③は、いくら株主といえども、カネが欲しいからといって、会社をむやみに解散し、換金することは許されない。前章で述べたCSRの存在責任を考えれば、ゴーイング・コンサーン（事業を継続していくことが企業の責任）が前提である。そのため株主は出資金を回収するために換金が必要なら、自らの株式を売却する権利を持つ。

マネジメントにおける権限委譲

そして残されたのが②の「経営者を選ぶ権利」であり、ガバナンス（統治）の原点ともいえる。

この株主と経営者の関係において、本書は「権限委譲説」を採用する。株式会社において、本来的に「経営する権限」は株主にあり、これを経営者である取締役に移すというものである。マネジメントの世界でいう権限委譲である。

マネジメントにおける権限委譲は、「本来権限者」に対して、そのうちの一部の権限に関する実行計画を受任者が提出し、権限者の了承を以ってなされる。つまり「計画の了承＝権限委譲」である。

例えば営業部長になったからといって、いきなり営業に関するすべての権限を得るのではない。営業部長が作る営業計画を、本来権限者である経営者が了承することによって、その計画の実行に関する権限が委譲する。ポジション（営業部長）ではなく計画（営業計画）に権限委譲される。

権限委譲後、受任者はその計画を実行する責任を持ち、かつ実行計画の結果、特に計画と実行の差異について報告する義務を負う。この義務をアカウンタビリティという。アカウンタビリティは説明責任、説明義務と訳されているが、説明とはニュアンスが異なり、本来は「差異報告義務」と訳すべきである。本書ではアカウンタビリティを訳さず、このまま用いることにする。

株主から取締役へ権限委譲する

経営の権限委譲についても、このセオリーが適用される。すなわち経営者は計画の了承を以って経営という権限を株主から委譲され、従業員への指揮命令権による

図表 2-4　権限委譲の構造

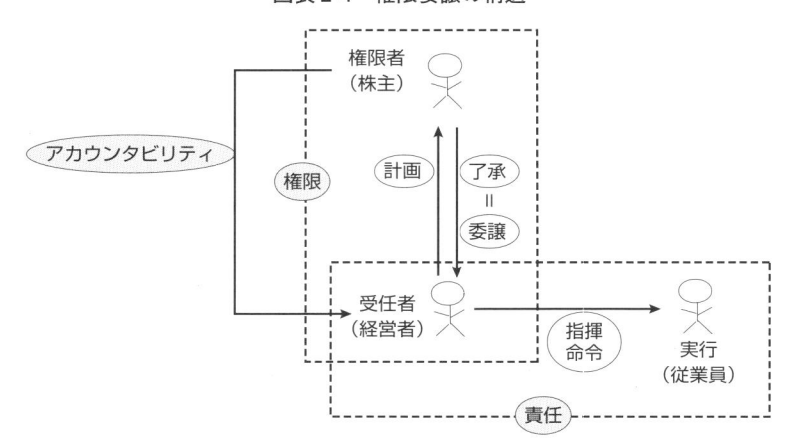

[図：権限者（株主）から受任者（経営者）への権限委譲、計画・了承＝委譲、アカウンタビリティ、指揮命令により実行（従業員）へ、責任の範囲を示す]

実行責任と株主へのアカウンタビリティを持つ。

株式会社において経営者は取締役であり、複数人（2006年より1人でもよくなったが）いて、取締役会という意思決定機関を構成する。

日本では、この取締役の多くは従業員からのキャリアアップ（いわゆる出世）であり、マネジャーの次のキャリアと位置づけられるのが実体である。これが日本企業の強さの原動力となってきた。「仕事をがんばれば経営者になれる」である。

この強さをイノベーションする理由は見当たらない。

経営権限委譲の原理

これらのことを考え合わせ、コーポレート・イノベーションを現実的に実行するには、次のような原理に基づくことである。

・株主は経営にはタッチせず、その権限をすべて取締役に委譲する（経営実行を望むならば、自らが取締役となる）。
・企業内の組織ルールに基づき、従業員合意のもとに取締役候補が選任される（多くの場合、現存する取締役会の決議で候補が決定される）。
・取締役候補は従業員の代表者として位置づけられる。
・取締役候補はミッションに基づき、従業員の合意を得て、長期的な企業経営の進め方（ビジョン）およびその到達点（目標）を立案する。

- ビジョン、目標は株主に了承されたとき、その実効力を有し、あわせて各取締役および取締役会に経営権限が委譲される。
- 取締役は了承されたビジョン、目標に基づいて、単年度および複数年度の経営計画を立案し、株主から株主総会において了承を得る。この経営計画によって、取締役は経営責任および従業員への指揮命令権を持つ経営者となる。
- ビジョン、経営計画は経営者を代表とする全従業員に実行責任がある。
- 経営者は経営計画について、株主へのアカウンタビリティを有し、計画との相違内容によっては（計画どおり実行できない。目標どおりの結果とならない）、退任という形でその責任をとる。
- 株主はアカウンタビリティをリアルタイム（随時）に要求したいときは、自らの代理として社外取締役（従業員以外の取締役）、監査役を置くことができる。
- 経営計画に基づいて企業がもたらした益は、あらかじめ決められたルールに基づいて、株主、経営者、従業員およびこの益をもたらすために協力のあった社会へ還元する（このルールについては第3章で述べる）。これら企業の益の分配を受ける人たちをステークホルダーと呼ぶ。

企業は社会の共同財産

　上の原理こそがコーポレート・ガバナンス（「企業は誰のものか」）に関する社会的合意であり、その答えは「企業はステークホルダーのもの」である。ステークホルダーとは企業の利害関係者という意味で、株主のみならず、従業員、企業自身、顧客、そしてこれらが構成する社会そのものである。つまり企業は社会の共同財産ということである。

　ビジョンの位置づけを図示すると、図表2-5のようになる。

ビジョンは経営者の社会に対するメッセージ

　上の原理に従うと、企業は従業員、その代表者としての経営者、承認者としての株主という3つの機関から構成されることになる。

　こうしてコーポレート・ガバナンスでいう「統治」（誰かが誰かを支配する）という概念は消え去り、3機関が運営する社会における運命共同体となる。これが企業、会社の語源といえるコーポレーション（cooperation：協同体という意味）、カンパニー

図表 2-5　ビジョンの位置づけ

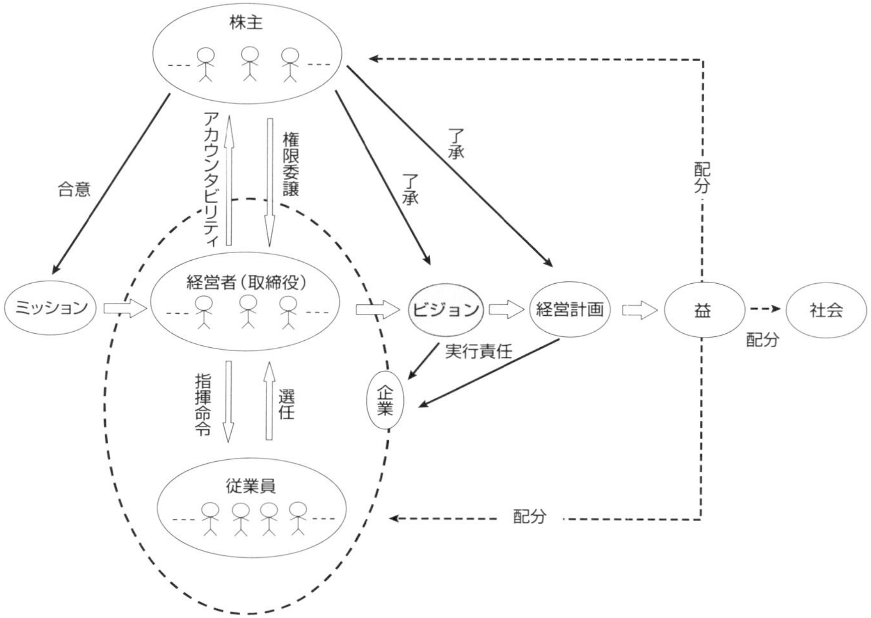

（company：ある目的を持って集まる）の意味である。

　またビジョンの実行によってもたらされた益は、社会にも一定のルールで配分され、CSR の公益責任を企業は果たすことになる。

　株主をはじめとする社会に対する企業のビジョンは、ホームページ、企業パンフレット、テレビコマーシャルなどのプロモーションツールを通しても訴えられる。そのためビジョンはプロモーション（商品を売るための努力）と混同されることも多い。

　ビジョンはプロモーションではなく、経営者のメッセージである。そのため近年多くの上場企業は、社会に対するビジョンを「コーポレートメッセージ」という形で表現している。

　前述のハウス食品のコーポレートメッセージは次のようなものであり、自社のホームページで公開している。

> おいしさとやすらぎを
>
> 　おいしいものを食べると、
> なんだかホッとあたたかい気持ちになります。
> 食べることは、栄養をとることだけじゃない。
> ココロまで豊かになることだと、ハウスは思います。
> だからこそ私たちの製品は、いつもおいしくありたい。
> 安心できるものでありたい。誰でも作れるものでありたい。
> そして新しい発見に満ちていたい。
> これまでも、そしてこれからも。

(2) 従業員との関係は合意

ミッションとビジョンの違い

　ミッションは従業員を募集するフラグであり、絶対的合意事項である。少しきつい言い方をすれば「ミッションに合意しない従業員は去れ」ということである。

　もちろんミッションに合意しないことは悪ではなく、人それぞれの価値観の問題であり、何のために企業へ集まってきたかという根元的テーマといえる。

　ハウス食品でいえば「食を通じて、家庭の幸せに役立つ」というミッションに喜びを感じず、むしろ「家庭の幸せは住居にある」と思う従業員は、そのミッションを持った会社を作るか、移るべきである。

　一方ビジョンは絶対的合意とはなり得ない。ミッションに比べ、より具体的な行動を表すものであり、全従業員が100対0で合意するという性質のものではない。しかしこれを従業員の多数決で決めるというのも現実的ではない（経営者も、20年生のベテラン社員も、新入社員も一票とはいかない）。

リーダーの意見を聞く

　ここに必要なのがリーダーという存在である。リーダーは自グループのメンバーの意見を集約しながらも、自身の意見を経営者に述べる。経営者はリーダーの意見を集約しながらも、自身の意思でビジョンを決めるというものである。そしてそのビジョンへの合意度が高い人が、新たなリーダーになっていくというスキームである。ここ

から先は組織論なので、第3章で述べることにする。

　株主、社会へのビジョンは株主に約束する経営計画の元となるが、従業員に向けてのビジョンはさらに具体的な形で従業員にわかりやすく、かつ実行イメージが湧くような形で表現される。これが次に述べる戦略である。戦略はビジョンの具現化であり、従業員へのメッセージといえる。

4. 戦略はメッセージ

(1) 戦略という不思議な言葉

戦争のシステム化

　戦略とは不思議な言葉である。戦争大国アメリカでは戦争をシステム（構成要素のベクトルが合っている状態）としてとらえてきた。戦争システムの構成要素は軍事本部、基地、軍隊の3つであり、そのベクトルを合わせたものである。

　戦争においてもっとも恐いのは軍隊の独走である。人間には本能的に「戦闘意欲」があり、かつ戦いを始めると冷静さを失う。戦争には目的（大義名分）があり、経営でいえばこれが先程のビジョンである。しかし戦争をしていくうちに、軍隊は仲間を

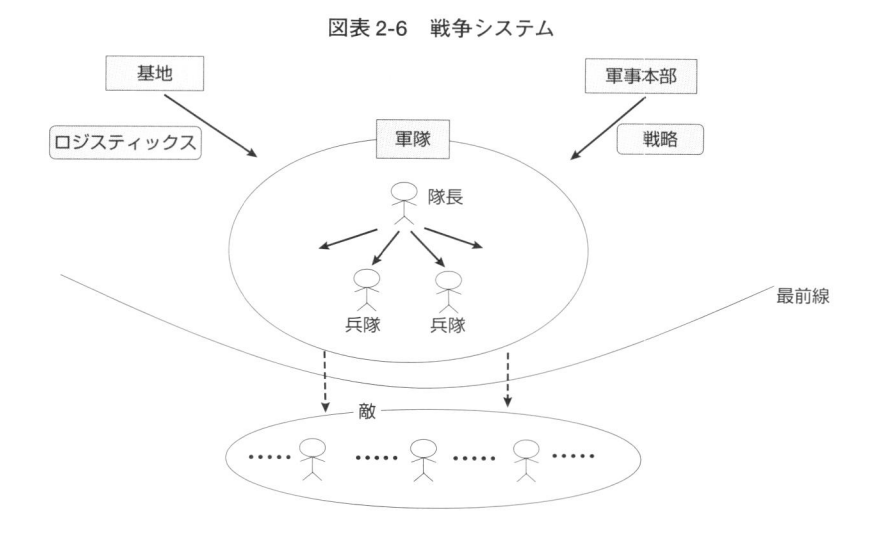

図表2-6　戦争システム

敵に殺され、次第に敵が憎くなり、いつの間にかその戦争目的を見失ってしまう。

「何のために戦っているのかを忘れ、ただ相手をひたすら倒す」ことを避けるために、戦争の「戦い方」は軍隊で考えず、戦いをしない、戦っている相手が見えない軍事本部がこれを考える。この冷静な軍事本部が発案する「戦い方」は戦略と表現される。

基地は軍事資源である武器、火薬、食糧などを備蓄し、必要に応じて軍隊へ提供する。これをロジスティックスという。

戦争システムを経営に

この戦争システムを経営にあてはめれば、軍事本部は経営、軍隊は組織、ロジスティックスはビジネスモデルにあたる。これが本書の第2章〜第4章である。

このように戦争用語をビジネス用語に置き換えているのに、不思議と戦略だけはその言葉をそのまま使っている。

戦略は大きく2つの部分に分かれる。戦争でいえば1つは軍隊の実際の戦い方であり、もう1つは軍隊がやってはいけないことである。経営にあてはめれば1つはビジョンの具現化であり、もう1つは従業員がやってはいけないことである。この2つに分けて戦略を考えてみよう。

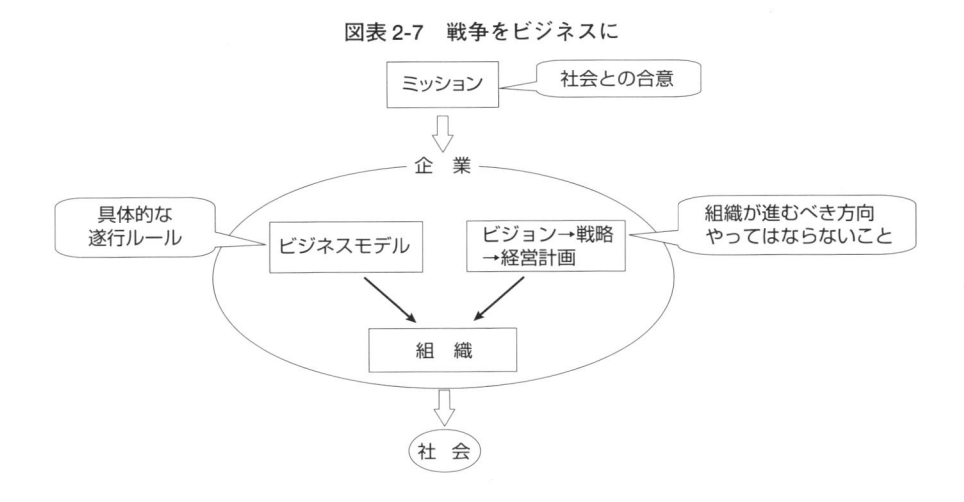

図表2-7　戦争をビジネスに

(2) ビジョンの具現化

戦略をアピールする

　戦略のこの部分は、多くの企業では経営計画の一部として存在しており、従業員、特にリーダークラス（戦争でいう隊長）に周知徹底される。「戦略」という語源のためか、外部には公表されない。ライバル企業には手の内をあかさないというものである。

　しかし変革企業では以下に述べる理由により、戦略をビジョン実現の具体的方策として社会に公表すべきであり、一部の企業ではすでに公表している。

　戦略はビジョンの具現化であるので、ビジョンとそのベクトルは一致していなければならない。ビジョンは何度もいうように、ミッションに対する経営者の考え方なので、ミッションとベクトルが合っていなければならない。

　しかし多くの企業ではミッションとビジョンのベクトルは合っていても、ミッション、ビジョンと戦略のベクトルは合っていない（合っていないから社会には公表できないともいえる）。このベクトルを合わせること、つまり経営のシステム化がコーポレート・イノベーションでは求められる。

　ミッション、ビジョンの多くは社会貢献がテーマであり、それとベクトルの合った戦略は当然のことながら社会へ公表、というよりも積極的にアピールすべきものといえる。

従来型戦略は競争が原点

　多くの企業ではミッション、ビジョンは顧客を中心とする「社会」を対象としているのに対して、戦略は「競争」「戦い」がその原点となっている。戦争王国アメリカと闘争本能の強い団塊の世代がこれを築き上げたともいえる。

　従来の経営の教科書によれば、戦略は事業ポートフォーリオ分析と、SWOT分析から生まれるCSF（Critical Success Factors：主要成功要因）を抽出することがベースとなっている。

　事業ポートフォーリオ分析の代表は、ボストンコンサルティンググループが考えたPPM（Product Portfolio Management）をベースとして、次図のようなポートフォーリオマップを描くものである。

第2章：経営イノベーション

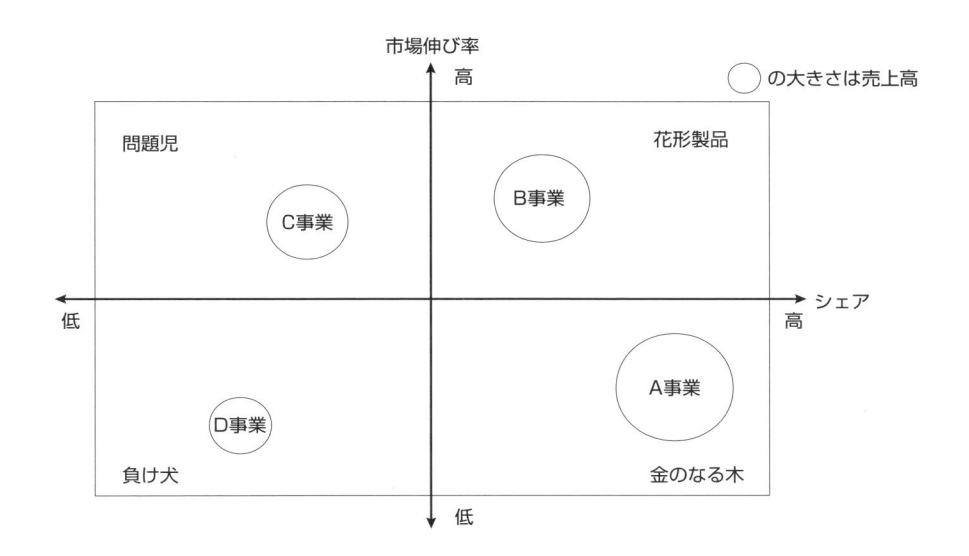

図表2-8　ポートフォーリオマップ

```
              市場伸び率
                 高
    ┌─────────────────────────────┐  ○の大きさは売上高
    │ 問題児              花形製品 │
    │                              │
    │      (C事業)  (B事業)        │
    │                              │
  低 ├──────────────────────────── ┤ シェア 高
    │                              │
    │              (A事業)         │
    │  (D事業)                     │
    │ 負け犬            金のなる木 │
    └─────────────────────────────┘
                 低
```

　たて軸は当該事業の市場伸び率であり、市場の魅力度、競争度（伸びていて魅力的なマーケットは競争が激しい）を表している。横軸は当該事業の市場におけるシェアであり、当該企業の競争力あるいはその実行の結果を表している。

　これによって上図のように、事業を4領域に分ける。その上で「金のなる木」は延命を図り、そこで生まれたキャッシュフローを「花形製品」に流す。「問題児」については選択と集中で花形製品へ持っていけるものだけを残し、負け犬は撤退といったものである。

　一方SWOT分析とは図表2-9のように、自社経営資源（ヒト、モノ、カネ、システム、ブランド、情報……）を強みと弱みに分け、経営環境を機会と脅威に分け、強みを生かせる機会を見つけ（このシーンがCSF）、弱み、脅威を補っていくというものである。

図表 2-9　SWOT 分析

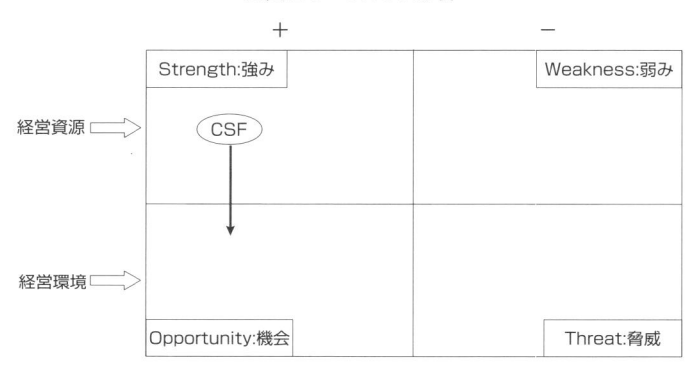

	＋	−
経営資源 →	Strength:強み　CSF ↓	Weakness:弱み
経営環境 →	Opportunity:機会	Threat:脅威

競争が抱える矛盾

　事業ポートフォーリオ分析とSWOT分析に共通しているのは、「競争」という考え方である。例えば消費財メーカーで考えたとき、そのマーケットには「売り手」であるメーカーと「買い手」である消費者がいる。事業ポートフォーリオの原点は売り手同士の力関係である。SWOTの強み、弱みはライバルの売り手に対してであり、そのCSFはライバルに勝ち抜いた瞬間のシーンである。

　コーポレート・イノベーションにおいて考えて欲しいのは、果たして企業は「ライバルとの競争に勝つことが事業目的なのか」ということである。もしそうならミッションでそれをフラグとして社会へ提示し、株主からカネを集め、従業員を募集すべきである。しかし多くの企業はミッションでは競争を訴えていない。その論理は他社に勝ち抜くことで「ミッションを実現できる」というものであろうが、どう考えてもつじつまが合ってない。

　競争はある意味では楽しく、戦うことは人間の本能のようなものなのかもしれない。しかし競争志向は企業において、いくつかの矛盾を抱えてしまうことになる。

　1つ目は、業界に数社あったとき、「勝つ」のは1社であり、残りの数社はすべて「負け」となることである。つまりこれを目標としてしまうと、多くの企業は目標を達成しないことになる。

　2つ目は「勝ってしまったら」どうなるかである。競争に「勝つ」というのは、「負け」

から「勝ち」に変わったときに喜びを感じるもの（シェア2位から1位になった）で、「勝ち続けなくてはならない」ことはむしろ苦痛といえる。

3つ目は「勝てないことがわかったらどうするか」である。どうやっても勝てない巨象がいたとき、その企業に勝つことを目標にできるかということである。

4つ目は「勝ち負けのルール」である。何をもって「勝ち」とするか、シェアか、行司は誰がやるのか……。

5つ目は「仮に勝ったとしてもミッションは達成されるのか」ということである。先程のハウス食品でいえば、食品メーカーでシェアNo.1となったからといって、「本当に食を通して幸せ」をもたらしたのかということである。

6つ目は競争によって誰が喜ぶかである。例えば消費財メーカーの激しい主導権争いは、大手小売業などの流通サイドに大きな幸せをもたらすかもしれない。流通業者へのメーカーのサービス合戦である。しかしこれが本当の顧客である消費者の幸せになるのか。メーカーを巻き込んだ小売業の激しい価格競争は、一時価格破壊と称されて起きたが、これが消費者にどんな幸せをもたらしたのだろうか。これによって社会にデフレーションを起こしたが、誰に幸せをもたらしたのだろうか。

競争、ライバルから顧客へ

この競争の矛盾に気づき、自らのミッション、ビジョンを見つめ、その進むべき具体的方向を戦略として立案できた企業は、コーポレート・イノベーションを実現している（しつつある）。

このとき、競争、ライバルに代わってクローズアップされるのが顧客である。顧客は企業がもたらす商品、サービスによって便益を受ける主体であり、見方を変えれば企業に売上、利益をもたらしてくれる対象である。この顧客の受ける便益を戦略の原点にするように考え始める。これが変革企業で叫ばれる「顧客満足度」という指標である。

ライバル企業を敵として戦う相手として見るのではなく、ライバル企業の商品を購入している顧客はどんなタイプか、なぜ自社商品でなくライバル商品を購入したのかを考える。価格競争や商品差別化を行うのではなく、顧客の受ける便益と価格はつりあいがとれているのか、他社商品はどうなのかと考える。

顧客志向型アプローチをとることによって、仕入、生産、運営、販売などのライン

組織のみならず、経理、IT、人事といったスタッフまでが、同一のベクトルで考えていくことができるようになる。この社内ベクトルが戦略である。

戦略をさらに具体化したものが、次項に述べる経営計画である。

(3) やってはいけないことの誓い

目標達成よりも大切なもの

戦略が経営計画に落としこまれると、ここに企業としての目標が数字となってはっきり見えてくる。そしていつの間にか数字が一人歩きしてしまう。

ミッションもビジョンも戦略も捨て去り、ただ目標を達成することに現場が邁進してしまう。「目標を達成しなかったときの言い訳は言いたくない、聞きたくない」という美意識のようなものである。これが一歩進むと「目標を達成さえすれば、後は関係ない」というムードを生んでしまう。戦争でいえば戦争目的、大義名分を見失い、ただ結果（相手を倒して勝利を得る）だけを出そうとするものであり、戦争のもっとも醜い姿としてマスコミによって報道されるものである。

目標達成よりも大切なものがある。ミッション、ビジョン、戦略である。そのためこれらは具体的目標を含んでいる経営計画よりも、必ず上位に位置されている。

経営、特にコーポレート・イノベーションという変革において大切なことは、「悔いの残る失敗」だけは絶対に避けることである。ミッション、ビジョンに忠実に則って、仮に目標を達成できなくても、それが株主、経営者、従業員が合意したものであれば、あきらめがつく。しかしミッション、ビジョンに反した場合、目標を達成すればまだよいが、達成できないとき企業は大混乱となる。「あのときああしておけば」「私はこうするべきだと言ったのに」……。

さらに恐ろしいのは、ミッションに反し、目標を達成するために従業員がリスキーな行動（もっとも極端なものが違法行為）をとった場合である。このとき企業は業績に関わらず消滅してしまう。

経営者の誓い

多くの企業ではこれを戒めるべく、戦略の一部を企業行動基準、企業行動規範と称して、従業員に徹底させている。そしてその誓いを社会へ公表している。

例えばハウス食品では企業行動規範として、社会へ次のように公開している。

〔企業行動規範〕

　遵法活動及び企業倫理等の観点から、ハウス食品の役員・社員(以下、「私たち」という。)一人ひとりが企業の社会的責任を深く自覚し、日常の業務遂行において関係法令・社内規程を遵守し、社会倫理に適合した行動を実践するための規範として定めます。

「お客様起点の企業活動」

　私たちの行動の基準は「お客様」であり、「お客様」の立場に立った考えと行動を実行します。

「食生活と健康への貢献」

　私たちは、「お客様」の生活に役立ち、「お客様」に認めていただける価値ある商品・サービスを提供し、「お客様」の食生活と健康に貢献します。

「法令等の遵守」

　私たちは、関係法令の遵守は勿論のこと、社会倫理に適合した考えと行動を実行します。

〔総論〕

・私たちは、責任ある社会の一員として、高い道徳観、倫理観に基づき、社会的良識に従い行動します。
・私たちは、基本的人権を尊重した企業活動を行います。
・私たちは、会社の正当な利益に反する行為または会社の信用、名誉を毀損するような行為を行いません。

1. 社会との関係

(1) 私たちは、地球環境の保全と循環型社会の構築に資するため、製品の原料調達から製造、流通、使用、リサイクル・廃棄までのライフサイクルにわたって生じる環境への影響を低減すると共に、関係法令を遵守します。
(2) 私たちは、違法な行為は勿論、不当な手段による利益の追求や、社会的に説明のできないような不透明な行為を行いません。
(3) 私たちは、地域社会と密接な連携・協調を図ります。
(4) 私たちは、企業の倫理的使命として、市民社会の秩序や安全に脅威を与える反社会的勢力・団体に対し、毅然とした態度で臨み、一切の関係を遮断

します。
2．お客様との関係
(1) 私たちは、常に「お客様」の立場に立ち、私たちの提供する製品・サービスの品質及び安全性を優先します。
(2) 私たちは、製品・サービスの品質、安全に関する事故、トラブルの未然防止に万全を期すと共に、万一、事故、トラブルが発生した場合は、誠実かつ迅速に対応します。
(3) 私たちは、製品・サービスの品質、性能、仕様等について、「お客様」に誤認を与えるおそれのある表示・表現を行いません。
3．取引先等との関係
(1) 私たちは、関係法令のみならず社会的規範を遵守し、「誠実で公正な取引」を行います。
(2) 私たちは、取引先・協力会社に対し、常に誠実かつ公正に接します。
4．株主・投資家等との関係
(1) 私たちは、株主・投資家等に対し、信頼性のある有用な情報を、適時適切に開示します。
(2) 私たちは、職務上知り得た当社、関係会社及び取引先の未公表の情報を利用したインサイダー取引を行いません。
5．会社財産・情報の管理
(1) 私たちは、社内規程に従って会社財産と企業情報を厳重に管理し、不正な利用を行いません。
(2) 私たちは、他人の権利・財産を不当に利用・侵害せず、これを最大限尊重します。

　お客様を第一に考え、食生活と健康に貢献し、法律を守るだけでなく、法律に定めのないことでも倫理、道徳的によくないと思うことは絶対にやらないという経営者の自らへの戒めであり、顧客、株主などの社会への誓いであり、従業員への「これに反してまで我々は目標を達成する必要はない」というメッセージといえる。

第2章：経営イノベーション

5．経営計画は目標と評価

　ミッション、ビジョン、戦略が固まると、これらは経営計画としてまとめられる。この計画書において前記3つ以外に経営者が考えるべきことは、経営目標とその評価方法である。この目標と評価については指標、配賦、評価という3つの観点から考えていく。

（1）指標を決める

顧客満足度を経営目標とする

　何を経営目標とするかである。これはミッション、ビジョンによって決定される。多くの企業はミッション、ビジョンに「顧客」をその主体として掲げており、そうであればいわゆる「顧客満足度」をその指標とすべきである。

　従来からいわれてきた顧客満足度の論理は、顧客満足度を上げることで競争力が高まり、自社の収益が向上するというものであった。

　コーポレート・イノベーションでいう顧客満足度は、収益向上の手段ではなく、それ自体を経営目標とするものである。ミッションを達成するために「顧客満足度を上げる」というビジョンを掲げるのである。短期的に収益を上げても、顧客満足度が低ければ、いずれ収益が下がっていくから好ましくないということではない。顧客満足度が低ければその収益自体に意味がないというものである。

　まずこれを全従業員が合意することである。

顧客満足度の2つの意味

　ここで顧客満足度という経営目標は2つの意味を持つことになる。1つは目標を設定することによって、これを達成するための方策つまり戦略が見えてくるということである。

　もう1つは企業として行う仕事の目標を株主に約束し、その結果を測定するというものである。「明日の顧客満足度」を高める努力とその結果を、株主に約束するものである。

　この2つの意味に分けて考えてみよう。

①戦略立案のための目標設定

統計学的に予測する

　明日の顧客満足度は結果が出なくてはわからないが、コーポレート・イノベーションでは、これを予測しなくては「ならない」。

　よく「そんなことはできない」という声を聞くが、自分の能力だけで物事を判断しないことである。世の中には賢い人がいて、良いやり方を思いついて、それを実践し、修正し、完成させ、かつそれを体系化することが好きな学者がいて、理論としてまとまっていることが多い。「先人の知恵に学ぶ」ということである。

　先人たちが考えた未来を予測していく手法を統計という。これは「過去の結果」から「未来」を「統計学的に」予測するものである。この「統計学的」というのは、「未来をあてる」ということではなく、周囲が納得できるように予測していくというものである。言い方を変えれば、「過去の結果から考えて、未来はこうだと考えるのが普通」「過去のことも全部はわからないが、わかる情報からすると、こう考えるのが普通」というものであり、もっといえば「これ以上に良い方法があるなら提示してくれ」というものである。

　統計という考え方は、未来に関する目標を設定し、株主、従業員に合意をしてもらう必要がある経営者にはぴったりのツールである（もちろん企業の現場でも統計は利用できる。これについでは第4章で述べる）。

　顧客満足度とは人間の気持ちである。統計ではこの人間の気持ちのような定性的なものを、数字に表すこと（数量化という）にもチャレンジしている。

　これらについて詳しく知りたい人は拙著『数字を使える営業マンは仕事ができる』（日本経済新聞社）を参照して欲しい。

顧客満足度を考えるフロー

　未来、過去を通して、すべての顧客の満足度を測ることはできないので、一部の過去の顧客満足度を測り（これを統計ではサンプリングという）、統計学的手法を用いて未来の顧客満足度を予測する。そして企業がその予測値に納得できなければ、それを何とか上げるための方策を考える。

　顧客満足度の予測方法は企業が提供する商品、サービスによって異なるが、ここでは消費財メーカーをイメージして、その基本的な考え方を説明する（他の企業につ

（Ⅰ）製品価値を定義する

$$製品価値 = \frac{製品機能}{販売価格}$$

製品機能とは製品から消費者が受ける便益、効用、メリットを表すものである。同じ製品機能であれば、価格が安いほど製品価値が高い。

（Ⅱ）製品機能を定義する

$$製品機能 = 製品仕様 \times 製造品質$$

製品仕様とはこの製品を「このように作ろう」とメーカーが設計したものであり、おいしさ、成分、重さ、健康寄与度……といった複数の設計項目から成る。これらは数字で表す必要がある。

「数字に表せない」という人がいるが、数字に表せないものはない。「おいしさ」も「すごくおいしい⇒5」「おいしい⇒4」「ふつう⇒3」「あまりおいしくない⇒2」「まずい⇒1」とすれば「数字」となる。無論「実体」（「おいしさ」）を、その数字が的確に表現しているかは別である。しかし何とか数字に表して、その数字が実体に合うように数字を調整していくしか方法はない。

製造品質とはどれくらい製品仕様どおりに作られているかというもので、これも数字で表す（この数字は製品検査をしていれば、統計学で見事に数字に表される。これを統計的品質管理という）。

（Ⅲ）顧客満足度を定義する

$$各顧客の満足度 = \frac{製品価値}{絶対満足} = \frac{製品仕様}{絶対満足} \times \frac{製造品質}{販売価格}$$

各製品の顧客満足度 = Σ 各顧客の満足度/顧客数 = 各顧客の満足度の平均値

満足「度」というくらいなので、一人ひとりの顧客に絶対満足（製品に100点満点をつける状態）というものがあるはずである。

絶対満足を構成する項目は、製品仕様がこれに合わせているはずである。したがって先程の製品仕様の設計項目である「おいしさ、成分、重さ、健康寄与度……」

と同じになる。この項目は顧客へのアンケートやインタビューなどマーケットリサーチを通して、統計学的に把握していく。「満足ですか」ではなく、「どうすれば満足しますか」という質問である。

製品価値を絶対満足で割ったものが、その顧客の満足度である（100点中何点か）。製品の顧客満足度は対象顧客の平均値として表される。

(Ⅳ) 顧客満足度の予測

上記手続きから経営計画対象期間の自社製品の顧客満足度を予測する（まだ売ってないので満足度は生まれていない）。

(Ⅴ) 顧客満足度を高めるには

その上で、どうやったら顧客満足度が高まるかを皆で考える。マーケティングサイドは絶対満足の項目を調査し、製品開発サイドは製品仕様を絶対満足に近づける方策を、生産サイドは製造品質を高め、コストを下げ、販売サイドはこれによって販売価格を下げることを考える。これが戦略である。こうすることでその戦略をとる意味をマーケティング、開発、生産、販売といった各サイドが合意し、企業は顧客満足度という1つのベクトルに向かうことになる。すなわち経営のシステム化である。

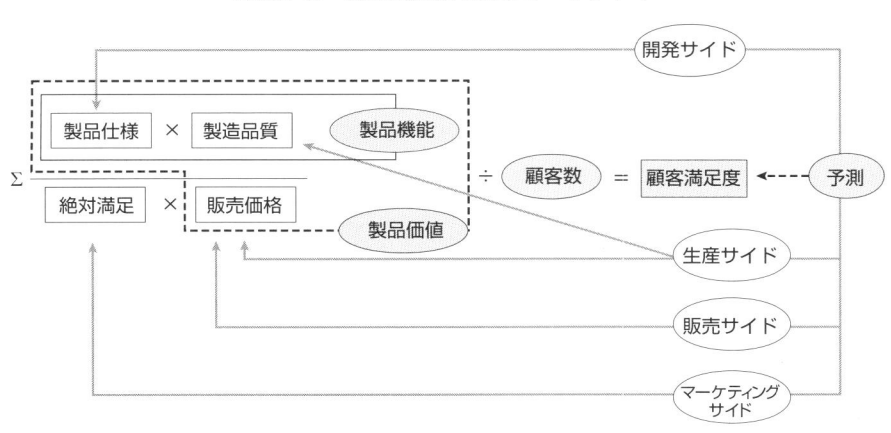

図表2-10　顧客満足度を高めるパラダイム

②約束としての目標

約束目標に求められるもの

　経営計画の目標には、もう1つ株主に対して経営者が約束するという意味がある。約束目標として上記の顧客満足度そのものを使うのは不適切といえる。

　経営計画の約束目標には、次のような要件が求められる。

A.戦略立案時の目標と整合がとれていること
B.その結果を誰が測っても同じ数字になること
C.この目標が達成されることで、約束する両者（株主、経営者）にそのリターンがあること
D.従業員がその目標を実感できること

利益を約束目標にする

　ここで多くの企業で用いられるのが「利益」という計算値である（正確にいうと付加価値。変革企業において利益は付加価値の一定比率となる。これについては第3章で詳しく述べる）。

　A.の要件は戦略立案時の「顧客満足度」と「約束目標としての利益」の整合がとれていることを求めるものである。この答えは昨日の自社の商品・サービスに満足してくれた顧客が、もう一度顧客になってくれることで今日の自社に利益をもたらすと考える。つまり先程の顧客満足度が明日のもの、つまり先行指標なら、顧客満足度の遅行指標（結果が一定時間おいて表れる指標のこと）として利益をとらえる。利益は過去の顧客満足度である。

　B.の要件は、①で定義した顧客満足度のようにファジーな（計算する人によって結果が違う）ものではなく、決められた企業会計ルールに則って計算することでクリアされる。

　C.の要件は利益と配当（株主の取り分）は連動しており、利益と経営者報酬を連動させればクリアされる。

　D.の要件は「顧客満足度を高めれば利益が上がる」ことを全従業員が合意することであり、かつ利益が上がれば従業員給与も上がる仕組みづくりである（こうすれば利益という目標を自らの給与として実感できる）。

　C.D.については、第3章で詳しく述べる。

こうして「顧客志向＝利益志向」ということが理論的に裏づけされる。「企業がもうけるのは悪。それは社会から益を搾取するものだ」という古典的経済学の時代からいわれてきた「利益志向に対する反論」を封じ、経営者、従業員がプライドを持って、堂々と「利益目標」を達成していく努力ができる。

(2) 目標を配賦する

予算というシステム

経営目標である利益は各部門、各従業員へ配賦される。ここではそれぞれがその配賦目標を達成したとき、企業が自ずと経営目標を達成する仕組みづくりが必要である。これが予算（budget）という「システム」である。

多くの企業はこの予算システムを取り入れながら、その意味が従業員に（場合によっては経営者にさえも）よく理解されず、むしろ弊害をもたらしていることが多い。

予算とは「予め計算する」という意味であり、ノルマ（もともとはラテン語で標準という意味だったが、いつの間にか最低達成すべき数字のように使われている）や単純な希望目標（何とかがんばります）とは異なり、目標を計画し、コントロールし、評価していく完成されたマネジメントシステムである。

限界利益を理解する

利益を約束目標として予算システムを考えるとき、どうしても理解しなくてはならないのが限界利益という考え方である。言い方を変えれば予算システムを活用できないほとんどすべての企業が、この限界利益を理解していない。ここでは簡単に限界利益について解説する。詳しくは拙著『計数分析のセオリー』（同友館）を参照して欲しい。

限界とは経済学で生まれた言葉で、「1単位増えると」という意味である。限界利益とは「今の状態から販売が1単位増えたときに、増える利益」のことである。例えば鮮魚商であれば、さんまが今、もう1匹売れたら、いくら利益が増えるかというもので、多くの場合粗利（「販売価格－原価」。商品を80円で買って100円で売れば20円の利益）と一致する。

しかし多くの企業ではいろいろな商品を売っており、商品によって限界利益は異なる。そのため1単位という概念はとらえづらい。そこで1円売上が増えたら、いくら

利益が増えるか(これを限界利益率という)を考える。先程の鮮魚商でいえば100円売って20円もうかるので限界利益率は0.2円である。1円売れば0.2円利益が増える。

この鮮魚商で1ヵ月の経費(商品原価以外にかかるカネ。家賃、人件費、水道光熱費……)が40万円かかる場合に、月にいくら売れれば収支トントンになるだろう。

1円売ると0.2円利益が出るので、40万円÷0.2＝200万円となる。月200万円の売上で収支トントンである。

来月の目標利益を20万円とするといくらの売上が必要だろうか。さらに20万円÷0.2＝100万円の売上が必要で、計300万円の売上が出れば利益は20万円となる。

これを式で表すと、次のようになる。

　　(目標利益＋経費)÷限界利益率＝目標売上

この式は目標利益を目標売上に変えている。これを使えば企業が求めている目標利益を、現場でコントロールしやすい目標売上に変えることができる。

鮮魚商は20万円の利益を目指すといっても実感がない。しかし300万円の売上を目指すとなれば、日々目標達成度の進捗がわかる。

限界利益を理解できれば、予算の立案ステップが理解できる。

目標配賦のステップ

予算システムにおいては、次のようなステップで、目標利益は目標売上として現場へ配賦される。

(Ⅰ)目標利益の設定

経営者が株主と約束する目標利益を設定し、株主に合意を得る。

(Ⅱ)経費見積

当該期間(1年や半年単位で考えることが多い)に発生する経費(企業会計でいう販売費・一般管理費と考えてよい)を見積もる。

(Ⅲ)限界利益率の設定

商品別、部門別などの原価(正確にいうとその他、売上に比例して発生する費用を含む)を見積もり、販売価格を設定して、限界利益率を設定する。

限界利益率が大きく異なる商品を持っている企業は、この単位に予算システムを適用する。つまり単位ごとに別企業として目標利益、経費見積をして以降の設計を進めていく。この単位を損益単位、SBU（Strategic Business Unit：戦略事業単位）、事業部などといい、このように進めることを独立採算制、カンパニー制などという。

（Ⅳ）目標売上

　「（目標利益＋経費）÷限界利益率＝目標売上」で計算する。
　しかしこのままこれを販売部門に割り振っては、現場から見ると「天から降ってきた」ような目標となってしまう。

（Ⅴ）販売予測

　一方で販売部門がセールスマン別、部門別や商品別、顧客別といった単位で、どれ位の売上になりそうか、つまり販売予測を行う。このとき、限界利益率は固定（販売価格は所与）のものとして予測する。その上でこれを積み上げ、企業全体としての販売予測を出す。

（Ⅵ）予算調整

　多くの場合、目標売上＞販売予測となり、これがイコールとなるように経営者および各部門のリーダーが調整を行う。価格を変えたら、原価を変えたら、経費を変えたら、担当顧客を変えたら……。この調整が大変なときは、先程の損益単位、SBU、事業部などに分けて考える。

（Ⅶ）予算確定

　目標売上＝販売予測となると予算は確定され、その結果として売上予算、原価予算、経費予算などがアウトプットされる。
　販売部門は約束された販売価格のもとで売上目標を達成し、生産部門は原価予算内で生産し、スタッフは経費を予算内に抑えるコントロールをする。こうすることで、全従業員がそれぞれ自らの予算を達成することで、目標利益が達成されることになる。これが予算と呼ばれるシステム（各要素のベクトルが合った状態）である。
　これをフローで表すと図表2-11のようになる。

第2章：経営イノベーション

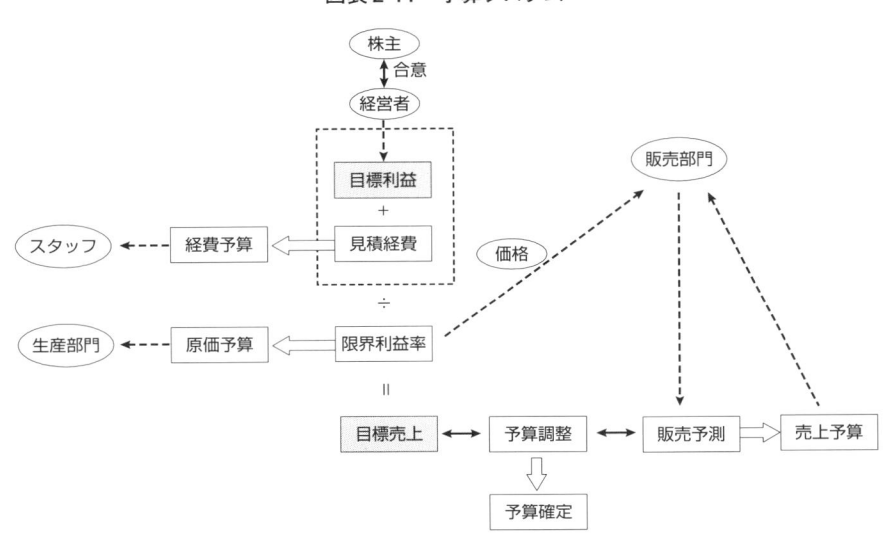

図表2-11　予算システム

(3) 予算で評価する

無理して達成しても幸せはない

予算システムがうまく活用できない企業の共通点として、限界利益の理解不足とともに挙げられるのが、評価のやり方を誤解していることである。そしてそのほとんどが、販売部門の売上予算に関する誤解である。

評価とは予算を立て、その結果（実算という）が生まれてからの行動である。

例えばある企業の販売チームで、当期の売上予算が10億円（前期実算9億円）で、期末が近づいているのに実算が未だ9億円のときを考える。予算を理解していない企業では、このチームのリーダーが、がんばって何とか10億円に仕上げようとする。極端にいえば来期の売上を先食いして（いわゆる「期末駆け込み」と呼ばれるもの）でも、10億円に仕上げてしまう。これで企業全体の目標利益を達成させてしまう。利益で昨日の顧客満足度を測っているはずなのに、それを粉飾してしまう。先程述べた利益の「結果を誰が測っても同じ数字になること」という要件を損ねてしまう。

経営者としてはうすうすそれに気づきながらも、「株主との約束」を今期果たしてしまうので、翌期の目標利益をさらに上げざるを得ない。そのためこのチームの来期

の売上予算は11億円にせざるを得ない。実際は前期9億円、今期9億円の実算なので来期も9億円がその実力（顧客満足度）であり、今期1億円先食いしてしまったので、約束目標としては8億円が妥当なのかもしれない。それでも来期このチームのリーダーは無理して、がんばって11億円の実算にし、再来期の売上を先食いしてしまう。

こんなことをやっていれば、破綻してしまうのが普通である。しかし企業の成長期では、「予想以上の成長」という追い風がすべてを消してしまうこともある。そしていつの日かこの風が来ることを期待するようになり、風がいつまでも来なければ企業は破綻する。

こうしてバブル期などに急成長した企業が次々と消滅していき、場合によっては経営者、リーダーの粉飾が見つかり、逮捕者を出すという悲劇まで生む。まさに先程の戦争のもっともみにくい姿を露見させてしまう。

これは戦争でいえば軍事本部が実際に戦争をしている軍隊に対して禁止すべき行為であり、企業においては経営者にその発生を阻止する責任がある。経営者はこれらのことをはっきりと「やってはいけないこと」として、従業員へのメッセージとしての戦略に提示し、そんなことをやって業績を出しても決して評価されず、従業員自らの幸福にもならないことを徹底すべきである。

SEE = CHECK & ACTION

マネジメントはPDS（PLAN-DO-SEE：計画－実行－評価）で表現され、評価はSEEにあたる。SEEは次の2つに分かれ、前者はCHECK、後者はACTIONと表現される。このときPDSはPDCAと呼ばれる。

予算システムにおける評価では、このCHECK&ACTIONを冷静に行うだけのことである。

・差異分析（CHECK）

予算（PLAN）と実算（DO）の差異を冷静に分析し、その違いを上位権限者（経営者でいえば株主、リーダーでいえば経営者）へ報告するというアカウンタビリティである。

差異分析では予算と実算に違いがあったとき、実算だけでなく予算もあわせて見る。もし結果が出た今でも、「計画時点に戻ってもう一度予算を立てろといわれても同じ予算を立てる」と思うのであれば、実算の問題点を分析する。「予算を変

えたほうがよかった」(販売予測だけでなくそのバックボーンとなる経費、販売価格、原価、見積……)と思う点があれば、予算の問題点を分析する。

経営家族主義、そして競争戦略においては、結果が出ないのを人のせい(予算を立てた人やまわりの人)にせず、自分の努力不足と考えるよう教育されているが、これを捨てることである。

・次の計画に生かす(ACTION)

差異分析が終わったら、「うまくいかなかったことをよく反省する」のではなく、次の予算(計画)に生かすことを考える。差異分析の結果は翌期の予算立案、組織、ビジネスモデルに必ず生きるはずである。

先程の予算10億円で実算9億円のとき、実算ばかりを見つめ「どうしてがんばらなかったんだ。どうして達成できなかったんだ」とチームリーダーを犯罪者のように追い詰めていかない。

このとき、経営者は「予算10億円」を反省し、「予算を立てるときにどうして9億円と考えなかったのか」「何が見込み違いか」「来期はいくらと考えるべきか」「売上が伸びなくても利益を生む方法はないか」……と考えていく。

これが予算システムの意味である。

6. イノベーション経営者の像

第2章の最後に、コーポレート・イノベーションを実現する経営者の像を資質、能力、経験の面からアプローチしてみよう。

(1) イノベーション経営者に求められる資質

「経営者としての適性」という意味であり、次のようなものが考えられる。

①企業への愛

コーポレート・イノベーションを実現する経営者にとって、何といっても大切なものはその企業、商品への愛である。

脱サラしてレストランを開業したオーナー兼シェフの主人は、顧客から「おたくの

料理おいしいねぇ」と言われたとき、人には説明できない喜びを感じるだろう。このレストランが次第に大きくなりチェーン化し、シェフをやめ、自らは経営者専任となっても、創業者は「おいしいねぇ」と言われれば無上の喜びを感じる。

しかしさらに企業が大きくなり、そのレストランのチェーン本部で長期間勤務した従業員がサラリーマン社長へと昇格したらどうだろう。すべての人が「おいしいねぇ」と言う声に対し、無上の喜びを感じるだろうか。「自分の仕事は経営だ。利益を出すことだ」と割り切る人が、仮に良い業績を出すとしても、はたして経営者としての適性があるのだろうか。

コーポレート・イノベーションを推進する力は、何度も述べてきたようにミッションであり、利益という結果ではない。ミッションをもっともよく理解し、心底納得し、自企業のビジネス、商品そして従業員に愛情を持っていること、これがコーポレート・イノベーションを担う経営者としての第1条件である。

これは日々の言動を見ていればすぐわかる。愛情のある人は「うちの商品はこう変えるべきだ。お客様はそう望んでいるはずだ」と言い、愛情のない人は「うちの会社の弱点は営業力で、営業力の強化が必要だ」といってクールである。

コーポレート・イノベーションには求心力が求められる。それはミッションであり、経営者の深い愛である。

②リーダーシップ＝「人のために働く」

一般にリーダーシップとは「人を統率する力」を指す。しかし企業において人を統率（リード）していくのはリーダーという中間層であり、経営者ではない。経営者はミッション、ビジョン、戦略によってリードする方向を示すだけである。

コーポレート・イノベーションを担う経営者にとって必要なリーダーシップとは、「人のために働くことができるか」ということであり、その思いの強さである。

経営者とは顧客のために、従業員のために、そして社会のために仕事をする人である。プロ野球の経営者でいえば、単に利益を目指し、観客動員数アップを目指していくのではなく、プロ野球ファンが楽しむために、選手が野球をしやすくするために、さらには日本プロ野球の発展のために日夜を問わず働ける人である。

この「人のために働けるか」というものはもって生まれたものであり、「こう考えろ」といってもなかなかできるものではない。もちろん人のために働く人が良い人で、人

第2章：経営イノベーション

のためではなく自分のために働く人が悪い人というわけではない。ただ前者が変革企業の経営者という仕事に適性を持っているだけのことである。

③チームワーク＝シナジー

チームで協力しながら一定のルールの中で仕事をやったほうがシナジー（相乗効果）を生む人と、かえって1人で自由にやったほうが成果を生む人がいる。これもどちらが「良い人」ということではなく、ただ前者のほうが経営者に向いているだけのことである。経営者の資質でいうチームワークとは、その人がいると自然にチームがシナジーを生んでいくムードを作ることができる「力」のことである。チームで仕事をしたことがある人なら直感できると思う。

④信頼感＝「逃げない」

経営者の信頼感とは「任せて安心」という「感じ」をまわりに人に与えるというもので、責任感と表現してもよい。これを生み出しているものは自らやチームが行う仕事について時間的見積（これくらいかかる）、品質予測（こんな風に仕上がる）が適確にできることである。そしてこの見積、予測能力の高さは「約束を守る」「何があっても逃げない」という形で自然に表われてくる。これが信頼感を生む。

企業に限らず、どんなチームでも誰を「長」にするべきかといえば、この「逃げない」ということを挙げることが多い。

（2）イノベーション経営者に求められる3つの能力

資質の一部ともいえるが、経営という特殊な仕事を遂行していく能力であり、次の3つが挙げられる。

①創造力

何か新しいものを生み出していく力であり、先天性が極めて高い能力である。ヒラメキ、アイデアと表現されるものであり、そのメカニズムは科学的にはなかなか説明が難しい。そのため能力アップのためのトレーニングが難しい。

安定期にある企業ではそれほど必要としないが、コーポレート・イノベーションを実現しようとする経営者には強く求められる能力である。「変える」という仕事の原点

はヒラメキ、アイデアである。

②問題解決力

予期せず発生した問題について、効率的かつ適確にその解決をしていく力である。先天性もあるが、「問題解決技法」というテクニックを学べばトレーニングも可能といえる。このテクニックは「こういうパターンの問題はこうやって解決するのがセオリー」というものである。

しかし問題解決技法が想定しないタイプ、つまりかつて起きたことがないパターンの問題の解決には、その天性の能力に頼るしかない。それを担当するのが経営者ともいえ、ここにその能力が求められることになる。しかもコーポレート・イノベーションでは「変える」ことに目的があるので、かつてない問題が発生する可能性が高い。

③リスクヘッジ

問題解決力の一部ともいえるが、未だ発生していない問題（リスクという）に対して、事前にその発生を防止する手を打つ力である。変革にリスクは付き物であり、やはりコーポレート・イノベーション時の経営者には強く求められる力である。

基本的な考え方を学ぶことにより能力向上はするが、どちらかといえば先天性に頼るものといえる。

（3）経営者経験を補う

経営者の適性を見るのにもっとも簡単な方法は「やらせてみる」ことである。そしてその結果を見て、経営者としての適性を考えることである。しかし「試し」に経営をやらせて、大失敗したら、その人だけでなく企業をも崩壊させてしまうかもしれない。

そこで多くの企業では2つの方法でそれを補う。1つは知識である。経営学という学問があるが、これは優秀な経営者が功なり名を遂げて、自らの歴史をふりかえった経験談ではない。過去世界中の経営者がやってきた数多くの「経営」という仕事のやり方とその結果を、学者が体系的に整理したものである。この経営学を学ぶことで世界中の経営者の過去の経験を、「ざっと」擬似体験することができる。

2つ目は「見習い」である。経営者の一員になって、先輩の支援を受けながら経営を学んでいくことである。

これらの具体的な進め方については第5章で述べる。

（4）MUST条件とWANT条件

以上のような経営者の条件を、すべて満たしているスーパーマンは世にあまり存在しない。もしいればそれはまさにカリスマ経営者といえる。しかし過去何度もニュースになったように、たった1人のカリスマ経営者が支える企業は、そのカリスマの能力の強みが生かされると急成長していくが、一度弱さが露見すると急速に下降し、多くの場合消滅してしまう。

これを補うのが経営者複数制であり、株式会社の取締役会である。この考え方は上で述べた経営者を「1人の人間」として見ず、複数の人間から成る「機関」、すなわちチームと見て、チームが協力して経営していくというものである。

これには協力する方向（ミッション）と協力する気持ち（チームワーク）、そして会話する共通基盤（知識）が必要となる。

そう考えれば経営者個人にとっては、企業への愛、チームワーク、知識がMUST条件（なくてはならないもの）であり、残りの要件はWANT条件（あったほうがよいもの）となる。

そしてWANT条件は、チーム全体で満たせばよいことになる。

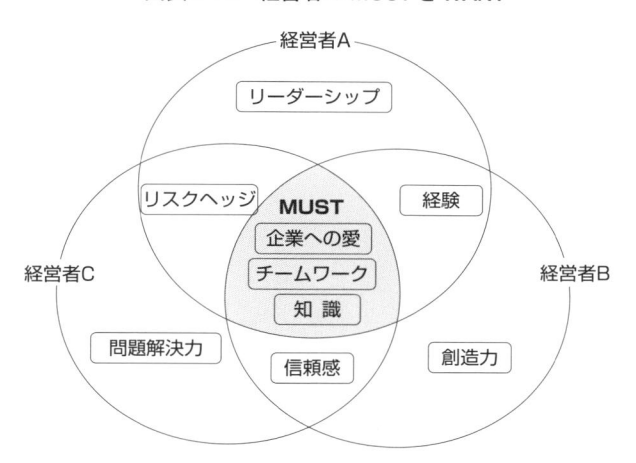

図表2-12　経営者のMUSTとWANT

（5）イノベーション経営者を育てる

　経営者を複数による「機関」と考えると、この経営者たちをどうやって生んでいくかということが問題となる。これには3つの方法が考えられる。

プロの経営者を雇う

　アメリカで一時流行したものである。MBA（経営学修士）などで経営学を学び、さらには他社で経営経験のある人を経営者として雇うというものである。

　過去のしらがみにとらわれず、思い切ったイノベーションを期待できるというメリットがある反面、自企業への愛が薄く、従業員がついてこないというリスクを抱えることになる。

　「何とかしないとこのままでは企業が倒産してしまう」という危機感が従業員にないときは、危険な手法といえる。逆にいえばこのタイプの経営者を求めイノベーションするときは、危機感の醸成が大きなテーマとなる。

経営者として育てる

　入社したときから何らかの基準で「次期経営者」として指名し、そのためのトレーニングを自社内で積んでいくというものである。官僚の世界でなされるキャリア組とノンキャリア組の識別のようなものである。創業経営者のジュニアや、新卒を大量採用する超大企業などで見られる。

　創業経営者のジュニアは「企業への愛」という最大のMUST条件を大きくクリアしており、また創業者のやってきたことを比較的冷静に肯定することも否定することもできることが多い。そのため彼を中核として、その他の経営者が彼の弱さを補えば、求心力を保ちながらコーポレート・イノベーションが一気に進むことも多い（もちろんその成否はジュニアの資質、能力に大きく依存することになるが）。

　一方超大企業では学歴という経営者適性とはほとんど相関がないもので、この経営者予備軍を選定してしまうことも多い。高学歴というのは上記経営者適性と相関がないだけでなく、イノベーションに対して逆に拒否反応を示すことも多く、いわゆる大企業病の一因ともなっている。

キャリアアップで作る

　コーポレート・イノベーションを志向している多くの企業で、経営者選定・育成についてとっている方法がキャリアアップである。プレイヤー（第一線で働く）→リーダー（マネジャー、管理職ともいわれる）→経営者という階段（ステップ）を作り、1つずつ上がっていく方法である。この階段をキャリアステップという。

　多くの日本企業が「普通に」とってきた手法である。この方法ではコーポレート・イノベーションを実現できないという意見もあるが、私はそう思わない。イノベーションがうまくできない多くの日本企業は、キャリアアップという方法論が悪いのではなく、イノベーションのための経営者を選ぶ基準、選び方が悪かったと考えられる。この具体的手順については第5章で述べる。

　アメリカでもチームワークや企業ロイヤルティ（忠誠心のこと。従業員の定着率で測ることが多い。定着率が高いほど経営効率が高いと考え始めている）の高さから、この日本的キャリアアップが注目されている。

組織イノベーション3

Innovation Essence

★人材は、合ミッション性と能力評価に
　より獲得する

★組織の秩序は、意見の優先度とする

★組織構造はライン＆スタッフ、組織内
　コミュニケーションは非同期で行う

★やる気でなくムードを考え、ムードは
　業績で測る

★給与総額は付加価値の一定比率とする

★時間給、年功給、業績給、能力給で給与
　分配する

★教育も仕事であり、この業績、能力を
　評価する

1．組織イノベーションの構造

コーポレート・イノベーションにおいては、経営イノベーションに続いて組織イノベーションとビジネスモデル・イノベーションを並行して進める。前者は従業員という「ヒト」に関するものであり、後者は「仕事のやり方」に関するものである。経営イノベーションというベクトルに沿って、両者は互いに融合しあってイノベーションは進められていくが、本書ではこれを第3章、第4章に分けて述べる。

組織イノベーションは、次のようなサブアイテムから成る。

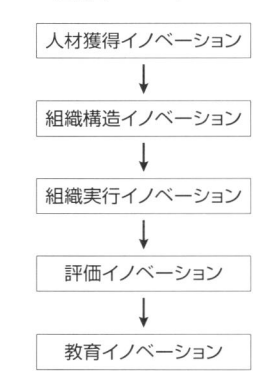

図表3-1　組織イノベーションのステップ

```
人材獲得イノベーション
    ↓
組織構造イノベーション
    ↓
組織実行イノベーション
    ↓
評価イノベーション
    ↓
教育イノベーション
```

企業活動はヒトに着目すると「Σ従業員の能力×組織力＝業績」で表現することができる。この式の中の能力に関することが人材獲得、教育であり、組織力に関することが組織構造、組織実行であり、業績が評価にあたる。

以降はこのサブアイテムごとに、そのイノベーションを考えていく。

2．人材獲得イノベーション

人材獲得は募集、採用そしてマイナスの獲得ともいうべき退職の3つに分けて考える。

（1）募集要件をイノベーションする

　日本企業のもっとも苦手な分野とされるのが、この人材募集である。アメリカでは比較的ドライに、企業が行う仕事の中で不足している担当者をストレートに募集している。ヒトよりも「行うべき仕事」に着目して募集し、即戦力を得る。

　一方日本企業、特に大企業では人手不足だから募集するというわけではない。行う仕事ではなくヒトに着目して、あらゆる面で優秀な人を募集・採用し、企業内で教育をして、特定の仕事ができるように育ててきた。

　コーポレート・イノベーションにおいては、どちらのスタイルが求められるかといえば、後者の日本型である。前章で述べたミッションの募集フラグとしての位置づけ、キャリアアップから考えてもそうするべきといえる。

　では従来の日本型募集の問題点は何か。それは募集要件が明確になっておらず、よくわからない履歴書審査や数回の面接によって採用していることである。

　この募集要件がイノベーションのポイントであり、次のような形で明確にする。

①ミッションへの合意

　自社のミッションへ合意することを募集の第一要件とする。

　「食の幸せ」がミッションなら、それを一生の仕事としたいと思っている人を募集していることを忘れない。

　新卒募集（その年に学校を卒業した人を募集する）においては、どうしても「良い学生」に来て欲しいと考え、好労働条件、一部上場企業という社会的ステータス、好業績（伸びている）などをアピールして募集してしまう。この「自社を良く見せたい」という思いを立ち切り、正々堂々とミッションをフラグに掲げて募集する。

　中途募集（新卒募集以外）においては他社（異なるミッションを持っている）での勤務経験があるので、前の企業とのミッションの違いについて企業と応募者が話し合うことが原点となる。つまりなぜ前の企業を辞めようと思ったかをミッションをベースとして話し合う。

　突然、中途採用を始める企業の多くは「新しい血を入れる」という表現をとるが、異なるミッションの人をとれば、ミッションという求心力が薄れるだけである。いかなるケースでもミッションに合意していることが人材募集の第一要件である。

　ここから先は採用の項で述べる。

②求める能力は能力マップで

能力を募集している

　コーポレート・イノベーションの原動力は、その企業の従業員の能力であり、それを募集していることを忘れない。

　人がもたらす能力は、経営資源の中でもっとも長期にわたってそのパフォーマンスを発揮する。業績を上げていくために何が足りないのかと考えるのではなく、ミッションから考えて長期的にどういうカラー（能力がもたらす風土のようなもの）の企業にしたいのかがそのポイントである。

　企業のベースとなる能力という長期的な経営資源の獲得は経営者の仕事であり、人事部にすべてを権限委譲すべき性質のものではない。

能力マップを作る

　そう考えれば募集においてなされるべきことは、求める能力の提示であることがわかる。求める能力の提示は極めて難しい仕事であるが、やらなければ何も始まらない。できる範囲で何とか能力マップ（求められる能力の関係を表したもの）を作っていく。

　特に新卒の募集においてその能力提示は難しい。このポイントは潜在能力に着目することである。潜在能力とはその人がその仕事に携わる前にすでに持っているものであり、先天能力ともいえる。プロ野球選手でいえば、野球をやったことのない新人を採用するのであるから、野球にフィットした運動能力、運動神経を募集要件とすべきである。

　この潜在能力はトレーニングによって向上することが難しいものも多く、「向き、不向き」という形で表現できる。つまりその企業の仕事、そしてミッションへの向き、不向きをその能力で見るものである。決して普遍的なものさしで能力判定しようと考えたり、めんどうくさいので単純に学歴などで決定しない（ただ学歴も偏差値の高い大学を出たということは、問題解決力など特定の能力を持っていることの証明にはなる）。

　能力マップとは、例えば図表3-2のようなものである。

第3章：組織イノベーション

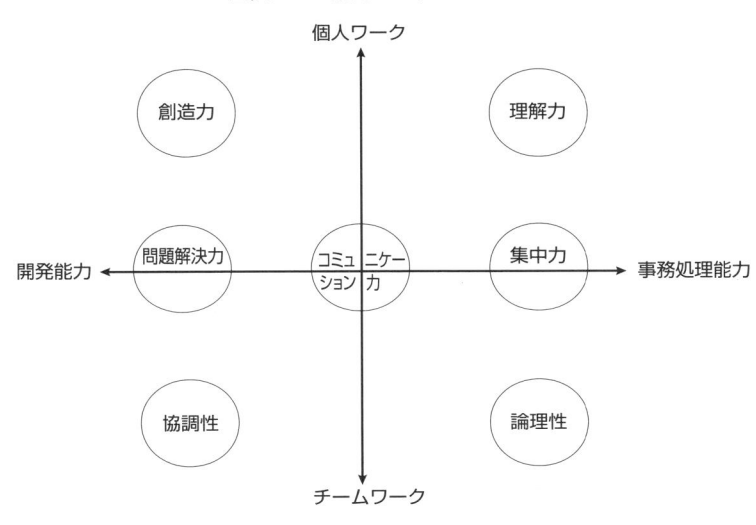

図表3-2　能力マップのイメージ

その上でこのマップを用いて自社がどのような形か、将来どのようにしたいかをまず考えてみる。

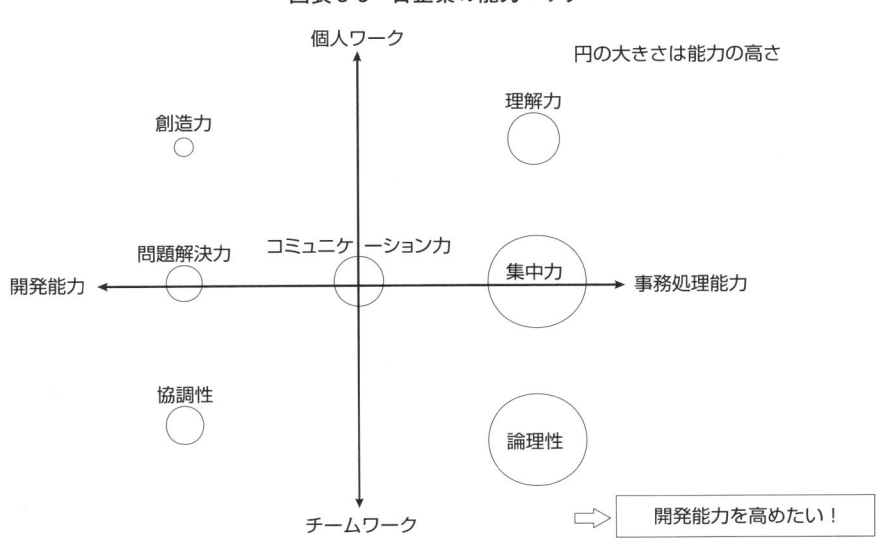

図表3-3　自企業の能力マップ

円の大きさは能力の高さ

⇨ 開発能力を高めたい！

65

こう考えれば、自ずとどのような能力を持っている人を外部から募集すべきかが見えてくる。ピッチャーの弱いチームはピッチャーを補強するのが原則で、4番打者ばかり集めても仕方がない。

③キャリアステップを提示する

採用後、従業員がどのようなキャリアを歩むことが可能かを、募集時に提示する。これがキャリアステップである。もし職種単位に採用するのであれば、職種別に作って提示する。

キャリアステップのラフなイメージは、例えば図表3-4のようなものである。

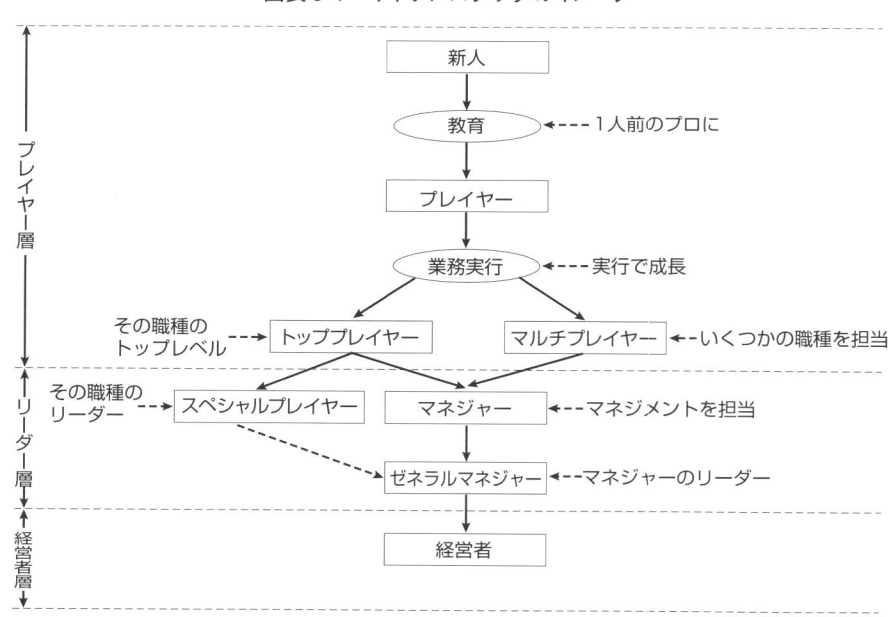

図表3-4　キャリアステップのイメージ

```
                    ┌─────┐
                    │ 新人 │
                    └──┬──┘
                       ↓
                    ╭─────╮  ←---- 1人前のプロに
                    │ 教育 │
                    ╰──┬──╯
                       ↓
                    ┌──────┐
                    │プレイヤー│
                    └──┬───┘
                       ↓
                    ╭──────╮  ←---- 実行で成長
                    │ 業務実行 │
                    ╰─┬──┬─╯
    その職種の  ┌─────┘  └─────┐
    トップレベル ↓                ↓
          ┌────────┐      ┌──────────┐ ←いくつかの職種を担当
          │トッププレイヤー│      │マルチプレイヤー│
          └───┬────┘      └─────┬────┘
    その職種の │                   │
    リーダー  ↓                   ↓
      ┌──────────┐          ┌────────┐
      │スペシャルプレイヤー│          │ マネジャー │  ←---- マネジメントを担当
      └──────┬───┘          └────┬───┘
             └───────┬──────────┘
                     ↓
             ┌──────────────┐ ←---- マネジャーのリーダー
             │ ゼネラルマネジャー │
             └──────┬───────┘
                    ↓
                ┌──────┐
                │ 経営者 │
                └──────┘
```

↑プレイヤー層↑　↑リーダー層↑　↑経営者層↑

その上で各キャリア（プレイヤー、トッププレイヤー、マルチプレイヤー、マネジャー……）に求められる要件、キャリアアップする要件を募集時に提示し、あらかじめ合意を得る。この詳細は評価の項で述べる。

④報酬条件を提示する

キャリアステップ同様に、長期的な給与体系を提示する。どうやって給与は決められるのか、どうすれば上がるのか……。これについても評価の項で述べる。

⑤退職条件を提示する

どのような場合に退職となるかを提示する。これについては退職の項で述べる。

（2）採用イノベーション

採用については採用ポリシー、採用人数、採用決定方法というステップでイノベーションを進めていく。

①採用ポリシー

まずは採用における企業としての基本的な考え方をまとめる。コーポレート・イノベーションにおいては、次のようなものがそのポリシーとなる。

・採用はミッションに合った「能力」を獲得し、長期にわたる企業の「付加価値」（「人件費＋利益」のこと。評価の項で詳しく述べる）を高めることが目的である。当然のことながら採用の可否は、合ミッション性（ミッションにどれくらいフィットしているか）と募集で提示した能力を「ものさし」として決定する。
・ここでの付加価値は「収益－費用」というフローではなく、「付加価値＝Σ能力×組織×ビジネスモデル」というストックで考える。組織、ビジネスモデルに合った能力を獲得するのではなく、ミッションを実現するために不足している能力を獲得し、その能力に合った、それが生きる組織、ビジネスモデルを構築する。
・ミッションに合った能力を獲得するのであるから、従業員は「定年まで働く」ことを前提とし、新卒採用をそのベースとする。
・中途採用は定年以外の中途退職者のリカバリー、および新卒採用の能力獲得不足を補うものと考える。

②採用人数モデル

昨日の業績で明日の採用を決める？

多くの企業は採用人数に関するモデルを持っていない。昨日の業績で明日の採用

を決めている。

　採用ポリシーで述べたように、業績は従業員の能力にも大きく依存している。特に長い目で見たときは、この能力が決め手ともいえる。業績が悪くなった原因が能力不足であったとき、採用・教育などでこれを補うことができなければ、ますます悪化していく。新しい能力を採用で補わなければならないのに、昨日の業績が悪いという理由で採用を抑え、業績悪化の歯止めがきかず、坂をころげ落ちてしまう。

　一般に成長期にある企業はどんどん採用し、安定期に入ってこれを抑える傾向にある。こうなるとコーポレート・イノベーションを行うべき変革期には高齢化が進み、「仕事をする力」はあっても「変える力」「変えるマインド」が不足してしまう。

採用人数モデルを考える

　採用人数の決定は長期的な企業サイズを決めるという大きなテーマであり、その決定モデルが必要である。この決定モデルは企業ライフサイクル、置かれた環境によってそれぞれの企業が構築すべきである。

　コーポレート・イノベーション対象である安定期、変革期の企業については、およそ次のような考え方が妥当といえる。

　採用ポリシーで述べたように新卒を採用の柱とすると、企業における「1人あたり付加価値」は年によらず一定と考えられる（これが最低条件ともいえるが）。

　そして新卒がインプットされ、定年がアウトプットされ、従業員の平均年齢は変わらない。その上で企業全体としては毎年一定率の付加価値向上を目指す。これを前提に簡素化したモデルを考えてみよう。

　　S_0…現在の総従業員数　　　S_1…来年度の総従業員数
　　n…新卒採用人数　　　　　m…今年度定年退職人数
　　V_0…今年度の付加価値　　　V_1…来年度の付加価値
　　r…期待する年平均の企業全体の付加価値伸び率

$$\frac{V_0}{S_0} = \frac{V_1}{S_1} = \frac{V_0(1+r)}{S_0 + n - m}$$

これを解くと、

　　$n = S_0 r + m$

となる。

すなわち、
　　採用人数＝総人数×期待付加価値伸び率＋定年退職者数
となる。

採用を抑えている企業に、「なぜ採用しないのですか」と聞くと「まだその余裕がない」と答える。能力が将来の業績を作っていくのである。余ったカネでヒトを雇うという発想は捨て去るべきである。

ここで上の式を変形すると次にようになる。

$$r = \frac{n - m}{S_0}$$

S_0、m は経営者にとって所与のものである。n（採用人数）を決めるということは r（付加価値伸び率）を決めているのと同意である。すなわち採用人数は企業の付加価値をどれくらい伸ばしていくかという経営者の「意思」である。

③採用決定方法は評価表で
採用は相対評価

一般的に創業期、成長期にある企業では「採用予定人数＞応募人数」であり、安定期、変革期にある企業は「採用予定人数＜応募人数」である。

前者の場合はこれを中途採用で補うと考える。つまり本来は過去に採用したかった新卒を、他社で何年か働いた後に採用すると考える。

後者の場合は「採用予定人数をとる」と意思決定する。つまり採用基準を決め、それを満たしたものをとっていく（絶対評価）のではなく、応募者の中から能力の高い順にとっていく（相対評価）と考える。

評価表で精度を高める

採用評価では合ミッション性と募集で示す能力を項目として、図表3-5のような評価表を作っておく。1人の応募者に対し何人かの評価者がこれを作成し、その評価を平均するのが普通である。

採用評価表は単に採用を合理的に進めるためだけのものではない。実際に採用した従業員を、その後定期的に能力評価することで、採用評価の妥当性を高めていくものである。

図表3-5 採用評価表

項目	重み（G）	評価点（S）	G×S	コメント
合ミッション性	10	8	80	IT時代を担う当社にとって適切な人材・・・・・・・・・・・・・・・・・・・・
創造力	8	9	72	ディスカッションでのアイデアは豊富であり、ヒラメキは・・・・・・・・・・・・
理解力	6	8	48	人の話をよく聞く。問題を適確にとらえることができるが・・・・・・・・・・・・・
︙	︙	︙	︙	︙
合計			725	論理性にやや問題はあるが、当社の変革を考えると・・・・・・・

面接で評価しない

　採用の評価手段としては次のようなものがあり、各企業が求める能力に応じてケースバイケースで選択する。

・グループディスカッション……特定のテーマについて応募者同士を話し合わせ、その発言を見る。合ミッション性、創造力、理解力、問題解決力、協調性、コミュニケーション力、論理性など、さまざまな項目が評価できる。チームで仕事をしていく企業にとっては、もっとも重視すべき能力評価ツールである。

・レポート……一定時間内に特定のテーマについての意見をまとめさせる。グループディスカッションとほぼ同じ項目を評価できるが、特に論理性、問題解決力、理解力などをはっきりと見ることができる。

・インタビュー……特定のテーマについて特定の人にインタビューをとらせ、報告書を作らせる。理解力、コミュニケーション力、論理性などが見られる。

・プレゼンテーション……特定のテーマについて、個人の意見を複数の人の前で発

表させる。表現力、創造力、論理性、問題解決力などが見られる。
- ロールプレイング……実際に簡単な仕事をやらせてみる。合ミッション性、理解力、集中力、柔軟性などが見られる。
- 学歴、資格……出身学校の学部や偏差値、資格(TOEIC、簿記検定、情報処理技術者など)によってある程度、問題解決力、理解力、集中力、論理性などを見ることができる。
- 職歴……中途採用の場合は、どうしてもやってきた「仕事」を見てしまうが、先に述べたとおりむしろ「なぜ辞めようと思ったか」のほうが大切である。中途採用は合ミッション性の評価ウェイトを高くすべきであり、それに関するレポート評価などのほうが適切といえる。

　現在の主流といえる面接、ペーパーテストは採用時の能力評価にはあまりフィットしていない。
　面接はそもそも何を見ているのか(人物か、能力か……)が不明なことが最大の問題である。面接の質問によっては、瞬間的な判断力などを見ることもできるが、応募者が質問を予測して答えを用意しておくことも多く(採用してもらうために)、面接テクニックを競うゲームのようになってしまう。
　ペーパーテストは採用者に即戦力を期待している企業で、その仕事をやるための最低限の知識を持っているかどうかを見るケース以外には、あまり利用できる方法ではない。

(3) 退職は脱退ルール

退職のルールは後で変えない

　退職には2つのパターンがある。従業員の希望によるものと、企業側の事情によるものである。前者はサラリーマンの最後の特権ともいえる「企業を辞める権利」であり、当然のことながらすべての企業においてこの権利は保障される。
　問題は後者である。変革企業は小規模な店舗や工場のようにオーナー事業主がいて、彼が全責任を負い、費用を払い、従業員に給与を支払い、残りを自らの所得とするものではない。変革企業においては経営者も企業というチームを構成する一員である。

こういった変革企業において、「企業側の事情」といっても、退職を求められる本人もその企業を構成している一員（つまり企業側）であり、そのようなものがあること自体がおかしい（誰の事情かわからない）。
　退職は「企業というチームにおいて、その構成メンバーの脱退に関するルール」と考えるべきである。
　退職のルールに関してもっとも大切なことは、イノベーション時にそれを決め、その後は原則として変えないことである。本来この退職ルールは、入社するときに合意すべきことである。しかしイノベーションとはすべてを「変える対象」とするのであるから、「この機に退職ルールを一度変える」ことはやむを得ない。
　このルール変更に関しては第5章で述べる塾などにおいて、各層の代表者の意見を求めることである。「ルールを変えない」ことが保障されていれば、（言い方は悪いが）年の若い人たちが「高齢者を早くやめさせる」というインセンティブは働かないはずである。それは若い人にもいつかこの退職ルールに適合する日が必ず来るからである。
　ルール変更に伴って退職に適合してしまう人（前のルールでは退職とならないのに、新しいルールでは退職となってしまう人。下記のとおりに進めるとほとんど発生しないはずだが）に関しては、この「不公平さ」を金銭的リターン（退職金の上乗せなど）で補うしかない。

自らの意思でルールを変える

　2006年4月より改正高齢者雇用安定法が施行された。これは高齢化社会、少子化社会、そして団塊の世代の定年という背景を受け、65歳までの雇用を確保することを企業に求めるものである。具体的には定年の引上げ、定年の定めの廃止、定年後の継続雇用制度の導入などから、企業に選択を求めるものである。
　この法律のパラダイムは明らかに「企業が従業員を雇用している」というものであり、変革企業とは異なるシーンを想定している。
　変革企業においてはこのような社会的ルールを守るのはもちろんのこと、それだけではなく従業員全員が納得できるルールを作る必要がある。「おかみの指示により」ではイノベーションとはいえない。ルールを原点からきちんと考えることがイノベーションである。

定年と再雇用をセットで

企業を従業員のチームと考えたとき、退職に関するルールとして次の3つが考えられる。

①本人がやめたいというまで退職しない

②一定の年齢になったら退職する(いわゆる定年)

③一定の能力をキープできなくなったら退職する

このルールを決めるとき大切なことは、「公平さ」だけを考えることである。「どちらのほうが利益が出るか」という業績からのアプローチではない。業績よりも大切な従業員の一生を左右することであり、企業という協同体の命運を決めることである。そしてその成否は「公平さ」以外にないと断言できる。

①がゴーイング・コンサーンの企業にとって、もっともふさわしいようにも思う。しかし多くの企業に年功給の要素(長く勤めた人ほど給与が高い)があることを考えると、これはむしろ不公平である。①をとるなら一切の年功給を排除することが条件であり、あまり現実的ではない。というよりも年功給の要素は取り入れるべきといえる(その理由については評価の項で述べる)。

結論をいえば②と③のコンビネーションをとるべきであり、次のような形が標準と考えられる。

・定年を設け、その年齢を以って現行の給与ルールの適用を終える。定年の年齢はその役職(管理職、経営者など)によらず一定。
・定年を迎える年度当初に、退職か再雇用希望かを本人が決定する。
・再雇用は中途採用のひとつとして位置づけられ、新卒や他の中途採用と同様に、採用ポリシーに基づいて、採用時に能力評価を受ける。再雇用による採用は1年間がベースであり、以降毎年これをくり返していく。そういう意味で継続雇用というよりも、再雇用という表現がフィットしている。
・再雇用の給与ルールはそれまでとは異なり、年功給はなくなり、業績給、能力給をそのベースとする。

定年と給与の関係

定年は給与ルールと密接な関係にある。後で述べるように給与は企業が得た付加価値の分配であり、また年功給という要素が必要となる。

この給与の公平さを担保するためには、従業員が最大何年間働くかということを考慮して給与体系を作らざるを得ない。そして給与体系の設計上「その企業で何年働いたか」だけをベースとすると公平さを保てない（中途採用、高卒、大卒などで不公平感があるので）。そして出した知恵が年齢を加味することであり、年功給という過去の労働への給与分配にリミットを設けること、すなわち定年である。

　定年は決して「年をとったからやめる」ということでなく、企業というチームで働き、その「分け前」を受ける上での、チームメンバーによって合意されたルールの1つとして位置づけるべきである。そう考えれば上記のように定年後でも能力がキープできれば、企業外の人よりも再度チームへ優先的に入り、その給与分配を受ける権利があるのは当然といえる。

3. 組織構造イノベーション

　組織構造イノベーションでは、階層構造（縦）、部門構造（横）、チーム内構造（深さ）という3つの次元で考える。

（1）階層構造を再定義する

　変革企業においては、すでに次のような3階層がいつの間にか生まれている（その識別はややファジーではあるが）。これら3階層は下図のようにさまざまな呼び方をされるが、本書では経営者、リーダー、プレイヤーという言葉で統一する。

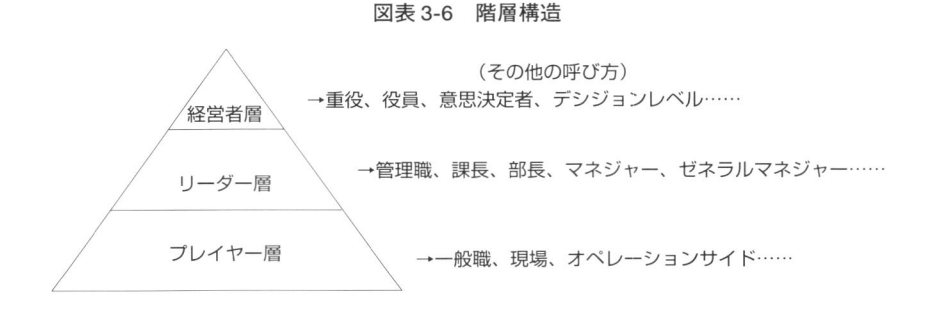

図表3-6　階層構造

　　　　　　　　　　　　（その他の呼び方）
経営者層　→重役、役員、意思決定者、デシジョンレベル……
リーダー層　→管理職、課長、部長、マネジャー、ゼネラルマネジャー……
プレイヤー層　→一般職、現場、オペレーションサイド……

階層構造のイノベーションは、この3階層を打破して新しいものを作ることではない。企業が成長していく中でいつの間にかできてしまった3階層について、以下の点を考慮してしっかりと再定義することである。

①秩序を作る
秩序は優先関係
第2章でも述べたように企業はシステムとなり、そのメンバーは共通のベクトルを持つべきである。秩序は「企業メンバーの規則だった関係」と定義され、当然のことながら、その規則はシステムの共通ベクトルであるミッション、ビジョン、戦略、経営計画に基づく。

この規則が作る「秩序」という関係は、具体的には組織間で各メンバー間の優先関係として運用される。そしてこの優先関係を表したものが上記の3階層である。優先関係という規則は、各メンバーがそれに合意していることが最低条件である。

上下関係という秩序
従来の企業の秩序は、「年功序列」をベースとして、プレイヤーとして一定期間過ごした人の中で、一部の人が課長、部長といったリーダーに、リーダーとして一定期間過ごした人の中で、一部の人が経営者になるというものである。

このいわゆる「昇格」という規則は、1つ前のレベルであるプレイヤー、リーダーとしての業績が考慮される。成績優秀なプレイヤーがリーダーに、成績優秀なリーダーが経営者へ昇格するといういわゆる出世ゲームである。

各層間の秩序、つまり優先関係は「上下関係」であり、目上、目下であり、上司、部下であり、「上司の命令を部下が聞く」というものである。

この上下関係においては年齢というファクターが大きな役割を果たす。年齢は能力などと異なり、絶対的な数字として表現されており、メンバーの合意（服従と表現してもよい）を得やすい。

そしてこの上下関係はそのまま給与にも結びつき、まさに絶対的な秩序を生んだ。

秩序が崩壊する要因
しかしこの秩序は3つの大きな問題を抱え、自然崩壊していく。

1つは企業が成長している時期はプレイヤーがどんどん増え、リーダーを増やしていくことが可能だが、一度成長が止まると、リーダーとして適齢期になっても昇格するポストがないことである。上下関係は下が増えない限り、上を増やす必要はない。第1章で述べたように、社会にこれを気づかせたのが団塊の世代である。硬直化した成熟企業で無理してリーダーを増やしていくと、一般職よりも管理職のほうが多いという笑い話のような状態さえ生んでしまう。

2つ目は「はたして優秀なプレイヤーがリーダーとして適任か」ということである。「名選手必ずしも名監督ならず」である。

3つ目はなぜ経営者、リーダー、プレイヤーの順に報酬が高いのかという理論的バックボーンの欠如である。

意見の優先度が秩序

これらの問題点をクリアする新しい秩序として考えられるのが「意見」である。

プレイヤーは「プレイ、仕事をする」、リーダーは「プレイヤーをリードする」(後で述べるように、だからリーダーと呼ぶ)、経営者は「経営する」というそれぞれ独立した職種であり、立場は対等である。

しかし企業においてはメンバーの意見が異なる場合(右へ行くか、左へ行くか)、話し合って最後は多数決で決めるというわけにはいかない。あらかじめ誰の意見を優先するかを決めておき、「意見の上位者」は下位者の意見を聞いて、自らの意思で決め、その責任を担うべきといえる。

これが意思決定という仕事であり、この責任の大きさによって報酬を受けるべきである。

そう考えれば自ずと企業内では、プレイヤーよりもリーダー、リーダーよりも経営者の意見が優先されるという秩序を持つべきとなる。責任の大きさ(意見の優先度)で決まる報酬も、経営者＞リーダー＞プレイヤーとなる。

やや言葉の持つニュアンスとは異なるが、この意見を「優先させる」ことが労働法上の「指揮命令」であり、意見を優先させるほうが「上司」であり、優先されるほうが「部下」と表現することができる。こうすれば従来組織からの秩序の移行はスムーズに行うことができる。

キャリアアップは意見陳述で

　この秩序は決してどちらが「偉いか」ということではなく、仕事と人の関係、いわゆる適材適所と考える。リーダーに向いている人がリーダーに、経営者に向いている人が経営者にということである。

　したがってキャリアアップ(プレイヤー→リーダー、リーダー→経営者のこと。これは職種転換であり、アップという表現は必ずしもなじまないが、昇格よりもそのニュアンスが柔らかく、従来組織からの移行がスムーズなので本書ではこう表現する)は、それぞれの仕事への適性を考える必要がある。

　具体的にはキャリアアップ候補者に意見を述べてもらい、その意見を企業として優先すべきものかを判断することである。これが後で述べるリーダー、経営者へのキャリアアップを、ディスカッション、レポートなどの「意見陳述」で決定するということの理論的バックボーンである。

　キャリアアップはすべての人にチャンスがあり、どうすればアップするかがわかり、かつその規則に皆が納得するとき、その規則による関係が企業内で「秩序」として認められることになる。

②プレイヤーはプロフェッショナル

　プレイヤーは「業績を出す仕事」である。プロ野球でいえば「野球をプレイして勝つ」ことがその仕事である。

　各プレイヤーの仕事の業績は後で述べるように、

$$業績 = 生産性 \times 品質 = \frac{仕事量}{時間} \times 品質$$

で表される。その目標は一定時間当たりの仕事量を増やし、かつその仕事の質を高めていくことである。プレイヤーはこれによって給与という評価を得るプロフェッショナルである。

③リーダーがイノベーションの決め手

リーダーを変えれば企業は変わる

　階層構造のイノベーションポイントはリーダー層である。ここを変えれば企業は必ず変わる。

リーダー層の中にさらに階層性（事業部長、部長、課長、係長）を持つことも多いが、なるべくフラットな構造とすべきである。これについては後のチーム内構造で述べることとし、ここではリーダー層のあり方について述べていく。
　従来はこの中間層をマネジメント層と呼び、その担当者をマネジャーと呼んでいた。マネジメントとは日本語ではいろいろな意味に訳されるが、「管理」というものがその代表であり、マネジャーは管理者、管理職と呼ばれてきた。
　管理とは辞書によれば「支配、とりしまり」と書いてある。これは昔の「資本家と労働者」という経済学的発想の名残であり、「従業員は油断をしているとサボるので、管理職が経営者に代わってその仕事の進み具合をチェックする」という意味合いが強い。
　従来の年功序列型秩序のもとでは、「目上の人が目下の人を管理する」という関係が成り立つが、変革企業の新しい秩序ではこれが成り立たない。

リーダーはプレイヤーをリードする

　変革企業におけるマネジメントという仕事は、芸能タレントのマネジャーのようなイメージである。タレントとマネジャーはどちらが「偉い」ということはなく、タレントは芸能活動し、マネジャーはその活動が効率的になるように考えるというものである。従来の企業で使ってきた「マネジメント」という言葉の意味とは全くといってよいほど異なるものである。
　変革企業におけるこの層は従来から企業において使ってきた「マネジメント」という言葉よりも、「リード」（lead：「導く」という意味）という言葉のほうがフィットする。マネジャーからリーダーへである。
　リーダーは業績の上がらないプレイヤーを「上がる方向」へリードし、ともすれば企業全体が見えず、ひたすら自らの業績だけに走ってしまいそうなプレイヤーを、ミッション、ビジョン、戦略、経営計画の方向へリードしていく仕事である。
　こう考えるとリーダーはトッププレイヤーがなるべきといえる。マネジャーであればプレイヤーの仕事ができなくてもマネジメントはできる。芸能活動をできなくてもマネジメントはできる。しかし、リードしていくには「プレイヤーの仕事をプレイヤーよりもうまくできる」ことがその条件といえる。もっといえば仮にリーダーがやれば「プレイヤーがうまくできない仕事もうまくいく」というものであり、リーダーの意見に従えば

良い結果が出るというプレイヤーの信頼感が必要である。これが図表3-4で表したキャリアステップ（プレイヤーが階段を上がっていく）の理論的バックボーンである。

リーダーはサービス業

リーダーと経営者の関係は次の2つである。1つはミッション、ビジョン、戦略を理解していることを「意見」として述べ、そのポジションに経営者から指名されることである。2つ目はその意見をベースとして、チームなどの計画を立案し、一定期間プレイヤーをリードするという権限委譲を受けることである。

一方リーダーとプレイヤーは権限委譲ではなく、サービス関係である。リーダーがプレイヤーに与えるものは「指揮命令」というよりも「情報」と表現したほうがよい。

リーダーはプレイヤーが仕事の生産性、品質を上げ、チームとして業績を出すための情報（戦術とも表現される）を提供するサービス業である。サービス業にとってもっとも大切なものは顧客であり、リーダーのサービス業としての顧客はプレイヤーである。リーダーはプレイヤーにその目を向け、その業績を上げ、結果としてチーム業績を上げることを目標とする仕事であり、それによって給与を得るプロフェッショナルである。

あってはならないリーダーはミッション、ビジョン、戦略を無視し、自らのチームの業績だけを考え、メンバーに目標のみを与え、その必達を誓わせ、達成しないと叱り、プレイヤーを目下と思い、自チームのことだけを考えて勝手な命令を出し……というものである。成長期にはある意味で力を発揮してきたこのタイプのリーダーは、安定期、そして変革期には企業を破壊してしまう。このタイプのリーダーを排除し、代わりに新しいリーダーを作っていくことが組織構造イノベーションの決め手といえる。

④経営者は2層で
リーダーに権限委譲する

経営者は第2章の最後でも述べたように、ビジョン、戦略、経営計画の合意によって、株主から「経営する」という権限を与えられ、約束した目標を達成するという責任を負う。

階層構造における経営者にとって大切なことは、得た権限のうちリーダーに何を

再委譲し、何を自らに保留したかをはっきりさせることである。権限委譲したものについては、株主と自らの委譲関係と同様に、実行責任を負わせ、報連相（報告、連絡、相談）を求めず、アカウンタビリティのみを求める。こうすれば次期経営者たるリーダーも育つし、経営者も自らの職務に専念できる。

この権限委譲によって経営者層とリーダー層をはっきりと分け、経営者層内の階層はすっきりと2層とすべきである（これによってリーダー層に階層が増えても）。第1層は社長、CEO（Chief Executive Officer：最高経営責任者）、代表取締役など名前はどう付けてもいわゆるトップであり、1名が望ましい。第2層はいわゆる取締役であり、合議制機関である取締役会を構成するメンバーである。

この層に副社長、専務、常務、平取という階層を作る理由は見あたらない。

経営者は経営に集中する

リーダーに委譲したくてもできなかったものは、経営者がリーダーの仕事を兼務するしかないが、このときどうしても経営者の職務よりもリーダーの職務に心がいってしまう。これが従来型企業における経営脆弱性の一因ともいえる。

もし2人の「経営者兼リーダー」がいるなら、どちらかを経営者専任、どちらかをリーダー専任とすべきである（これは降格ではなく職務分担の変更である）。これが大企業で近年行われている取締役（経営者）と執行役員（リーダー）の分離という手法である。

この権限委譲の整理がすべて済んだとき、経営者の人数は大幅に減り、当然のように階層は2層となり、経営者間のコミュニケーションロスがなくなり、自らの職務がはっきりと見えてくる。経営者が戦略立案、経営資源配分、経営計画立案、ステークホルダーとの調整といった本来職務に集中したとき、企業としての経営力は高まっていく。

（2）部門構造

階層構造（縦の関係）の次は、部門構造（横の関係）を考える。これはプレイヤー、リーダーをどのようなチーム分けとし、そのチーム間の関係をどのようにするかということである。

①部門構造のポリシー
組織を改善しない

　経営者になるとまずいじりたくなるのが、この部門構造である。これまでリーダーというチームの一員で仕事を行ってきたため、現在の自企業における部門構造の問題点を肌で感じており、これを何とか解消しようとする。

　しかし完全無欠の部門構造はなく、新しい構造にするとまた別の問題点が生まれてしまう。そしてまたこの問題点を解消するために組織構造を変える……、とやっていくうちに元へ戻っている。まさに堂々巡りである。

　支社・支店をベースに地域別の組織を作ったら、企業全体の商品ポートフォーリオを意識しなくなり、縄張意識が出て役所のようになってしまった（失礼！）。そこで商品別の組織をマトリクス的に組み合わせる。やってみると指揮命令系統が混乱してしまう（誰が上司かわからない）ので、思い切って商品別の組織に変える。そうすると今度は、顧客から同じ会社なのに商品別の担当セールスが何名も来て、その連携がとれていないというクレームが出る……。

　部門構造イノベーションはその場その場の問題点を解消していく、いわゆる「改善」スタイルではなく、構造のポリシーをはっきりさせて、それに則って組織をイノベーションし、多少の改善は行うにしても基本的にはそのポリシーを変えないことである。短期的な現在の問題点でなく、長期的な未来の問題点（リスクと表現する）をあらかじめ予測し、それをリスクヘッジしていくと考えることである。

　変革企業におけるポリシー立案のポイントは次の２つである。

組織構造はライン＆スタッフとする

　安定期における組織は事業部制（いろいろな意味に使われるが、ここでは事業部内にスタッフを持つミニカンパニーのようなものを表す）、プロジェクト組織（組織構造をあまりはっきり決めず、仕事に応じてチームを組むもの）、マトリクス組織（複数の指揮命令系統によってコントロールするもの）などのテクニックがその場その場の問題点（階層が多すぎる。仕事に繁閑が出る。いろいろな角度からコントロールしたい）を解消する形で、少しずつ導入されていく。

　変革企業は２つの理由により、単純なライン＆スタッフ組織（生産、運営、販売など企業の本業に関わる部門をライン、経理、人事などそれ以外をスタッフと分けるも

の))をとるべきである。

1つ目の理由はこのコーポレート・イノベーションによって、これから企業は再度成長していくことである。成長期にある多くの企業はすっきりとライン＆スタッフ組織をとっている。毎日成長しているため、極めて忙しく、組織内部のコミュニケーション調整をする時間がなく、そのロスのもっとも小さいライン＆スタッフ組織を取り入れる。

そして成長が止まっていく中で、部門間のあつれきが生まれ（というよりも気になり始め）、これを内部調整する余裕が生まれる。調整役としてマトリクス組織的な要素を取り入れたり、思い切ってスタッフをライン部門に分けてしまう事業部制、カンパニー制が取り入れられていく。

コーポレート・イノベーションにおいては、これらのリスクを組織構造を変えることで解消しようとするのではなく、ミッション、ビジョン、戦略、経営計画というベクトルによって、事前調整を済ませておくと考える。この単純組織が再成長への足腰となる。

もう1つの理由は部門間の秩序である。ラインとスタッフの関係を、すっきりと「ラインをスタッフがサポートする」と定義する。ここでは当然のことながらラインの意見が優先される。ライン同士の秩序、つまり意見の優先度もビジョン、戦略などで経営側が事前調整しておく。マーケティング志向企業ではマーケティング部門の意見を優先する。ものづくり志向なら製造サイドの意見が優先される。

組織はフラットにする

組織論には管理範囲という発想がある。本書ではこれを「管理」という言葉を避けるため「リードスパン」と表現する。1人の上司が持てる部下の数には限界があるというものである。リードスパンが5人で、プレイヤーが1000人いると、まず200人のリーダーが必要となる。そしてこの200人のリーダーには40人の上級リーダー、その上に8人、その上に経営者が2人必要となり、中間層は3階層248人となる。

このとき40人、8人の層はプレイヤーへの情報提供でなく、下級リーダー間の調整がメインの仕事となる。

このときもしリードスパンが20人なら、リーダーは50人、その上の経営者は3人となり、リーダーは1階層50人となる。50人のリーダー間の調整は個別にするので

はなく、何度もいうようにビジョン、戦略、経営計画というベクトルがこれを決める。調整という仕事をリーダーの権限委譲で、つまり計画時点で事前に済ましておくことである。

この調整というリーダーの仕事が合理化されることで、その目が隣のチームから自らのチームのプレイヤーに向けられ、リードスパンというチーム人数を上げ、組織のフラット化が進むことになる。

また経営者→事業部長→部長→課長→係長という権限委譲の伝言ゲームによる情報劣化を妨げることができ、経営者と従業員の距離も短縮できる。

②ライン構造はミッションで決める
キーは1つ
ライン組織はその中をどのようなチームに分けるかを考える。これには次の2つの原則がある。
・チームを区分するキーは1つにすること
・チーム区分キーは経営計画の損益単位と一致させること

第一の原則は「顧客別組織」と決めたら、これに商品別、地域別などさまざまなキーを付加しないことである。ライン組織の長所は「すっきり」していて、その秩序つまり意見の優先度がはっきりしていることである。それ以外の見方や考えを組織に加えたいときには、すべてスタッフ機能とし、スタッフがラインをサポートする。これによって組織効率、特にスピードが上がる。

第一キーはミッションで決める
第二の原則は経営計画において何を第一キーとして損益を見ているかを考えることであり、これを組織の区分キーとすることを求めるものである。このキーはミッション、ビジョンによって決定される。「お客様第一主義」をミッション、ビジョンで訴えたら、お客様を何らかの形で区分して（例えば地域や属性など）、その単位にライン組織を作るべきである。「技術がすべて」というミッションなら、技術単位にライン組織を分けるべきである。

販売と生産という機能を持っているなら、前者の企業（お客様第一主義）はお客様により近い販売側をその第一キーで分け、生産部門もこのチームに取り込む。それ

が機能や設備の面でできないなら、この生産部門は販売というラインをサポートするスタッフとして考える。それも無理なら生産を別会社として別の損益体とする。

後者の企業（技術がすべて）であれば、技術により近い生産、開発などの部門を、技術分野を第一キーとして分け、販売部門はそのチームに入っていくか、スタッフか、別会社である。

ライン構造はミッション、ビジョン、戦略の具現化であり、その業績を担う部門といえる。

③スタッフ構造は機能別で
スタッフの顧客はライン
スタッフの任務はラインへの特定機能のサポートであり、ラインの業績を上げていくことがその目標である。そう考えればスタッフは当然のことながら機能別となる。こうして組織は損益単位（ライン）と特定機能（スタッフ）を組み合わせたライン＆スタッフ組織となる。

スタッフ組織のプレイヤーはリーダー同様に情報提供サービス業であり、その顧客はラインのプレイヤー、リーダー、および経営者である。ラインの仕事の効率を上げ、業績を上げるための情報を提供していくことに徹し、その顧客満足度を常にチェックしていくべきである。

スタッフの上司はスタッフのリーダー
そのため場合によってはスタッフがライン側の部門で働く必要も生まれてくる。例えばラインの販売プロモーションを支援する販売促進スタッフなどである。この場合でも販売促進スタッフにとって、販売部門のリーダーは上司ではなく顧客である。そしてその販売促進スタッフという機能を担うプレイヤーのリーダーが必要であり、彼がそのスタッフプレイヤーの上司（意見優先者）となる。また部門間ではラインの意見がスタッフより優先される。

この秩序を担保することがライン＆スタッフ組織運営の決め手であり、組織効率を上げ、そのスピードを上げ、かつ後で述べる組織ムードを高めるものとなる。

第3章：組織イノベーション

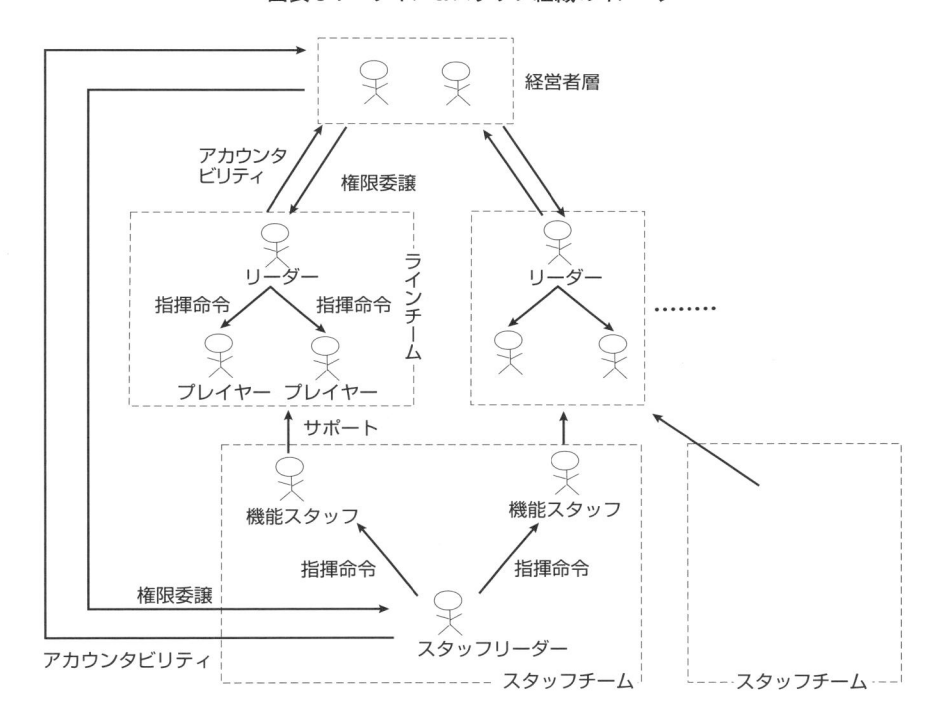

図表3-7　ライン＆スタッフ組織のイメージ

（3）チーム内構造は非同期で

部門構造が決まったら、次はそのチーム内の組織ルールをどうするかを考える。それには次の2つがイノベーションポイントである。

①非同期コミュニケーション

チーム内のメンバーにはリーダーを中核として、密なコミュニケーションが求められる。コミュニケーションにおいて「同期」とは、コミュニケーションメンバーが時を同じくして情報交換するものである。面談、会議、電話などがこれにあたる。

一方「非同期」とは情報の発信と受信を別々のタイミングで行うものである。発信者は情報が発生したときにこれを送り、受信者は自らの都合のよいときにその情報を受け取る。インターネットツールであるメール、掲示板などがこれにあたる。

変革企業のコミュニケーションは非同期を原則とする。その理由は以下のとおりである。

リードスパンを広げる

　リードスパンに限界をもたらしている要因に、次のようなリーダー窓口限界説が挙げられる。

　リーダーはプレイヤーの業務時に発生した例外処理やトラブルシューティングなどを担当するものである。プレイヤーはこれが発生時に窓口（リーダー）に並び、リーダーはこれを来た順に処理していく。リーダーは問題を１つずつプレイヤーから聞いて対応するので、窓口に並んでいる問題の重要さは考慮できず、先入れ先出しで処理していく。そのためプレイヤーの人数が多くなり、後ろに並んでしまうと待ちきれないというものである。

　ここでメールなどの非同期ツールによるコミュニケーションをとれば、リーダーは窓口に並んでいる問題をリアルタイムに見て、自らの意思で処理していく順序を決定できる。これによって大幅にリードスパンが上がり、組織はフラット化していく。リードスパンはリーダーの処理能力よりも「大切なものからやる」という順序の問題であることが多い。

非同期は結果が残る

　プレイヤーからリーダーへのコミュニケーションはトラブルや例外処理が多いので、常に非定型であり、かつリーダーとのコミュニケーション後に、プレイヤーがそれに基づいて動き、その結果が出るまでにリードタイムがある。そのため、このコミュニケーションのスタートは過去のふり返りからである。まずプレイヤーがこれまでの経緯を説明し、リーダーが優先意見を言って、プレイヤーが行動する。そしてこれを結着がつくまでくり返す。

　非同期コミュニケーションでは、過去の経緯は常にコミュニケーション結果として残っており、受信側が情報をいつでも見ることができる。先ほどの「ふり返り」はプレイヤーにとっては無駄な時間であり、これをリーダーが非同期で行うことにより、プレイヤーの仕事の効率も上がる。

　プレイヤー、リーダー間の重要な問題は、リーダーから経営者へのアカウンタビリ

ティというコミュニケーションが必要であるが、これもその結果を使って、ノータイムで非同期で行うことができる。

何月何日誰が何を言い、その後何がどうなったかがすべて結果として残る。そのため「言った、言わない」「聞いてない」というコミュニケーションロスがなくなる。

同報性で会議を減らす

メールのような非同期ツールは、当然のことながら同報（複数の人に同時に送る）が可能である。この対象を不特定多数としたものがネットワーク上の掲示板である。

チーム内におけるプレイヤー間のコミュニケーションは、本来リーダーを通して行わざるを得ない。しかしこれによってコミュニケーションスピードが落ち、かつリーダーを経由することで場合によっては劣化してしまう。これを防ごうとすると、会議、会議の連続となったり、リーダーの負荷が極めて大きくなったりする。

これを図表3-8のように非同期・同報性によってカバーする。

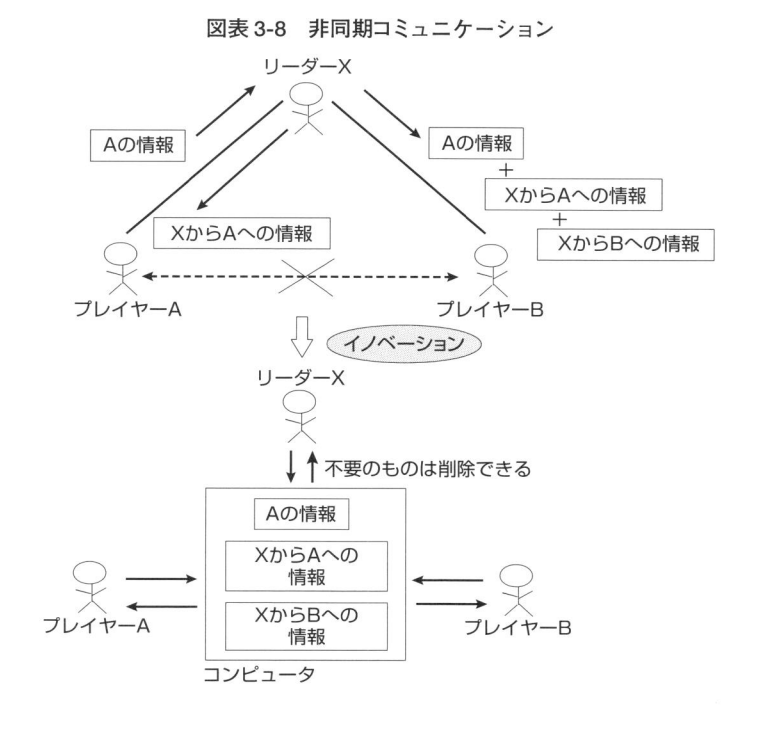

図表3-8　非同期コミュニケーション

オーバーヘッドをなくす

同報性もリーダーのリードスパンを上げ、フラット化できるという効果があり、かつリーダー、プレイヤーのオーバーヘッド（本来の仕事以外にやること）が削減される。

フラット化してチーム数が増えると、チーム間のコミュニケーションが錯綜し、上級リーダーや経営者の負荷を大きくしていくが、これも非同期・同報により削減できる。従来のマネジメント論で「リーダーは組織の連結ピンだ」という表現がある。連結ピンとして、プレイヤー、上司、他チームをつなぐというコミュニケーションはいってみればオーバーヘッドであり、これが大幅に削減される。これで本来のリーダーの仕事であるプレイヤー業務の効率アップ、品質アップのための情報提供に専念できる。

もっと直接的に効果を生むのが同期ロスの削減である。面談、会議など同期コミュケーションでは相手のいることなので、自分の仕事の都合だけに合わせることができない。つまり当人にとっては不都合な時間帯であっても、何とかやりくりして互いにタイミングを合わせるしかない。

非同期コミュニケーションはこのロスをなくす。これは驚くほどプレイヤー（上司にタイミングを合わせることが多い）の効率を上げ、具体的には残業の削減、真のフレックスタイムの実現（自らのもっともパフォーマンスが上がる時間帯に働く）をもたらす。

プレイヤーの能力向上

皆が同期をとらずに仕事をやることは、各プレイヤーの効率アップだけでなく、能力の向上をもたらす。

同期をとって仕事をしていると、リーダーがチェックしながらプレイヤーの仕事に口をはさみ、場合によってはリーダーがやってしまうことで、プレイヤーの能力向上を妨げていることが多い。

仕事を非同期にすればプレイヤーに任せるしかない。言い方を変えれば、任せるだけの能力を持ったプレイヤーに仕事を任せるしかない。仮にプレイヤーに任せることができなければ、リーダースパンの大きさから考えると、「自らやる」のではなく、何とかプレイヤーの能力を上げて任せるようにせざるを得ない。

信頼感が増す

一方非同期コミュニケーションの問題点として、まず挙がるのが「面と向かって話

をすることが減って、何となく人間らしくない」というファジーな感情である。

たしかに非同期コミュニケーションでは、話したい相手が隣にいても、用件をメールで送ることになる。しかし相手から見れば、仕事をしている最中に突然話しかけられたら迷惑であり、仕事がディスターブされてしまう。

「何となくギスギスしたムードになる」というが、本当にそうだろうか。むしろ無駄なコミュニケーションがなくなり、互いの信頼感が増す。もっといえば互いが信頼感を持たない限り、チームとして仕事ができないことになる。

情報と意思決定のタイミング

もう1つの問題点として挙げられるのが「瞬間的な判断が遅くなる」というものである。しかし同期、つまり2人で話し合って決めなくてはならないことが、企業において本当にあるのかということである。意思決定者は1人であり、あとは情報提供者である。

情報提供と意思決定のタイミングを合わせなくてはならない事項がどれだけあるのだろうか。もし本当にあるのなら、これは情報を得た人がリアルタイムに意思決定すべきといえる。どうしてもというなら、例外的に同期ツール（携帯電話など）を用意しておけばすむ話である。要は原則を非同期とすることである。

上位層は抵抗するが……

私の会社のスタッフは全員が家庭の主婦であり、勤務時間には制約がある。コンサルタントメンバーはパートナーであり、それぞれが独立して、私の会社の仕事を特定の時間だけ担当している人がほとんどである。私は経営者、リーダーだけでなく、プレイヤーも兼務しており出張が多い。期せずして非同期コミュニケーションをとらざるをえない環境に置かれ、16年間仕事を進めてきた。

サラリーマン時代にリーダーの経験もあるが、サラリーマン時代のチームよりも現在のチームのほうが生産性が圧倒的に高く、互いが信頼し合い、質の高い仕事を行っていると自負している。

この非同期コミュニケーションは他のイノベーションとは異なり、組織の上位層の仕事にその変化が大きく、抵抗感が大きい。しかしどう考えても、それによってデメリットが生まれるとは思えない。

②情報の方向
　情報は上から下へ
　2つ目のイノベーションポイントは、チーム内での情報の方向である。従来型企業では下から上への報連相がトリガーであり、その情報の大部分といえる。

　これをチーム内では逆方向へイノベーションする。リーダーはプレイヤーへの情報提供サービス業であり、当然のことながら、チーム内情報は上から下へ流れるべきである。

　大切なことはリーダーがこの意識を持つことである。プレイヤーの報連相をトリガーとして、自らの情報を与えるのではなく、プレイヤーの仕事やその環境を自らの目で見て、頭で考えて、自らの意思で情報を作り出し、提供していくという姿勢である。

　下から上は日常的情報が大切
　一方下から上への情報の中で、リーダーにとって大切なのは例外やトラブルといったイレギュラーな情報よりも、むしろ日常的な情報である。この日常的情報に対して自らの経験、カンを生かして、その変化をとらえ、トラブルの発生を予防していくことを考える。

　そのためにはプレイヤーからの情報は、業務日報などのようにプレイヤーの意思や意見が入るものよりも、冷静な機械的情報のほうがよい。報連相はどうしても当事者（プレイヤー）の意見と事実が混乱してしまう。もっとも望ましいスタイルは、プレイヤーが自らの仕事をしたとき、これが無意識のうちに、またはリーダーへの報告ではなく別の目的によって、事実情報が収集されることである。

　例えば「顧客先へルートセールスで訪問する」という仕事で考えてみよう。このセールスリーダーにとって、メンバーのセールスマンの訪問結果という事実は大切な情報である。これをいちいち「どこどこへ行ってきます」「行ってきました」という報告を求めることをやめる。

　リーダーとセールスマンがセールス効率を上げるために、訪問ルートをコンピュータなどを使って考え、その資料を作れば、自ずとそのルート情報はコンピュータに残る。このルート情報を使って、セールスマンが訪問時刻などをコンピュータへ入力することで交通費を精算し、受注情報は受注システムに入力すれば、訪問結果はすべ

てわかる。リーダーはこれを見てルート計画を立てたときの予測と異なる結果となったものをピックアップし、その原因に対し自らの仮説を立て、セールスマンからもその仮説に対し意見を求めるべきである。

これがリーダーの行うマネジメントであり、PDCA である。

もし訪問する顧客の企業がイノベーションされ、このセールスマンとも非同期コミュニケーションを望むなら（弊社はそうしている）、そのセールス経緯もリーダーがすべて見ることが可能になる。

ワーキングスタイルもイノベーションされる

これら非同期、情報の方向というチーム内構造のイノベーションを進めていくと、すべての人が一箇所に集まって、時間を共有して仕事をするというワーキングスタイルそのものをイノベーションしていくことになる。そしてこれをインターネット、携帯電話などのモバイル機器が作るユビキタス環境（どこにいてもいつでも必要な情報にアクセスできる）が後押ししている。

これは育児、介護などを必要とするワーキング・ハンディキャッパーを助けるだけでなく、企業のあり方そのものをイノベーションしていくことになる。企業は何のために人が集まり、何を目指しているのか、といったことが必ず議論されるようになる。これがコーポレート・イノベーションの波をさらに大きくしていく。

4. 組織実行イノベーション

組織構造ができれば、それに沿って配置し、異動し、……と進めていく。この組織実行のステップは、次の「評価」と一体化して考える。

実は組織実行においてもっとも大切なことはムードである。

(1) ムードを定義する

やる気とは何か

従来型の企業で組織を考えるとき、話題にのぼるのがリーダーシップ、モチベーション、やる気といったものである。これは人間関係論、さらには行動科学として理

論化され、一時多くの大企業がその考え方を導入した。

　この理論に共通しているのは、次のような考え方である。「人間は心の中に『やる気』があり、何らかの阻害要因でこれが表に出なくなる。リーダーシップの目標はこの阻害要因を取り払い、『やる気』を出させることである。この行動をモチベーション、動機づけという」。

　このモチベーションという考え方には、いくつかの問題点がある。

　1つ目は「やる気」とは何かが定義されていないことである。おそらくそれは「仕事を自ら進んでやりたい」という気持ちのことを指すのだと思う。しかし仕事は進んでやることが本当に大切なのか、「進んでやる」とはどういうことか、自分の仕事を自分のやりたいという気持ちでやってよいのか……という反論に対する答えが、全くといってよいほどない。これが「やる気」に対して、若きプレイヤー層が合意できない、もっといえば反発する理由である。

　チームで仕事をやる原点はやる気ではなく、「やる」という約束のはずである。チームで仕事をしている限り、約束違反は当然何らかのペナルティが必要だが、やる気のない状態にペナルティなど課せるはずがない。

やる気のないのは悪か

　2つ目の問題点は善悪論である。このようにしてリーダーシップを考えると、どうしてもやる気のない状態を「悪」、やる気のある状態を「善」と考えがちである。

　しかし本当にそうなのだろうか。企業内にはさまざまな仕事があり、当然のことながら「やりたくない」仕事でも、チームのため、企業のためにやらざるを得ない環境に置かれる人が生まれてくる。この人に「やる気を出せ」と一体誰がいえるのだろうか。やりたいと願ってその仕事についたリーダーが、本当にこんなことをいってよいのだろうか。

　年功序列で、経営家族主義で、という時代ならまだしも、意見の優先度で秩序を保っている企業で、本当にリーダーや経営者はプレイヤーに対して「やる気を出せ」といってよいのだろうか。

　3つ目は「やる気を出させること」が仮にできたとしても、やる気という状態が測れないことである。測れないものを高めるための策など思いもよらない。思いついてその策を実行したとしても、それがうまくいったかどうかを評価することもできない。

4つ目はやる気が個人の頭の中にあって、個人に依存していることである。仮に各人にやる気があっても、チームとしてはベクトルが合わず、良い方向に向かうとは限らない。チームにベクトルを合わせれば、誰かがやる気を失うかもしれない。

ムードは業績と環境で測る

こう考えていくと組織実行においてやる気、モチベーションという考え方はそぐわない。

これに代わってとるべき考え方がムードである。同じ能力を持った人がチームに集まり、同じ組織で、同じビジネスモデルで仕事をやっても、そして同じ環境（顧客、ライバル……）だとしても、業績という結果は異なったものとなる。この要因がムードである。

　　　チーム業績＝ムード×Σ各人の能力×組織×ビジネスモデル×環境

と表現できる。これを変形すれば、

$$ムード = \frac{チーム業績}{Σ各人の能力×組織×ビジネスモデル×環境}$$

となる。短期的に見れば、能力、組織、ビジネスモデルはほとんど変化がないと考えられる。つまりチームのムードはチーム業績と環境をもって測ることができる。

これをサポートするのが第2章で述べた予算システムである。リーダー、経営者がその仕事をやる前に、環境を予測して、これくらいの業績となるはずだと考え、プレイヤーが実行し、結果を見て、差異分析するというものである。短期的にはこの差異から環境要因を除けば、ムードを測定することができるはずである。

ムードという考え方は先ほどの4つの問題点を解消する。1つ目はムードが上記のように定義され、プレイヤーにもその理論をきちんと説明できる。またリーダー、プレイヤーにとっても直感的でもある。ムードが盛り上がっているチームは肌で感じることができる。2つ目は「ムードの高い」状態が「チームの業績を高める」状態であり、それがチームそして個人にも幸せをもたらす（チームの業績が個人に幸せをもたらす仕組み作りは次項で述べる）。3つ目は上で述べたように、これを予算の差異分析として測ることができる。4つ目はムードとはそもそもチーム業績がベースである。

ムードが高まればリターンが増える

ムードはやる気のように個人に依存するものではなく、チームに存在している。したがってムードを上げるのはチームリーダーの仕事である。リーダーは「がんばろう」と言って、やみくもにムードを上げようとするのではなく、業績と環境から昨日のムードを測り、どういうときにムードが高くなるのかを知り、明日のチームムードを作っていくことである。

ムードを高めていくことは個人のマインドコントロールではなく、チーム業績そしてそのトータルとしての企業業績への思いである。そしてこのムードを高める基本的な方策が第2章で述べたミッション、ビジョン、戦略、経営計画の理解である。「何のために働いているか」であり、「働いた後はどうなるのか」である。

これによってチームのために働くというムードを作り、かつそのチームムードが上がることで各人へのリターンが増える仕組みを作り、メンバーがその期待感を持つ。プロ野球でいえばメンバー全員が優勝を目指し、優勝が期待でき、優勝すれば自らの報酬が上がることが期待できるとき、チームは最高のムードとなる。そしてこのムードが優勝という業績を生む。

(2) ムード作りのための能力ランキング表

能力ランキング表を作る

ムードを高めるヒントはもう1つある。それは各人が企業のメンバーとして、明日への期待感とともにそこに公平感を持つことである。逆にこれが崩れたとき、ムードは転げ落ちるように下がっていく。

この明日への期待感、公平感を支えるのが、応募の項で述べたキャリアステップである。将来の自分の仕事は何か、これから何を目指せば企業に、チームに、そして自分に幸せをもたらすのか、どうすればやりたい仕事ができるのかという公平なルールである。

そういう意味でキャリアステップには、前記のプレイヤーからリーダー、経営者までの道程の他に、プレイヤー、リーダー内でのキャリアステップが必要である。プレイヤー、リーダーという層の中で自らの能力を高めていく方向であり、高まったことを実感できる「ものさし」である。

そのためにはプレイヤー、リーダーの中にランクという階段を作り、ランクごとにそ

の能力レベルを定義していく必要がある。

　これは職種ごとに必要であり、例えばセールスという職種で考えると、次のような能力ランキング表となる。

図表3-9　能力ランキング表

職種	ランク	対象業務	レベル	対象業務	レベル	対象業務	レベル	対象業務	レベル
セールス（一般職）	6級	取引条件折衝	D						
	5級	取引条件折衝	C	販売情報収集	D	顧客情報収集	D		
	4級	取引条件折衝	C	販売情報収集	C	顧客情報収集	C	与信	D
	3級	取引条件折衝	B	販売情報収集	B	顧客情報収集	B	与信	C
	2級	リテールサポート	C	与信	B	商品決定	C	︙	
	1級	リテールサポート	B	商品決定	B	︙		︙	
セールスリーダー	3級	取引条件折衝	A	与信	A	︙			
	2級								

レベル	定　　義
A	マネジメントができる。
B	人に教えられる。 マニュアルを開発できる。
C	1人でできる。
D	マニュアル、指導下でできる。

ムードを測る

　自らの能力をこのランキング表で知り、どうすればこのランキングが上がるかを知り、そのランキングを高めることでチームの業績が上がり、それを自らが評価でき（決して人との競争ではなく、自らの絶対評価である）、リーダーから能力アップの評価をされる。

この仕組みがムードを上げ、そのムードと仕組みがさらに能力を上げる。もっといえば経営者、それを支える人事スタッフはそう信じて仕組みを作るとともに、ムードを常に測っていく努力をすべきである。そのムードを測ることがチーム、さらには企業のムードを上げることになる。

5. 評価イノベーション

　前にも述べたようにビジネスは計画→実行→評価という、いわゆるPDSという構造を持つ。企業組織においても、組織構造（計画）、組織実行の次は組織評価である。組織評価は組織全体としての評価と、組織を構成する個々の従業員の評価の2つに分けることができる。

(1) 給与イノベーション

　組織評価の最大の目的は給与の決定である。組織イノベーションの中でこの給与に対する考え方を変革することはもっとも大切といってもよい。
　給与については給与総額（組織全体の評価）と給与分配（従業員評価）の2ステップに分けて考える。

①給与総額を決める

　まずは企業という組織全体を評価して、給与総額を決定する「方法」についてイノベーションする。

付加価値の分け前が給与

　「収入－支出＝もうけ」である。「入ってくるカネ」から「出ていくカネ」を引いて、「手元に残るカネ」を計算するというものである。
　企業会計ではこれを「収益－費用＝利益」として計算する。その上でこの手元に残った利益を株主（配当）、社会（税金）、企業（内部留保して自らのために使う）が分け合う。これは主に配当、税額を決めるための企業会計上の計算ルールであり、従業員（本項では経営者を含め企業内で給与を受ける人を総称してこう表現していく）

第 3 章：組織イノベーション

の給与は、ここでは費用（出ていくカネ）として計算されている。

　しかし配当、税金が利益という「もうけ」「手元に残るカネ」の一部で、企業の構成メンバーである従業員の受け取る給与が「出ていくカネ」というのはどう考えてもおかしい。これは事業主、使用者が従業員の給与を含めた「出ていくカネ」を、自らの財布からすべて払って、最後に手元に残るカネを計算するときにはぴったりである。しかし経営者も給与を受け取る成熟した企業においては、明らかに矛盾している。給与も「もうけ」に入れて（つまり出ていくカネには入れないで）、「もうけの分け前を従業員が得る」と考えた方が実体と合っている。

　このようにして計算した「もうけ」「手元に残るカネ」を付加価値という。

図表3-10　付加価値会計

利益会計の世界

入ってくるカネ → 収益

- 給与 ┐
- 配当 ├ 費用 → 出ていくカネ
- 税金 ┤ 利益 → 手元に残るカネ
- 内部留保 ┘

⇩ イノベーション

付加価値会計の世界

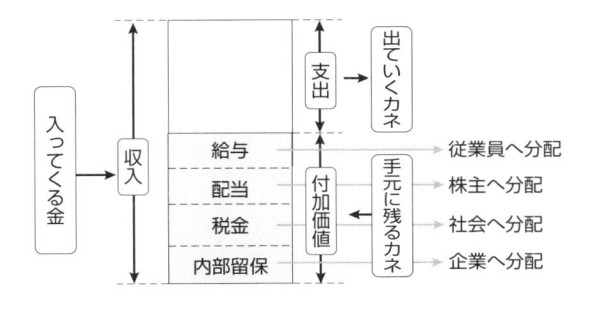

入ってくる金 → 収入

- 給与　　　　→ 従業員へ分配
- 配当　　　　→ 株主へ分配
- 税金　　　　→ 社会へ分配
- 内部留保　　→ 企業へ分配

（支出 → 出ていくカネ／付加価値 → 手元に残るカネ）

企業が生み出した付加価値を従業員、株主、社会、企業というステークホルダーで分け合うと考えるべきである。

付加価値の一定比率が給与総額

その上でコーポレート・イノベーションにおいては「給与総額を付加価値の一定比率とする」と決め、この比率（労働分配率という。wで表す）を株主と経営者（給与を受ける従業員の代表として）で合意しておくことである。

$$\frac{給与総額}{付加価値} = \frac{給与総額}{給与総額 + 利益} = w$$

これを給与総額について解くと次のようになり、給与総額は利益の一定比率 $\left(\frac{w}{1-w}\right)$ となる。

$$給与総額 = 利益 \times \frac{w}{1-w}$$

付加価値が下がれば利益は下がる

これには3つの意味がある。

1つはこの比率を一定にしておかないと「利益＝付加価値－給与総額」と考えて、利益を出すために給与総額をダウンさせればよいというインセンティブが経営者に働くことである。こうすれば付加価値が下がっても利益を上げることができる。

残念ながら一部の大企業では過去リストラと称して、これを断行してきた。一部の弱き従業員の給料をカットして、残りの従業員の給与を守り、かつ利益を上げることで配当、内部留保を確保し、経営者の手柄を上げてしまう。

上のように引き算で考えると、利益は給与総額とトレードオフであり、給与を増やせば利益が減る。そのため利益は従業員の目標とはならず、株主から利益を成績として見られる経営者との間に「戦い」を生んでしまう。これが労使対決の構造である。

付加価値が下がれば利益は下がる（もちろん給与総額も下がる）のは当然で、付加価値が下がっても利益を出すのはアンフェアである。このアンフェアを排除することが給与イノベーションの第一歩といえる。

利益志向の原点

2つ目はこのルール（給与は付加価値および利益の一定比率）によって、付加価値、利益を上げれば、従業員、経営者、株主、企業のすべてがハッピーとなり、かつ税金で社会貢献ができることになる。

こうして使用者と労働者という考え方から脱却でき、「賃上要求」といった闘争も不要となり、企業としての格も上がり、従業員のロイヤルティも上がる。

これが利益志向の原点であり、利益（付加価値の一定比率としての利益）はすべてのステークホルダーが納得できる唯一の指標である。

内部留保は給与の一部

3つ目は企業の内部留保の意味である。配当を付加価値（利益）の一定比率と決めれば、企業が留保する最終利益は付加価値の一定比率となり（税金、給与総額も一定比率なので）、給与総額の一定比率ともなる。

これは見方を変えれば、内部留保は本来従業員が手にするはずの給与の一定比率を企業に積立てるものと考えられる。すべて給与として従業員に分配するのではなく、給与の一部を内部留保して企業メンバー全員で明日の利益アップのために使い、それによって明日の従業員の給与が上がるという期待感をもたらすものである。

株主から見れば配当と内部留保の関係も同様に、配当の一部を積み立て、明日の配当をもたらすために留保すると考えられる。こうして株主、従業員の一体感も生まれる。

これによって企業は利益という1つの目標を持つシステムとなり、経営者、リーダーはプレイヤーに対して、利益を出せば自らも幸せになるということを、論理的に説明できる。

②給与分配を決める

分配は事前ルールと公平さ

次は給与総額を従業員各自に分配しなくてはならない。このときもう1つの組織評価である従業員評価を必要とする。

給与はもうけの従業員個々への分配である。「もうけの分配」はこの給与に限らず、2つのことが保障されなくてはならない。

1つは付加価値、利益という結果が出る前に、分配ルールがはっきりと決まっていることである。結果が出れば自動的に分配額が決まることである。結果が出てからルールを決めれば、どうすれば誰が得か、損かがわかってしまい、もめてしまう。
　2つ目はそのルールのものさしは、「公平さ」以外にはないことである。このルールの公平感が担保されていないと、特に業績が悪かったとき、企業は崩壊してしまう（先程述べたリストラを考えればわかる）。
　給与の分配を考えるときは、「どういうルールが公平か」を話し合うことで、決してそのルールによって生まれた「結果」を話し合わないことである。
　公平のもっとも簡単なルールは人数で割ってしまうことである。しかしこれでは「働いても働かなくても」給与は変わらないことになり、不公平である。給与分配は「頭割り」に「働いたか、働かなかったか」を加味することが必要である。これには次の要素がある。

働いた時間で分配

　「働いたか、働かなかったか」のもっとも直接的なものさしは「労働時間」である。つまり今期の利益（付加価値）は時間の積み重ねと考えるものであり、労働時間により分配される給与である。これが時間給と呼ばれるものである。
　今期の利益は今期働いた結果だけではなく、「過去の労働があって生まれた」「企業の先人たちが働いたこと」が今期の利益を生んだとも考えられる。つまり過去の累積の労働時間に、給与が分配されるべきだと考える。これが年功給の理論的バックボーンである。
　時間給と年功給は合算して「時間×賃率」という形で支払われる。時間については期初に約束した時間（所定労働時間－年休など）と、それ以外（いわゆる残業）に分けて考える。賃率には年功給が加味され、勤務年数とともに上がっていく。約束した当初の時間にあたるのが基本給であり、それ以外は時間外手当（残業代）となる。

利益にどれくらい貢献したか

　給与総額が利益の一定比率で決まるのであるから、その利益という業績に各人がどれくらい貢献したかを、分配に考慮するのは当然である。これが業績給の導入さ

れる原点である。

しかしこの業績給はいくつかの問題を抱えることになる。もっとも大きいことは従業員各人の利益貢献度をどうやって測るかである。

企業の利益は会計ルールで計算される。しかし「各人の貢献度は？」といわれても算定のしようがないことも多い。しかしやらなければ明らかに不公平である。つまり何らかの形で個人の利益貢献度を評価しなくてはならない。

これが従業員各自に業績評価という行為が必要とされる理由である。

能力に分配する

個人の業績評価の仕組みができたとしても、次の2つの問題が発生する。

1つは業績評価、業績給の仕組みをはっきりとさせればさせるほど、どうすれば給与が上がるのかがわかりすぎてしまうことである。これによって各人が企業のミッション、ビジョン、戦略を忘れ、個人の成績に走り、短期的な利益に走ってしまうリスクを抱える。

2つ目は、個人の成績は個人の労働成果だけでなく、分担している仕事の難易度、環境によって大きく異なることが多い。この分担、環境による不公平感が生まれてくる。

この2つの問題を同時に解決するものとして考えられるのが、能力給の導入である。能力が今日の業績（利益）、そして皆にとって幸せな明日の業績をもたらすと考え、従業員各自の能力に給与を分配するものである。これが能力給である。

この各人の能力は人間が何らかの形で評価せざるを得ず、能力評価が必要となる。

組織全体の評価は会計ルールに基づいて付加価値、利益で計算されるが、個々の従業員の評価は、業績評価と能力評価の仕組みが必要となる。これについては後述する。

現行の給与体系

業績給は一般に賞与（ボーナス）の一部として、前期業績などをベースとして支払われることが多い。この場合賞与は年功給（勤務年数とともに増える）と業績給を組み合わせて支払われる。一方能力は業績と異なり、どちらかといえば安定的（上がり下がりが少ない）なので、能力給は基本給の賃率に加味されることが多い。

図表 3-11　給与分配

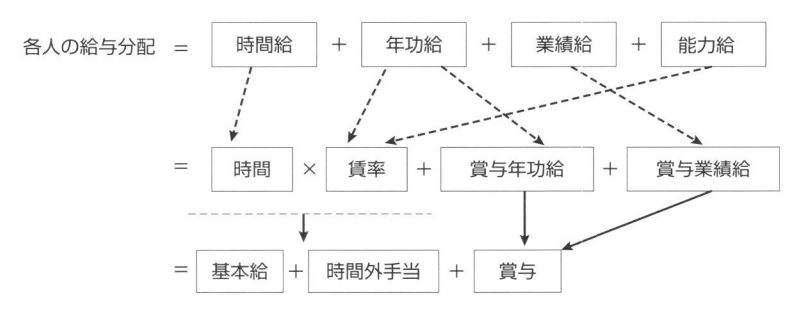

各人の給与分配　＝　時間給　＋　年功給　＋　業績給　＋　能力給

＝　時間　×　賃率　＋　賞与年功給　＋　賞与業績給

＝　基本給　＋　時間外手当　＋　賞与

給与分配を体系化する

　給与イノベーションの方法には2つある。1つは現在の給与体系（基本給、時間外手当、賞与……）を図表3-11のように体系化して従業員の合意を得て、その上でそれぞれの給与についてのルールを改革していくものである。もう1つは給与体系そのものをすべてイノベーションすることである。

　後者は次のようなものが一般的と考えられる。まずは、

・各人の給与＝時間給＋年功給＋業績給＋能力給

とはっきりさせる。

　その上で基本的には年俸制（もちろん支払いは月々）とし、プレイヤーの時間外手当を除き、期初で決定する。各給与を次のように体系化する。

・時間給……全従業員対象。ただし、リーダーの指揮命令下に入るプレイヤーは時間外手当が必要。権限委譲を受けるリーダー、経営者は基本的に時間外手当が不要で年間一定額。
・年功給……全従業員同一ルールで、勤務年数および過去の業績評価により決まる。
・業績給……プレイヤー、リーダー、経営者でルールは異なる。
・能力給……プレイヤー、リーダーまで。経営者はなし。後述する能力評価によって決定する。

　毎年の給与分配は、以下のようにして決定する。

・付加価値×労働分配率で給与総額（S）を決定（当期の予測付加価値でも可能だが、付加価値のブレを考えると前期の付加価値で決めるほうが一般的）。
・時間給総額（T）、年功給総額（Y）を計算。

・能力給総額（A）を前期末の能力評価で計算。
・業績給総額（ES）を ES = S−T−Y−A で計算。プレイヤー（EP）、リーダー（EL）の業績給を後述する業績評価に基づいて計算。最後に経営者の業績給（EE）を EE = ES−EP−EL で計算し、これを経営者各自へ一定のルール（事前に分配比を決めておく）で分配。

給与イノベーションで大切なことは、どういったルールが妥当かということではない。ポイントは合意性と公開性である。合意性とは皆（無理であれば、できるだけ多くの人）が合意することであり、この方法としては第5章で述べる塾方式などがある。公開性とは後から企業に入ってくる人が、いつでも誰でもそのルールを見ることができるというものである。

給与は全従業員が仕組みを知り、合意し、どうすれば上がるか、どうなると下がるかを知ることにある。万人が喜ぶような分配方法はない。しかし実際に分配をする前にルールを決めようとすれば、納得できるルールはある。

（2）従業員評価の目的

従業員評価の目的（というよりも活用といったほうがよいかもしれない）としては、給与分配の他に次のようなものがある。

①人材獲得のために

人材募集時には能力マップが必要である。この能力マップ作成には能力評価が必要となる。あわせて前述したように採用評価の精度を高める意味でも能力評価は必要である。入社した従業員が採用評価どおりの能力を持っていたか、そしてどのような能力マップのステージを通っていったかをチェックし、採用評価に活用するというものである。また退職時にも能力評価が再雇用の基準として用いられる。

②人事異動に使う
能力と職種のマッチング

ここでいう人事異動とは職種内の単なる担当変えではなく、職務（行う仕事の内容）、職種（同じような仕事をしている人の集まり）の変更を指す。

人事における配置は、一言でいえば適材適所である。つまり能力と職務のマッチングである。人事配置は採用時点の潜在的能力によって職種が決められ、その中でキャリアアップしていく。

　しかし仕事を行っていくことで、その人の能力が見えてくることも多い。例えば下図のような状況になったとき、これをチェンジすることで、能力適合度が高まることもある。これが人事異動である。キャリアアップが「たて」の動きなら、人事異動は「横」の動きである。

図表3-12　人事異動

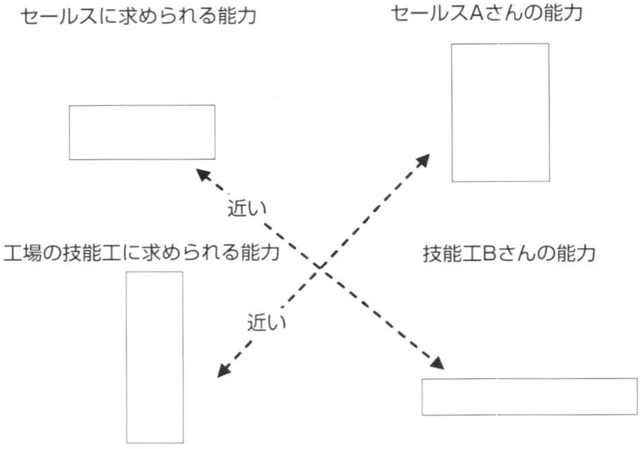

セールスに求められる能力　　　　セールスAさんの能力

工場の技能工に求められる能力　　技能工Bさんの能力

近い

公募制で人事異動

　しかしこの人事異動は2つの問題点を抱えることになる。

　1つはセールスAさんの能力評価に、セールスの能力ランキング表にはない、あらゆる職種の能力（どの職種にも異動する可能性があるので）も考慮しなくてはならないことである。これをすべて能力評価に取り入れることは困難といえる。

　2つ目はセールスをやったことがないBさんのセールス能力適合度をどう評価するかである。これは評価項目よりも誰が評価するか（工場のBさんのリーダーは評価できない）が大きな問題である。

　この答えの1つとして、一部の大企業が取り入れているものに公募制がある。ま

ず企業は各職種ごとのキャリアアップと併わせて、求められる能力も能力ランキング表などで公開する。その上で各職種のチームリーダーが、チームメンバーを企業内で広く募集する。従業員は自らの能力を自らで評価し、各職種のキャリアアップ、能力ランキング表を見て自らの適性、希望を考えて応募し、チームリーダーが採用を決定するというものである。上の2つの問題点を、本人と異動先のリーダーが能力評価することで解決しようとするもので、先述の応募、採用の考え方を取り入れるものである。

　リーダーによってはプレイヤーの能力評価を高くすると、本人のキャリアアップのために他チームへ異動させられるのではという危険を感じ、意識的にその評価を下げるということもある。公募制はこのリスクもヘッジできる（能力評価が不当に低いと他チームへ応募してしまう）。

③ムードアップを考える

　能力を持っていてもこれを出し切れず、業績に結びつかないプレイヤーもいる。つまり能力顕在度が低い状態である。これがムードダウン（能力どおりの業績を生まない）となって表れてくる。

　「個人の業績＝個人の能力×能力顕在度」と考えれば、業績評価、能力評価を行うことで、論理的には能力顕在度を測ることができる。それによってムードダウンの原因を考え、ムードアップの方法を考えることができるはずである。

④教育に使う

　教育は従業員の能力を高めることである。したがってその教育成果を測るためには、能力評価を必要とする。詳細は次項で述べる。

（3）従業員の評価方法

　評価方法は、次の4つくらいに分類して考える。

①ラインプレイヤーはチームワークも評価する

　ラインのプレイヤーは個人別、チーム別の業績が何らかの形で（売上、利益、原価、作業時間など）計算できることが多い。個人別業績が出ないラインプレイヤーは、次項のスタッフプレイヤーと同様に考える。

（Ⅰ）業績評価

次の3つに分けて評価する。

・個人業績

　ここで問題となるのは個人の業績評価の仕方である。単に「売上1000万円の人」と「売上500万円の人」を比べ、前者が2倍の業績というのは不公平である。仕事の難易度、環境を加味しなくてはならない。

　こうして考えられたのが前述した予算というシステムである。本来出るはずの業績を事前にリーダーとプレイヤーが予算として納得し、その予算達成度で評価するというものである。

・チーム業績

　プレイヤーはチームとして仕事をしているのだから、チーム業績もその評価対象となる。これはチームの予算達成度で評価する。

・チーム貢献度

　チーム業績はチーム全体の結果であるが、これに各プレイヤーが「個人業績以外」でどのくらい貢献したのかを見ないと、チームワークは保てず、かつ不公平である。

　これには2つのものが用いられる。1つはチームへの直接的な貢献であり、期初に自分の仕事以外に「このようにしてチームに貢献する」と宣言するものである。例えば「チームのために共有のデータベースを作る」といったことである。これには目標管理という評価手法が用いられる。期初に約束した事項をものさしとして、期末にプレイヤーとその上司であるリーダーが話し合って評価するものである。

　もう1つはプロセス評価である。業績結果だけでなく、その仕事のプロセスを評価しようというものである。セールスの例でいえば、第4章の図表4-8（144頁）のようなモデルで仕事を行うとき、単に結果としての業績（受注、売上）だけでなく、ソリューションまでのアイデアの出し方、プレゼンテーションのやり方をどう変えるか……を評価しようというものである。このプロセス評価はその仕事の効率化、高度化に寄与する。

　仕事のプロセスはチームに共通するものであり、このプロセスを効率化、高度化することはチーム業績に貢献していることになる。これは仕事のプロセスを大事にするというムードを生み、ムードアップになるとともに、個人の能力アップにもつながる。ここにも目標管理が用いられる。

（Ⅱ）能力評価

業績評価に比べ能力評価はより困難であるが、よりその利用範囲は広い。

評価への不公平感、不信

能力評価の問題点は、業績という数字で表わされるものとは異なり、能力という「目に見えないもの」を人間が評価するという本質的なことにある。同一チームのAさんとBさんの能力評価に差をつければ、評価の低いほうの人は不公平感を持つかもしれない。「本当にBさんよりも私は能力が低いのか。どういう『基準』で評価したのだろうか」。

ここで気づくとおり、実はこの不公平感は多くの場合、評価結果よりも評価基準に起因している。

リーダーなどの評価者はこの不公平感によるモチベーション低下を恐れ、評価結果を本人に伝えず秘密にする。しかしこれによってAさん、Bさんの両者に不公平感が起こる可能性を生んでしまう。「私は正当に評価されているのだろうか」という不信である。ここでも評価結果よりも評価方法にその目が行っている。

評価は公平、明確、公開

評価は評価基準、評価方法（評価者を含む）、評価結果の3つのものから成り立っている。そして評価におけるキーワードは公平、明確、公開である。

コーポレート・イノベーションでは、まず評価基準をできるだけ明確にして公開することである。評価する側、される側の双方に評価基準を公開することに対する抵抗感はない。評価される側がこの基準では「不公平」というなら、評価をする前に（評価結果が出る前に）、される側も合意がとれるように基準を話し合えば済む。

この評価基準に用いられるのが前に述べた能力ランキング表である。能力ランキング表はこれを意識して、わかりやすく、評価しやすいものにする必要がある。

評価方法はやはり目標管理が妥当といえる。能力ランキング表のうちのどの部分を上げるか、そして上がったかどうかをどのようにして測るかを、期初にチームリーダーと決め、期末にリーダーとともに自らが評価する。

評価基準、評価方法が公平であれば、おのずと評価結果の公平性も担保できる。能力評価はそれをやる前に公平さを担保しておくことである。

評価のパラダイム

ラインプレイヤーの評価では業績評価(業績給)、能力評価(能力給)のウェイトをその能力ランクによって変えていく。一般的にはリーダー手前のトッププレイヤーで「業績評価＝能力評価」すなわち「業績給＝能力給」とする。他のプレイヤーは「業績評価＜能力評価」とし、能力ランクが上がるにつれ、業績評価のウェイトを上げていく。

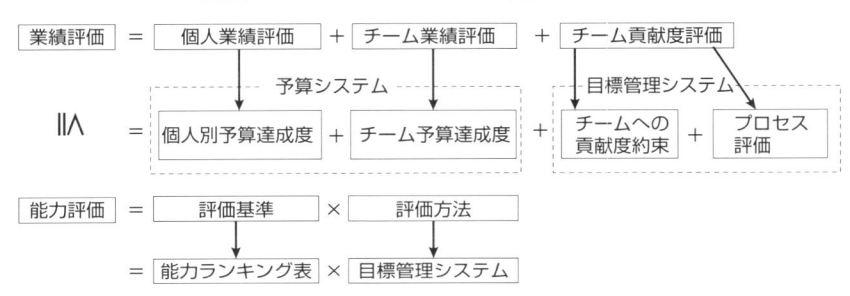

図表3-13　ラインプレイヤーの評価パラダイム

業績評価 ＝ 個人業績評価 ＋ チーム業績評価 ＋ チーム貢献度評価
　　　　　　　　　　　予算システム　　　　　　　目標管理システム
∧＝ 個人別予算達成度 ＋ チーム予算達成度 ＋ チームへの貢献度約束 ＋ プロセス評価

能力評価 ＝ 評価基準 × 評価方法
　　　　＝ 能力ランキング表 × 目標管理システム

②スタッフプレイヤーは能力評価のウェイトを大きく

スタッフプレイヤーは多くの場合、個人業績が計算できない(計算できるときはラインプレイヤーと同様に評価する)。

①のチーム業績以降を評価していくのだが、1つ問題がある。それはスタッフプレイヤーの「評価対象チーム」をどこと考えるかである。この答えは、そのスタッフがどこに所属していようと、サービスする対象のチームである。例えば東京支店に営業課(ライン)と販売促進課(スタッフ)があるとき、販売促進課のメンバーの評価対象チームは営業課となる。例えば経理部のように全社が対象なら対象チームは全社である。

チーム業績評価のものさしは無論チーム予算達成度である。

チーム貢献度評価のうち、チームへの貢献度約束は目標管理ではなく、対象チームのリーダー(先ほどの例なら営業課長)の満足度評価(そのスタッフのサービスにどれくらい満足しているか)を用いる。満足度評価の項目は、期初に対象チームのリーダーと決めておく。

一方プロセス評価、能力評価は目標管理を用いて、スタッフリーダー(販売促進課長)を上司としてこれを行う。

図表3-14　スタッフプレイヤーの評価パラダイム

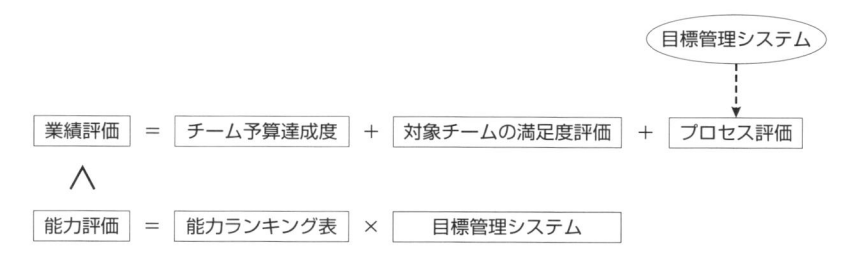

業績評価 ＝ チーム予算達成度 ＋ 対象チームの満足度評価 ＋ プロセス評価 ← 目標管理システム

∧

能力評価 ＝ 能力ランキング表 × 目標管理システム

　ここではラインプレイヤーよりも、能力評価のウェイトを大きくする。つまり業績給よりも能力給をそのベースとする。

③リーダーは業績評価がメイン
(Ⅰ)業績評価
・チーム業績
　リーダーの業績評価の中心であり、チーム予算達成度で測る。チーム業績が測れないスタッフリーダーはこれを考慮しない。
・企業業績
　プレイヤーにチーム業績評価を行うのと同様に、企業業績による評価、つまり全社の予算達成度により評価される。
・企業への貢献度
　これもプレイヤー同様にチーム業績の他に、どれくらい企業(つまり他チーム)へ貢献したかを評価する。これはプロセス評価をせず、経営者(または上位リーダー)との間の貢献度約束を目標管理にて行う。
　この2つにより皆で企業の業績を上げようというムードが高まる。

(Ⅱ)能力評価
　これをやらない企業が多いが、リーダーとしての個人の能力(プレイヤーやチームの能力ではなく)を評価する。したがってリーダー層にもプレイヤー層同様に、能力ランキング表が必要となる。これによりリーダーとしての能力をアップさせようというムードが高まる。

業績評価（業績給）と能力評価（能力給）のウェイトは、プレイヤーよりも前者を高く設定する。

図表3-15　リーダーの評価パラダイム

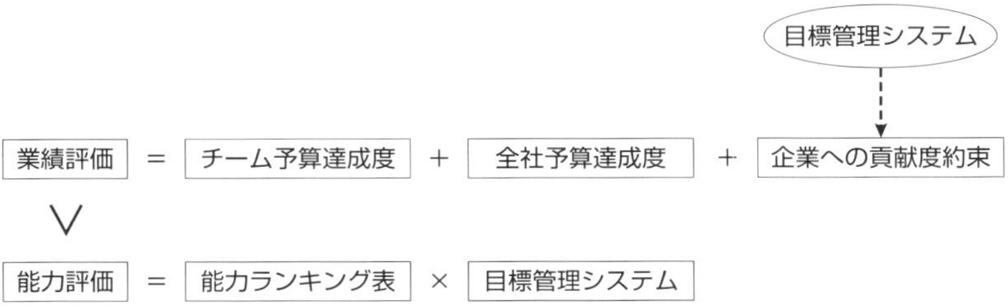

業績評価 ＝ チーム予算達成度 ＋ 全社予算達成度 ＋ 企業への貢献度約束 ← 目標管理システム

∨

能力評価 ＝ 能力ランキング表 × 目標管理システム

④経営者評価は予算のみ

経営者はそもそも評価者が企業内には存在しない。したがって株主との間の約束達成度、つまり全社予算達成度が唯一の評価となる。

6. 教育イノベーション

組織イノベーションの最後は従業員への教育である。教育イノベーションは、次のようなステップで進めていく。

（1）教育ポリシーを打ち出す

教育は経営者の意思

教育とは従業員の能力を上げることであり、ここに経営資源（カネ、ヒト、トキ、……）を配分することである。経営資源の配分を行うのは経営者の職務であり、特に教育は経営者の色（考え方）が濃く、はっきりと出る経営領域といえる。経営者に、従業員の能力を上げれば（教育をすれば）長期的には業績が上がるはずという仮説がないと教育は行われない。また教育への資源配分を見れば、経営者の企業経営の長期・短期のバランス感覚（どちらを大切にしているか）がわかる。

教育において経営者がまず考えなくてはならないのは、自らが行った意思決定、

資源配分(教育をどのくらいやるか)を従業員が見ることができ、その意思がはっきりと伝わることである。教育はビジョン、戦略、経営計画以外に、経営者の意思がわかる数少ない指標といえる。

ビジネス教育と自己啓発

広義の教育は大きく2つに分けることができる。1つは「本来の仕事をすること自体」である。仕事をやればその経験が従業員の能力を上げてくれる。本書ではこれを教育とは呼ばない。したがって本書でいう教育はもう1つの「本来の仕事をすること以外で従業員の能力を上げること」である。

教育はその意思によって2つに分けられる。1つは企業の意思であり、ビジネス教育と表現する。これは企業が特定の従業員の能力を高めることで企業業績が上がると考えて、企業の意思のもとで、従業員から見れば仕事として行うものである。企業が企画する仕事であるので、原則として勤務時間内に行い、その間も従業員は評価され、給与という分配を受ける。

もう1つが従業員個人の発案と意思によるものであり、自己啓発と表現する。これは逆に勤務時間外(給与分配を受けない)にやることが原則である。しかしこの自己啓発による個人の能力アップが企業業績向上に役立つと考え、これを支援(一部カネを負担する、勤務時間内に行う、場所を提供するなど)したり、能力評価(主に能力認定。公的資格などが評価基準として使われることが多い)に考慮し、能力給に反映されたりすることもある。これも経営者の意思であり、その意図を従業員は敏感に読み取る。

教育イノベーションのメインターゲットは、企業の意思であるビジネス教育となる。

教育も仕事

ビジネス教育は講師(従業員以外の人は外部講師、従業員は内部講師と呼ぶ)、受講者(全員従業員)、コンテンツ(教育内容。テキストなどの使用ツールや講師の話す内容などを指す。コースウェアとも呼ばれる)の3要素からなる。

前述のように、内部講師、受講者は企業の企画した仕事を遂行するものであり、他の仕事と同様にその出来具合(業績、能力向上)によって評価され、時間給とともにそれによる給与(業績給、能力給)も受ける。

教育も仕事ということを、特にラインのリーダーに納得させることが教育イノベーションの第一歩である。ラインのリーダーはプレイヤーの教育という仕事の評価が悪ければ、当然のことながらリーダー自らの業績評価（企業への貢献度約束）も落ちることになる。

ビジネス教育も他の仕事同様に計画（PLAN）、実行（DO）、評価（SEE）のマネジメントサイクルで考える。

(2) 教育計画

教育計画は、次のようなステップで進める。

①教育予算は一定額

教育が経営上難しいのは、やってもやらなくても短期的にはあまり変わらず、またやればきりがないことである。したがってもっとも大きなテーマは「どこまでやるか」を意思決定することである。この限度は当然カネで表すべきであり、教育予算といわれる。

教育費は多くの企業では、予算上人件費ととらえているが、それは誤りである。教育は従業員の能力アップであり、これによって企業の業績をアップさせるものであり、各従業員が受ける「働いたことによる」付加価値の分け前とは異なる。したがって、給与（人件費）のように付加価値の一定比率を、結果が出てから分配するという考え方はなじまない。

そう考えると能力アップによる付加価値アップ分をベースとして考えるべきだが、教育効果はファジーかつ長期にわたるため計算式の設定が難しく、そのため説得力がない（決してできないということではなく、経営者から見て株主、従業員への説得力がないということ）。

出した結論は教育イノベーションを行うと決めた時点の付加価値の一定分を、長期にわたって教育予算とすることである。つまり業績によって変えず、原則として同額を予算計上していくことである。

長期にわたる意思決定であるから、当然のことながら株主との合意事項であり、イノベーション時点で経営者が意思決定し、株主総会の了承を得るべき性質のものである。

これを各社が行い、上場企業がディスクローズしていけば、次第に付加価値と教育予算の比に「常識のライン」が生まれてくる。現在の状況を見ると、「ざっと」付加価値の1％くらいが平均だと思う。

　この教育予算には外部講師の費用など支払いベースのものだけでなく、内部講師、受講者の給与などももちろん含まれる。しかしこの計算はわずらわしいので、以下に述べる予算調整時には教育予算から内部費用をあらかじめ一定比率分として控除し、支払いベースの教育予算（支払いをコントロールできるもの）の配分を考えていくようにする。

②リーダーが予算要求

　リーダーが目標管理において、自チーム内の各人の能力アップに関することで、自チーム以外の講師や、テキストなどの有料コンテンツを必要とするものを洗い出し、項目ごとにその費用を見積もる。リーダーはこれを一覧表にまとめ教育担当部門へ提出する。いわゆる予算要求である。教育予算≧予算要求であればここで作業は終了し、教育実行に移る。

③予算調整はROIで

　教育予算＜予算要求のときは当然のことながら何かを実行し、何かをカットしていく。その基準にはROI（Return On Investment）という指標を用いる。ROIとは教育効果（Return）を教育費用（Investment）で割ったものである。このROIの高い教育から順にその費用を積み上げていって、教育予算を超えた所でやめる。

　ROIの費用は先ほどのリーダーが作った一覧表を使うが、効果見積には次の2つの問題点がある。
・教育効果を見積もることが難しい
・各部門が教育予算を取り合うので、教育効果を大き目に見積もる

　第一の問題点は教育予算という枠の決定とは異なり、今度は何らかの形でやらないとその配分ができない。ここでは（第4章で述べるが）、予測はやらない限り、その予測精度（予測と実績の差が小さいこと）は上がらないと考える。

　また仮に効果見積ができても、さまざまな要素がからみ合って効果を生んでおり、その教育自体による効果だけに分けることが難しい。これについては上記の第二の

問題点と併せて解決する。

　予算調整において効果は能力ではなく、何らかの業績（前述の個人業績でもチーム業績でも可）で表す。この効果（業績）はその教育以外によって生まれるものであっても、すべてこれに含ませ、切り分けなどしない。その上で、その効果である業績を、目標予算としてリーダー、プレイヤーが約束する。効果を大きく見積もれば予算のバーは高くなる。効果を小さく見積もれば、教育予算は配分されず、能力を高めることができない。このトレードオフをリーダーが自チームについて判断していく。

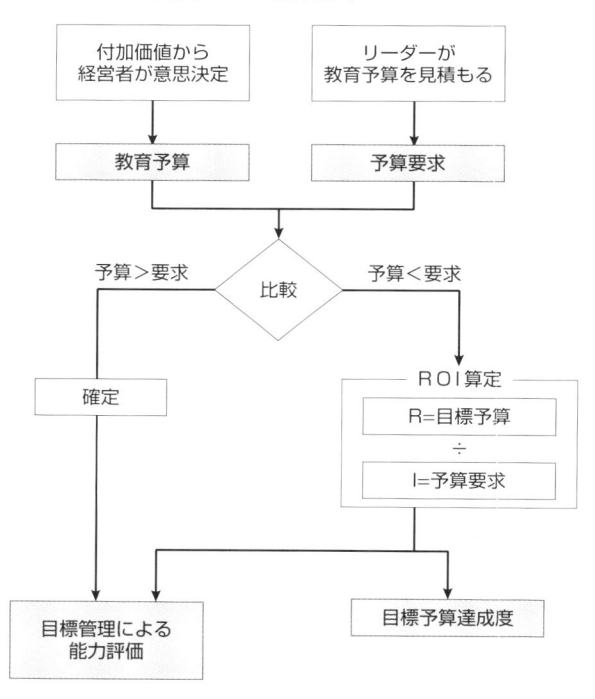

図表3-16　教育計画のフロー

```
付加価値から              リーダーが
経営者が意思決定          教育予算を見積もる
     ↓                      ↓
  教育予算                 予算要求
     ↓                      ↓
         ＼              ／
   予算＞要求  ◇比較  予算＜要求
         ／              ＼
     ↓                      ↓
    確定                  ROI算定
                         R=目標予算
                            ÷
                         I=予算要求
         ↓                  ↓
  目標管理による         目標予算達成度
    能力評価
```

（3）教育実行・評価はOJTとOff-JTに分ける

　ビジネス教育は大きく2つに分けられる。OJT（On the Job Training。仕事をやりながら教育）とOff-JT（仕事を止めて教育）である。

この2つに分けて、教育の実行と評価を併せて考えていく。

① OJTはムードが大切
OJTもROIで評価する

OJTがビジネス教育の柱であり、企業の体力ともいえる。しかし多くの企業はOJTについて深く考えず、その教育レベルは他の教育と比較すると驚くほど低い。内部講師（OJTでは指導員という）に予想以上の人件費がかかっており、ROIは極端に低い。しかしチーム内でコストがコントロールされるため、教育予算に考慮されず、その意識は低い。

OJTにおけるイノベーションの第一はこの指導員の人件費、さらには教育を受ける側の受講者の人件費（業務遂行以外のオーバーヘッド分）を教育費用として、教育予算要求時の費用とは別に見積もることである。その上で効果を(2)で述べたように業績として見積もり、ROIをOJTごとに計算することである。このROIによって受講者、指導員、そして指導員を指名したリーダーが、目標管理を通して評価され、それが給与に反映される仕組みを作ることである。

この仕組みの中心人物は指導員であり、ここがイノベーションポイントである。

OJTは仕事である

OJTの問題点は指導員がこれを仕事と思っていないことである。「俺のワザを盗め」である。これではビジネス教育ではなく自己啓発である。

リーダーが指導員を指名するとき、OJTは仕事であり、多くの指導員にとっては、初めて受ける権限委譲だということを、その委譲時に伝える。指導員はリーダー見習いとして、「プレイヤーを教育する」という仕事を任されるのであり、当然のことながら権限委譲のための計画書が必要となり、リーダーに対してアカウンタビリティを有す。そしてこのOJTという仕事によって、指導員も能力評価（リーダーとしての教える能力）、業績評価（受講者の能力アップ）を受け、これによって能力給、業績給を受けることを明らかにする。

こう考えれば指導員も1つの職種であり、能力ランキング表が必要となる。「1対1でOJTができる」「1対nでもOJTができる」「指導員を教育できる」……といったことである。

この能力ランキング表は中身の妥当性よりもそれが「あること」が大切であり、それにより指導員がOJTを仕事として認識できる。

業績は生産性
　次に考えるのはOJTの業績評価をどんな指標にするかである。OJTの目的は受講者の能力レベルを、ある一定水準（特定の仕事を1人でできる）にすることである。したがって「受講者ができるようになる」と教育は終了である。
　そう考えるとこのOJTという仕事の業績は、「できるようになる」ことではなく、それまでにかかった時間（受講者の時間＋指導員の時間）が短いほどよいという、いわゆる生産性となる。

OJTでムードを高める
　OJTはそもそもチームのムードを高める方向に作用する。先輩が後輩を教えるという企業文化を作る。
　OJTにおいては、このムードを強く意識させる仕組みが必要である。OJTのように閉じた環境においては、「業績＝能力（指導員＋受講者）×ムード」であり、業績を高める方法がムードを高める方法である。つまり早くOJTを終え、早く一人前になるという「時間」を意識することである。
　ムードアップの基本は、今度は指導員が「このOJTは互いにとって、給与をもらっている仕事だ。そしてこの仕事は時間によって評価される」ということを受講者に理解させることにある。その上でこのOJTによってどういう仕事ができるようになるのか、それができるようになったことをどうやって測るのかというOJTの終了タイミングを説明する。さらにその仕事ができるようになると、つまり能力がアップすると受講者の能力給がどう変わるのかを説明する。この説明が終わり、受講者が納得してから指導員はOJTに入る。

「やってみせる」のではなく「やらせてみる」
　OJTでは指導員が手とり足とり教えたり、一緒になってやったり、自らがやってみせるのではない。受講者にもっとも低レベルの仕事から順次与え、マニュアルなどをベースとして（なければこの機に作る）、自分の力でやらせてみる。

当然のことながら受講者はどこかで、どうしてもできない仕事にぶつかる。一方指導員は「この仕事ができる」ので、なぜ自分にできて受講者はできないかを考える。この仮説をもとに、指導内容を考え、できれば非同期で指示する。受講者がわからないことも非同期で質問させる。そうすることでどうすれば受講者が仕事をできるようになるかがメールという形で残り、それがOJTマニュアルとして残る。

　これがもっとも生産性の高いOJTであり、同一能力なのにもっとも高い生産性という業績を出すムードである。

② Off-JTは講師がポイント

受講者も勤務中

　Off-JTの基本スタイルは集合研修である。OJTとは異なり、講師は（外部講師はもちろん内部講師も）これを仕事と思っていても、受講者は仕事と思っていない。学校や塾などの教育の弊害といえる。学校や塾では自らのカネ（親のカネ）を講師側に払い、自らはどちらかといえば顧客として存在している（近年塾はもちろん学校でも、生徒側の評価が講師の業績評価となっている所も多く、若い層にこの意識はますます強くなっている）。

　学校や塾とは異なり、Off-JTではその教育を受けている時間も、受講者は時間給という給与分配を受けているのである。一般の仕事中に居眠りする人はほとんどいないのに、教育内容がつまらない（ビジネス教育でおもしろいほうが変だが……）というとんでもない理由で、居眠りをする人もいる。仕事だとはっきりさせる意味でもOff-JTはできるだけ勤務時間内に行うべきといえる。

　これをはっきりさせればこのイノベーションは半分終わりであるが、残りのポイントを挙げると次のようになる。

何を対象とするか

　Off-JTは教育費用が高い。それは講師やコンテンツの料金以外にも、給与を受けている受講者に業務を全くできない、業績を生まない時間を作ってしまうことである。そのためやり方などのノウハウ系は極力OJTで行い、知識習得などは次のような手段でできないかをまず考える。

・書籍購読や公的資格取得などの自己啓発

ビジネスに必要な知識は自らの意思で獲得する。企業は必要知識の項目だけを提示する。その教育業績は能力評価、能力給で応じる。
・インターネット、社内ネットワークなどを使った**通信教育**
　　集合研修のようにメンバーが集まって同期で実行するのではなく、それぞれ好きな時間に非同期で教育を受ける。
　そう考えると集合研修で行うべきものは、次のようなものである。
・企業で今までやったことのない新しい仕事のやり方⇒OJTではできない。
・受講者が集まることでシナジー効果を生むもの⇒皆でディスカッションして考えるべきものなど。第5章で述べる経営塾、リーダー塾など。
・特定の講師しか持っていない情報の取得⇒特定の講師を呼んで話を聞くしかない。

プロが教えるムード

　集合研修に講師の与える影響は極めて大きい。

　内部講師が可能な場合はこれを優先する。それは内部講師のほうが安いからではなく、教育が仕事だということを従業員に知らしめるためである。OJT同様に「仕事ができるプロ」が「仕事ができない人」を教えるのは、企業の存在意義そのものである。これによって特定のプロフェッショナルだけでなく、皆の能力が上がり、企業の業績が上がり、すべての従業員の給与が上がり、そして、その分野のプロとしてのプライドを持ち、プロ集団の企業に勤めているというプライドを持ち……というムードづくりである。

　集合研修の目的は受講者の能力向上を図るだけでなく、今当社においてどのような能力向上が求められているのか、何がコアコンピタンス（その企業が持っている中核の能力）か、どんなナレッジ（特定の仕事を遂行できる知識）を共有するのかという経営者のメッセージともいえる。

　そのため集合研修の対象には上記以外のものが1つ加わる。コアコンピタンスに関する教育である。これは多少カネをかけてでも、他と比べてROIが小さくても、経営者の意思として実施すべきである。

第3章：組織イノベーション

スターを講師に

こう考えればコアコンピタンスに関するものだけでも、内部講師にはトッププレイヤー（コアコンピタンスのトップなのでまさに当社のスター。野球でいえば4番打者、エース）をあてるべきである。

「教える」テクニックなどはあまり考慮する必要がない。スターであるトッププレイヤーが教えれば、受講者は必ずついてくる。集合研修では「教える」のも仕事であるが、「教わる」のも仕事であり、その共同作業である。講師の「教える」テクニックが稚拙でも、トッププレイヤーから「教わりたい」という受講者の思いと、トッププレイヤーのコンテンツがこれをカバーしてくれる。

教育担当部門がトッププレイヤーを講師にしたいというと、当然のことながら直属の上司である彼のリーダーがいやがる。「彼にそんなことはやらせられない。業績が落ちてしまう。」と言う。しかし集合研修実施という「仕事」は、そのチームリーダーに権限委譲されたものではない。経営者から教育実施という仕事を権限委譲された教育担当部門が、堂々と指名し、最後の調整は経営者に任せるべきである。

トッププレイヤーのやるべき仕事は、たった1人で業績を出すことよりも、企業内のできる限り多くの人にそのナレッジを伝えることであり、企業が得るものはこちらのほうが大きいはずである。

外部講師など外部教育機関の利用法は第5章で述べる。

教育の公平とは

講師の次は受講者の選定である。「受けたい人に、受けたい研修を、受けたいタイミングで」提供するのが公平だという人がいる。しかし教育に企業の生み出した付加価値の一部をあてると考えたとき、これが本当に公平なのだろうか。受講者が「受けたい」という気持ちを持つことがそれほど大切なことだろうか。現状の仕事が忙しく、受けたくても「受けたい」とリーダーに言えない心優しいプレイヤーから見て、本当に公平なのだろうか。受けるべき研修に気づかない人は本当に受けなくてよいのだろうか。

教育担当部門が決める

そう考えれば当然の帰結として、どの人にどんな研修を受けさせれば、もっとも企

業全体として業績が高まるかを考えるべきということになる。すなわち個人別のROIである。

　教育は長期的にゆっくりと効果が現れ、企業の体力アップとなるものである。したがって短期的な予算達成を主な任務としているリーダーやプレイヤーだけで受講対象者を選ぶのではなく、経営者から権限委譲を受けた教育担当部門が長期的に考え（仮に短期的にその教育によって特定チームの業績が落ちるとしても）、「受けるべき人」を選ぶことである。そしてその選定された受講者には、なぜ選ばれたのかを説明することである。これで研修ムードは高まり、その研修業績は高まる。

カリキュラムは生産性を考える

　集合研修では多くの場合、コンテンツを講師が持っており、これを選定、編集、順序づけする。こうしてできた時間配分のことをカリキュラムという。

　カリキュラムはどうしても研修目的を失って、不思議な要素を考えてしまう。全体としての流れ（講義、演習をバランスよく）、時間帯（朝は緊張しているので笑いをとり、午後は眠くなるので発表）、盛り上がり（最後に発表を入れて「やった」という感じを出す）……といったものである。

　カリキュラム作成ではこのようなことは一切考えない。研修は受講者にとって映画のような娯楽ではなく、仕事である。どうしてもこれを見失ってしまう。受講者はサービスする顧客ではあるが、その顧客満足度は決して「楽しさ」ではなく、能力アップであり、生産性である。

　生産性は「Σ受講者に伝わる情報量/時間」である。OJTとは逆に時間が固定なので、いかに時間内に伝える情報量を増やすかだけを考える。そう考えることでムード（業績）が高まる。

アンケートをなぜやるのか

　最後に評価について考える。この教育評価も多くの企業で誤解している。長年の慣習で、なぜやるのかよくわからない受講後アンケートをついやってしまう。受講者へ「この研修はあなたの仕事に役立ちますか」「講師についてどう思いますか」「カリキュラムについてどう思いますか」といった感想を求めるものである。

　アンケートをとっているほうでさえもなぜやっているのかよくわからないので、まし

てやアンケートを書いているほうはこれが何に使われるかなど思いもよらない。目的のわからないドキュメントなどまじめに書く人は少なく、つまらないクレーム（「部屋が暑かった」「講師の声が小さい」……）や感謝（「教育担当の苦労に感謝します」……）がその中心となる。

教育担当部門は思いついたようにアンケートを集計して、評価がよいと続行、悪いとやめるか、改善しようとする。しかしそもそもその知識やノウハウが今までなかった人に教育し、終わったとたんに「どうですか」と聞いてもわかるはずもないし、そんな声で変えていてはカネをどぶに捨てるようなものである。

「何のためにやるか」がものさし

評価は常に目的とセットである。教育の目的は「受講生の能力アップ」なのだから、これを測定すべきである。ある意味ではこの評価者にもっとも不適切なのが受講者本人といえる。

集合研修の評価のポイントは次のとおりである。

・知識研修では

　特定の知識を身につけることが目的なので、評価方法はペーパーテスト（その知識を得たかどうかをテスト）やレポート提出（その知識を使って文章を書かせる）によってチェックすべきといえる。もちろんこれは現場で行う能力評価の一部に活用される。

　当然のことながらチェックによる合格ラインを初めから決めておく。少数が不合格の場合はその人を再教育する。不合格が多い場合はコンテンツや講師を変えてリトライである。

・ノウハウ研修では

　仕事のやり方などを取得することが目的の研修である。これについては2つの評価を行う。1つは受講者レポートである。実際に現場でそのノウハウを使った結果をレポートとして提出させるものであり、研修が終了してしばらくして、そのノウハウを使ってから提出させる。

　もう1つは現場の目標管理による能力評価である。ここでのノウハウは当然のことながら能力ランキング表に項目としてあるはずであり、この能力評価が研修の評価となる。

ビジネスモデル・イノベーション

Innovation Essence

★オペレーションでは、成果物を使用しているシーンを浮かべる

★マーケティングはライバルではなく顧客だけを見つめる

★アライアンスはシナジーの分配ルールが決め手となる

★ITはブラックボックスのままで、インターフェースをイノベーションする

★経理組織はファイナンス、アカウンティング、シミュレーションの3つの機能に分ける

★上場企業は買収を許すか、許さないかを意思決定する

★PRは社会に宣言する道徳の基準である

1. ビジネスモデル・イノベーションの構造

　組織イノベーションと並行して、ビジネスモデルそのもののイノベーションを行う。ビジネスモデルとは仕事のやり方、仕組みを指すもので、その構造は次図のようなものと考えられる（狭義にはこのうちのオペレーション部分だけをビジネスモデルということもあるが、本書では図表4-1全体を指す）。

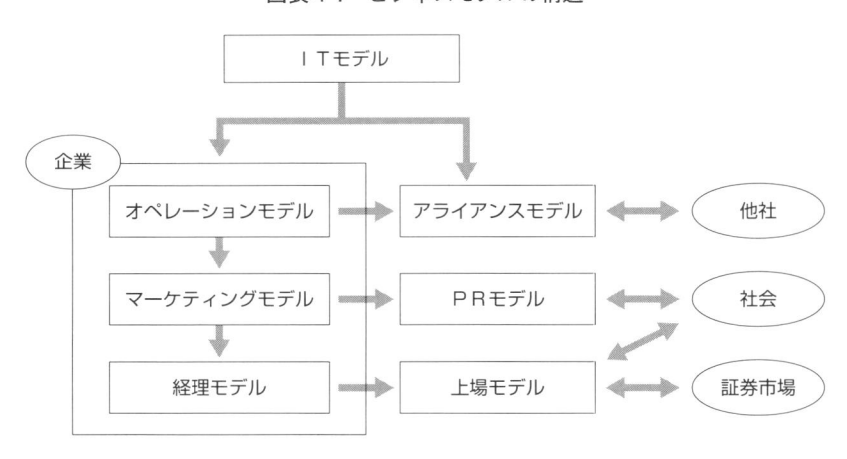

図表4-1　ビジネスモデルの構造

```
                    ┌──────────┐
                    │  ＩＴモデル  │
                    └──────────┘
                         │
    ┌────────────────────┼────────────────┐
    │  企業               │                │
    │  ┌──────────┐   ┌──────────┐    ┌──────┐
    │  │オペレーションモデル│→│アライアンスモデル│ ←→│ 他社 │
    │  └──────────┘   └──────────┘    └──────┘
    │       ↓              
    │  ┌──────────┐   ┌──────────┐    ┌──────┐
    │  │マーケティングモデル│→│  ＰＲモデル   │ ←→│ 社会 │
    │  └──────────┘   └──────────┘    └──────┘
    │       ↓                              
    │  ┌──────────┐   ┌──────────┐    ┌──────────┐
    │  │  経理モデル   │→│  上場モデル   │ ←→│ 証券市場 │
    │  └──────────┘   └──────────┘    └──────────┘
    └────────────────────────────────────┘
```

　企業内のビジネスモデルをオペレーション、マーケティング、経理と3つに分け、それぞれの発展型および外部関係としてアライアンス、PR、上場を考える。さらに企業およびアライアンスをサポートするものとしてITを考える。これらの各要素を体系的に変革するものがビジネスモデル・イノベーションである。

　本章では説明の都合上、オペレーション、マーケティング、アライアンス、IT、経理、上場、PRの順にイノベーションポイントを述べていくことにする。

2. オペレーション・イノベーション

オペレーションも PDS で

ここでは企業におけるライン業務のうちマーケティングを除いたものをオペレーションと表現する。生産、物流、各種サービス業の運営などがこれにあてはまる。

オペレーション・イノベーションについては、次のような構造で考えていく。

図表4-2　オペレーション・イノベーションの構造

オペレーション方法	×	オペレーション実行	=	オペレーション結果
計画（PLAN）		実行（DO）		評価（SEE）

すなわちオペレーション方法（計画）、オペレーション実行、オペレーション評価というPDSのマネジメントサイクルで考えていく。

（1）オペレーション方法を変える

オペレーション方法とは「仕事のやり方」を考えることであり、オペレーション部門のリーダーのもっとも大切な仕事である。

ここではシステム、メソッド、予測の3点が、イノベーションポイントとなる。

①システム・イノベーション
オペレーションの合理化

オペレーションの一般的なセオリーは、標準化（Standardization）、単純化（Simplification）、専門化（Specialization）という3Sによって作業を細分化（ここでは細分化された仕事は「工程」と表現される）し、同期化（各工程の処理期間を同じにする。こうしないと遅い工程に仕事がたまってしまう。この時間をピッチタイム、サイクルタイムという）し、流れ作業を実現することにある。

図表4-3　流れ作業

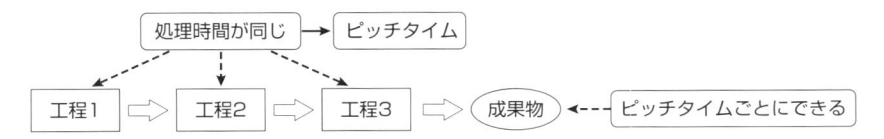

```
処理時間が同じ → ピッチタイム
     ↓    ↓    ↓
  工程1 ⇒ 工程2 ⇒ 工程3 ⇒ 成果物 ←‐‐ ピッチタイムごとにできる
```

　その上で工程ごとにリーダーを作っていく。オペレーションにおいてこの流れ作業がもし実現できていない企業があれば、すぐにでも実現すべきである。
　ここまではイノベーションではなく、オペレーションの合理化である。コーポレート・イノベーションはこの流れ作業の完成後からがスタートであり、次のような形で進めていく。そして第一目標は、このオペレーションのシステム化である。

機械化＆アウトソーシング

　流れ作業はいくつかの問題点を抱えている。1つは単純化がもたらすものである。たしかに仕事を細分化し、単純化すれば生産性は高まるかもしれない。しかし企業は生産性のためにあるわけではなく、従業員のためにあるといえる。
　例えば弁当工場で流れ作業が実現し、「配達する前に弁当をカウントする」という工程があったとする。この工程担当者はこう思うかもしれない。「私はこうやって一生弁当を数え続けていくのだろうか」。
　このような工程は機械化すべきであり、できなければアウトソーシング（派遣社員も含める）すべきである。それは生産性やコストダウンではなく、従業員のためである。

成果物を使用しているシーン

　機械化、アウトソーシングしていっても、やはりオペレーションは残り、流れ作業は残る。流れ作業の問題点はもう1つある。それは工程分離からくる独立性である。各工程が「自分が行っている仕事」だけに着目して、ただその工程の生産性を上げることばかりを追いかけてしまう。
　弁当工場の例でいえば、弁当の配達をアウトソーシングできなかったとき、この仕事の担当者は配達のことだけを考えてしまう。「時間どおりに届けよう」である。そしてこれをクリアしたとき、先ほどの「単純作業のくり返し」という問題をもたらしてしまう。

このときはミッションを考える。何のためにこの企業が存在しているかである。

ミッションが「時間どおりに届ける弁当屋」なら「どれくらい時間どおりか、誤差は何分か」が経営目標であり、社会にもたらす付加価値であり、このために企業が存在しているといってよい。

ミッションが「おいしい弁当屋」なら、その時間どおりの配達は「おいしい」にどれくらい貢献しているかを、配達員が考えるべきである。そうすれば配達員は、届けて次の配達先にすぐ向かうのではなく、「昨日の弁当は何がおいしかったですか？何か残したものはありませんか？冷たくなったり、おかずがずれて食べにくかったものはありませんでしたか？」という質問が自然と出るはずである。

すべての工程が、ミッションに基づいてその企業の成果物を見る。自分たちの工程でのアウトプットである「おかず」「ごはん」ではなく、家庭に届いた弁当という成果物に着目する。その上ですべての工程がその成果物を使用しているシーンを浮かべる。おいしい弁当屋なら「顧客が弁当をおいしく食べているシーン」を浮かべる。おかずを作る工程の担当者も、ごはんを入れる担当者も、配達員も皆がこのシーンだけに着目する。「おいしく弁当を食べてもらう」ためにこの企業は存在しているというミッションを、どのような場面でも頭に入れておく。

アウトソーシングする意味

アウトソーシングする意味もここにある。「弁当を数える」という仕事は「おいしい弁当」というミッションと結びつけづらい。結びつけづらければ、従業員のムードが高まらないのも当然である。そしてたった1工程のムードダウンが「悪貨は良貨を駆逐する」として全工程に影響を与える。

一方アウトソーシング先の企業はそれが本業であり、別のミッションを持っているはずである。「数える」という仕事に楽しさを感じ、プロを育て、プロとしてのプライドを持ち、常に新しいやり方を考え……。そしてその成果物（サービス）を使用しているシーンは「自分たちがカウントした数量を弁当工場の配達員が使って楽になっている」シーンである。

アウトソーシングではコストよりも社会的分担の意味に着目すべきである。こうなるとアウトソーシングというよりも、これはアライアンスと呼ばれるものとなる（以降はアライアンス・イノベーションで述べる）。

アウトソーシング、派遣労働とテンポラリー労働（俗にいうパート）を同一のカテゴリーでとらえようとするが、全く異なるものである。テンポラリー労働は単に従業員の生活事情により、一般の従業員とは異なる勤務体系をとるが、「従業員」である。労働時間以外は何ら他の従業員（正社員という不思議な言葉を使うが、こういう意味でもやめたほうがよい）と変わることなく、ミッションの下に集まった同志である。

子会社を作る理由

アウトソーシング先が見つからず、合ミッション性を保てないオペレーションがあるなら、子会社などとして別法人化することである。

オペレーションの子会社を作る理由に、給与体系を変えること（親会社よりも子会社の給与を低く抑える）を挙げる企業もあるが、問題外である。第3章で述べたとおり同一企業内でも給与体系は職務によって違って当然であり、職務間の移動ルールの合理性が担保され、従業員が合意していれば問題ない。

子会社を作る理由は新しいミッション、つまり新しい社会分担を持つ会社を作ることである。配達の子会社を作るのは「弁当のおいしさ」よりも、届けること自体に楽しさを感じ、そこにミッションを求める配達員が新しい社会分担を求めるためである。

成果物ごとにリーダーを作る

こう考えていくと機械化やアウトソーシングができない仕事は、むしろ流れ作業をするのではなく、できる限り1人でいろいろなことをやって、成果物を作りあげたほうがよいことになる（もちろん今流れ作業をやっていない企業は先ほど述べたように、すぐに1回は流れ作業化すべきである。そして機械化、アウトソーシングを行い、ミッションを考え……と進めて、それからである）。

これが多くの変革企業のメーカーで実践されているセル方式（屋台方式ともいう。流れ作業ではなく、1人で多くの工程を担当し、最終製品まで作る）、多能工（いろいろな工程を担当できる技能工を作る）の理論的バックボーンである。

しかしどんな企業でも程度の差こそあれ、1人で一気に成果物を作るという体制を作ることはできず、流れ作業的仕事は残っている。このとき多くの企業は従来どおり工程ごとにリーダーを作ろうとする。

成果物に着目したオペレーションをすべきなのだから、これを貫き、成果物の種類

第4章：ビジネスモデル・イノベーション

ごとにリーダーを作るべきである。これがカテゴリーマネジャー制（カテゴリーとは製品グループのこと。この単位にマネジャーを作ること）の理論的バックボーンである。この成果物のグルーピングのキー（どうやってチームをグルーピングしてリーダーを作るか）は、第3章で述べたとおりミッションによって決まる損益単位となる。

もちろん各工程は複数種類の成果物を担当しなくてはならないことが多いが、その「錯綜」というデメリットをあえて受けてでも、変革企業は合ミッション性を通すべきといえる。「生産性よりも大切なものがある」である。

こうして成果物、そしてそれを使用するシーンという1つのベクトルに従業員の気持ちが合ったとき、オペレーションはシステムとなる。これがオペレーションのシステム化である。

②メソッド・イノベーション
改善シンドローム

従業員の「気持ち」をシステム・イノベーションしたら、次は仕事の「やり方」自身のイノベーションである。

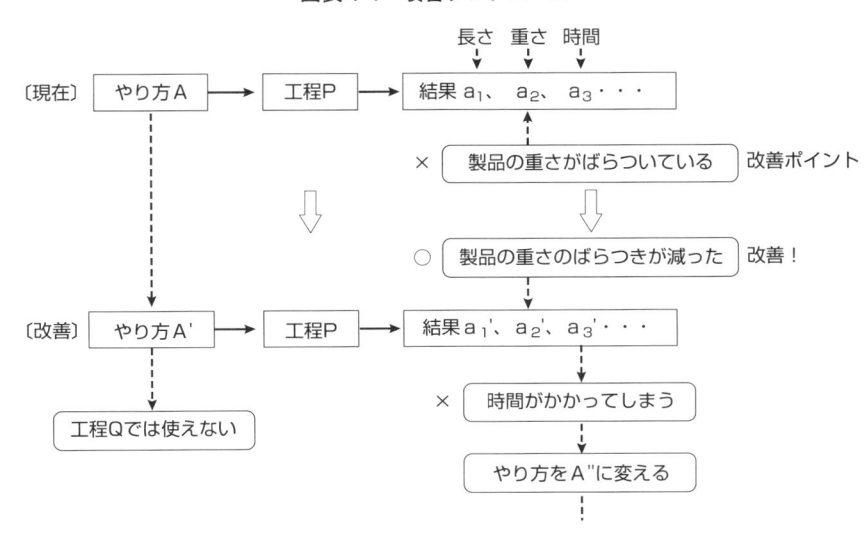

図表4-4　改善シンドローム

〔現在〕やり方A → 工程P → 結果 a_1、a_2、a_3・・・（長さ　重さ　時間）
× 製品の重さがばらついている　改善ポイント
○ 製品の重さのばらつきが減った　改善！

〔改善〕やり方A' → 工程P → 結果 a_1'、a_2'、a_3'・・・
工程Qでは使えない
× 時間がかかってしまう
やり方をA"に変える

従来型企業、特にメーカーのオペレーションには、改善シンドロームがある。

改善とはオペレーション上で起こった問題を1つずつ解消していく、次のような「ゲーム」である。

・現在やっているやり方(A)を用いて、自らの工程(P)でオペレーションを行うと、a_1、a_2、a_3……(長さ、重さ、数量、時間、コスト……)とさまざまな結果が出る。

・結果の中でもっとも納得できないもの(例えばa_2がうまくいっていない。これをバツ：×と表現する)に着目する。このa_2が「×」から「○」へ変わるように、やり方をA'に変える。このA'でやってみてa_2が目標である「○」となったら終わり、ならないときはA''に変え……といって「○」になるまでやる。

実はこのゲームはこれで終わらない。

・やり方A'で○になると、「水平展開」と称して、やり方Bでやっている工程Qでやろうとする。しかし多くの場合違う工程なので、A'がうまく適用されず、相変わらずBでやるかA'をヒントにしてB'にする。

・一方やり方A'で工程Pをやってみるとaでやっているときは○だったa_3が×になってしまい、これを○にすべくやり方をA''に変える。A''に変えるとa_1が×になってA'''に変える……とやっていくうちに、元のAに戻っていたりする。

工場で行ってきた改善というのは、今考えてみれば問題点の解消よりも、先ほどの仕事の単純化が従業員にもたらす弊害を除去することに寄与したものといえる。「自らの仕事を変えることに自らでチャレンジする」というモチベーションアップである。

メソッド・イノベーションではこの「自分の仕事を変える」という「気持ち」を大切にしながらも、改善シンドロームを除去していく。それには次の2つのコンセプトを持つことである。

やり方に着目する

改善の問題点は結果だけに着目し、その気に入らない特定の結果だけを「変えよう」としていることにある。メソッド・イノベーションでは「結果を変える」のではなく「やり方を変える」のであり、やり方に着目することである。

第4章：ビジネスモデル・イノベーション

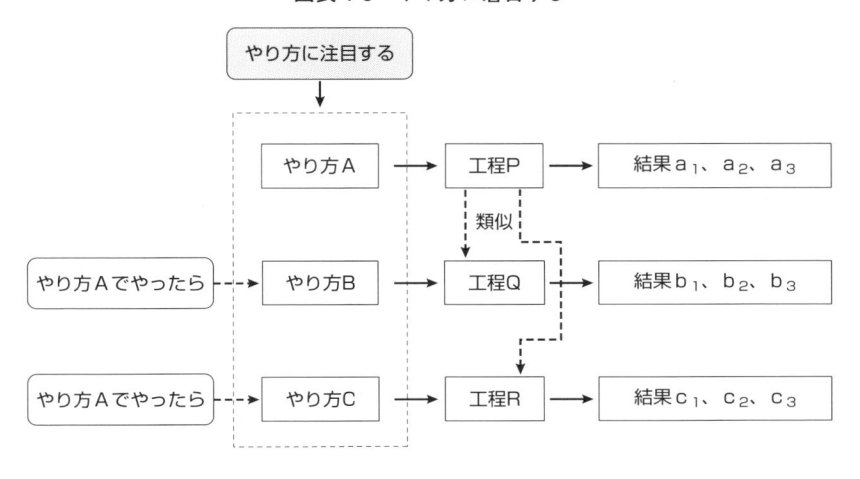

図表4-5　やり方に着目する

```
            ┌──────────────┐
            │やり方に注目する│
            └──────┬───────┘
    ┌ ─ ─ ─ ─ ─ ─ ─┼─ ─ ─ ─ ─ ─ ─ ─ ─ ─ ─ ─ ─ ─ ┐
    │       ┌─────▼────┐      ┌─────┐      ┌──────────────┐
    │       │ やり方A  ├─────▶│工程P├─────▶│結果a₁、a₂、a₃│
    │       └──────────┘      └──┬──┘      └──────────────┘
    │                            ┊類似
┌───────────┐ ┌──────────┐      ┌▼────┐      ┌──────────────┐
│やり方Aで  ├┈▶│ やり方B  ├─────▶│工程Q├─────▶│結果b₁、b₂、b₃│
│やったら   │  └──────────┘      └──┬──┘      └──────────────┘
└───────────┘                      ┊
┌───────────┐ ┌──────────┐      ┌▼────┐      ┌──────────────┐
│やり方Aで  ├┈▶│ やり方C  ├─────▶│工程R├─────▶│結果c₁、c₂、c₃│
│やったら   │  └──────────┘      └─────┘      └──────────────┘
└───────────┘
    └ ─ ─ ─ ─ ─ ─ ─ ─ ─ ─ ─ ─ ─ ─ ─ ─ ─ ─ ─ ─ ┘
```

　工程Pのやり方Aについて考えるのであれば、似たような仕事をやっている工程Q、Rのやり方B、Cに着目すべきである。

　その上で、やり方Aで工程Q、Rを、BでP、Rを、CでP、Qをやったとしたら、どういう結果になるかを予測してみる。これを考えていく中で新しいやり方Dを思いついたら、P、Q、Rでやったらどうなるかを考える。

　このA〜Dのやり方で、P〜Rの工程で使うのにもっともふさわしいやり方を考え、発案者がその理由を残しておく（これを仮説という）。もしそれがDなら、やり方Dで1つの工程（例えばP。これをプロトタイピングまたはパイロットという）をやり、仮説どおりになったかを検証する。さらにその結果を用いて、Q、RにおいてDでやったらどうなるかを考える。

　これがメソッド・イノベーションである。「やり方を変える」のであって「結果を変える」のではない。結果は予測するものである。

　弁当工場の例でいえば、X、Yの2つの弁当工場があり、Xでは注文を受けてからパッキングしており（やり方A）、Yでは定時までにパッキングして注文を受けている（やり方B）。Xで「昼食時間に間に合わない」というクレームが出たので、やり方AからBに変えた。すると今度は「弁当が冷たい」というクレームが出るといったことが改善シンドロームである。

まずXでBをやったらどうなるか（クレームが出るか）、YをAでやったらどうなるか（間に合うか）を考えてみる。そうしているうちに新しいC（大口客は客先でパッキングする）というやり方が浮かぶかもしれない。このときCでX、Yをやったらどうなるかを考え、うまくいきそうならXでやり、その結果を見てYでやったらどうかと考えていく。

「変える」という戦略

上のように進めていくと、変えても変えなくてもどちらもメリット、デメリットがあってなんともいえないという状態を迎えることが多い（誰がどう考えても変えたほうがよいならもう変わっているはず）。

変革企業は「変える」ということを戦略として提示すべきである。変えても変えなくても同じなら変える。これが戦略である（もちろん「変えない」も戦略であるが変革企業は「変える」を選ぶべき）。「変えたほうがよい所は変える。変えなくてよい所は変えない」は、戦略ではなく道理である。

そしてこれが、日本メーカーが改善から学んだことである。変えないよりも変えたほうが必ずオペレーションムードは高まる。

③予測イノベーション
予測の構造

②で述べたようにビジネスモデル・イノベーションには、必ず予測という「仕事」が伴う。この予測に対する「考え方」をイノベーションする。予測は次のような構造である。

図表4-6　予測の構造

| 過去のデータ | × | 予測のやり方A | = | 予測値X_1 | ⟷ | 実績値Y_1 |

未来の結果に対しこのやり方を持ち、こういうやり方だと人に説明できるタイプを予測という。一方やり方がないか、それがブラックボックスで人に説明できないタイプを予想という。予想はメソッド・イノベーションできないが（やり方がないので）、予測はできる（やり方を持っているのでやり方をイノベーションする）。

予測のやり方を変える

予測の最大の特徴は実績値という結果が出ることである。人間が予測という仕事をいやがったり避けたりしているのは、決して予測ができないのではなく、実績値と合わないかもしれない（きっとあたらない）という恐怖感である。

予測のもう1つの特徴に連続性がある。次から次へと実績値が出てくることであり、何度でも予測できるということである。

よく考えれば実績値が出て、合わないなら（$X_1 \neq Y_1$）、予測するやり方を A' として、何とか $X_1 = Y_1$ に持っていく、または近づける努力をするしかない。つまり実績値がわかっている今となって予測するとしたら、どういうやり方（A'）にすべきかを考えてみることである。

次のタイミング（翌日、翌月、翌期など）に A' で予測して、予測値 X_2 となり、実績値が Y_2 となった。もちろん $X_2 \neq Y_2$ である。このときどうするかといえば両方ともイコールになるやり方はきっとないので、「$Y_1 - X_1$」「$Y_2 - X_2$」（予測誤差という）がなるべく小さくなるように、A'' にやり方を変える。そしてまた X_3、Y_3 が出て A''' に変えて……とやっていく。これが統計学でいう回帰分析である。

予測 = CA

予測は過去の結果から次々とやり方を変えていくしかない、つまり回帰分析「しかない」のである（正確にいうとこれ以上よいやり方を人類はまだ思いついていない）。第2章で述べた予算と実算も同じ考え方である。予算どおりに実算がならなかったのならば、翌期は予算を実算に近づけるように考える。昨日の結果から明日を考えることである。PDCA の CA の部分も全く同じ発想である。

在庫（明日売れる量を考える）、生産計画（作る量を決める）をはじめ、あらゆる「計画」に活用できるイノベーションである。これに気づいて予測イノベーションをいち早く行ったトヨタ、セブン-イレブン・ジャパン、花王などがエクセレントカンパニーへと変身している。

（2）オペレーション実行はムードを考える

やり方が同じで、能力が同じ従業員がオペレーションをしても、結果は異なる。これが何度もいうようにムードである。オペレーションのムードについてはすでに（1）

で一部触れたが（成果物に着目、変える……）、それ以外のムード・イノベーションのポイントを挙げておく。

楽しさがムードを上げる

オペレーションムードの第一ポイントは、チームのメンバーがその仕事自体を楽しいと思うかということであり、その仕事を「好きか」ということとイコールである。

これはミッション、およびそれによる採用、そして適性適所への配置に依存している。適材適所とは決してその仕事の「うまい人」をあてていくのでなく、その仕事の「好きな人」をあてていくことである。「その仕事があまり好きでなくて、うまい人」が「好き」になる可能性は低い。しかし「その仕事が好きで、下手な人」がうまくなる可能性は高い。

こう考えれば人材配置には、ただ外から仕事の適性を見るだけでなく、その人の気持ちを聞くこと、つまりカウンセリングが必須といえる。カウンセリングは面接（人を配置する権利を持った人が、配置される人から希望を聞くというイメージが強い）とはニュアンスが異なり、カウンセラー（配置する側の人でなく、相手の気持ちをとらえる第三者）が、従業員からその「気持ち」を聞くことである。

もちろん仕事も需要と供給であり、すべての人が好きで楽しい仕事に就くとは限らない。しかしすべての人にそのチャンスがあり、カウンセリングを受ける権利があり、配置のルールがはっきりしているというイノベーションはできるはずである。

これを考えるとき私はいつもあるシーンを思い出す。ある地域密着型のメーカーへコンサルティングに行き、パソコンのマウスの調子が悪くなってしまった。そのときその会社の従業員が頼んでもいないのに、マウスを分解して、修理してくれた。彼は直ったマウスを見て、うれしそうにしていた。これを見て私は思った。「ああこの人はこういう仕事が好きなんだな」。私からすると「そんなつまらない仕事」と感じるものであるが（彼から見ると私の仕事もそう見えるのであろう）、こうして社会は仕事が分担され、企業が生まれ、プロが集い……となっていくのだと感じた。彼はその仕事が「楽しい」のである。その楽しい仕事に出会ったとき、本人だけでなく、まわりのチームメンバーのムードをも変えてしまう。

第4章:ビジネスモデル・イノベーション

愛がリーダーへの条件

　ムード・イノベーションの第二のポイントは成果物に対する愛をどれくらい持てるかである。全員が持たなくても一部の人でも「強い愛」を持てば企業は変わる。もっといえば「強い愛」を持っている人をリーダー、そして第2章で述べたように経営者にすれば必ず企業は変わる。

　ある食品メーカーへコンサルティングに行ったとき、その食堂で同社の製品が出てきた。私がそれを食べようとすると、近くでじっと見ている人がいる。その人は私が食べ終わると「それどうでした」と聞いてきた。その製品を作っている工場の人である。「おいしい」と言うと、すごくうれしそうな笑顔になった。私は「この会社の強さ」はここにあると思った。

　これも原点はミッションである。ミッションを徹底し、自社の製品、サービス、店舗に愛なきものが去り、仮に企業が小さくなっても、愛のある人を中心にチームを組めば必ずまた大きくなる。そして愛の強さをリーダー選定の第一条件とすることである。

プライドがムードを高める

　第三のポイントはオペレーションメンバーのプライドであり、これが企業全体のムードを高める。工場の品質課なら「品質のプロ」として、セールスマンなら「セールスのプロ」としてのプライドである。

　プライドは決してよい結果を出すことだけではなく、家族やまわりの人に、「私は○○のプロ」と胸を張ることができるかである。プライドは知識(プロとしての知識)、ノウハウ(プロとしてのやり方を知っている)、能力(プロとしてオペレーションする能力を持っている)、経験があり、コンスタントに結果の出せる人であり、それを誇りにしている人である。プライドを持ったプロは、まわりの人をイノベーションする。

　企業としては上で述べたこのプライドを構成する要素を具体化することである。これが能力ランキング表であり、プライドのバックボーンともいえる。

(3) オペレーション評価は品質がものさし

　オペレーション評価のイノベーションポイントは、次の2つである。

①生産性から品質へ

品質をオペレーション指標とする

　オペレーションの評価指標は、大きく生産性と品質という2つに分けることができる。この2つはある意味ではトレードオフの関係にあるといってよい。

　従来企業ではどうしても数字として表しやすく、利益に直結していると考えられる生産性をその指標とし、品質は「確保」（一定の品質を持っている）としてとらえてきた。

　コーポレート・イノベーションではこれを逆転させ、生産性は一定のレベルを確保するものとし、品質をオペレーションの指標とする。つまりオペレーションの目標は生産性を上げることではなく、生産性を下げずに品質を上げることにある。

生産性を目標とする矛盾

　これは企業が目指す最終目標を付加価値としたときに合意できる。「利益＝収益－費用」である。オペレーションにおいて生産性を上げるというのは、オペレーションの時間を短縮することであり、これによって人件費を削減することである。つまり人件費を落として、利益を上げることである。

　これを付加価値で考えてみよう。人件費が給与総額とイコール（アウトソーシングなどを含まない）なら、「付加価値＝利益＋人件費」である。生産性の向上では人件費を落として利益を出しているので、付加価値は変わらない。付加価値が変わらないのに利益を上げるのは、給与イノベーションで考えたルールに反することになる。付加価値の一定比率を人件費（給与総額）にし、利益も付加価値の一定比率のはずである。

　そうなると生産性を上げた分は、すべて給与に戻さなくてはならず、いってみれば時間を短くした分、賃率を上げ、給与は変えないということになる。しかしこれでは時短となった従業員以外は誰も喜ばず、従業員、株主、社会、企業の4者のハッピーを求めた付加価値分配の原則が崩れてしまう。

　仮に生産性向上というリターンをうまく4者に分配できても、生産性向上によって仕事が減っていくのだから、長い目で見ると時短では済まず、従業員を減らさないわけにはいかない。

　企業の存在価値は「仕事を生み出す」場であって、決して「仕事を減らす場」では

ない。リストラ、ヒト減らし、コストカットをやってきた日本型メーカーは、うすうすその矛盾に気づきながら、「生き残りのためにはやむを得ない」と言い訳をして、「泣く泣く」やってきた。しかしこのタイプの企業は決して再生せず、行き詰まりを迎えている。

品質で付加価値を高める

何度もいうようだが、企業の経営者やリーダーに「仕事を作る」義務はあっても「奪う」権利はない。

品質向上は人件費をアップさせるという現象を生むかもしれない。しかし「収益－費用」で考えれば、品質は収益を上げる努力である。収益を上げる努力は付加価値を増やすことであり、給与を増やし（人件費が増えるという現象を反対から見ればこうなる）、給与の一定比率である利益を増やす方向に向かう。高品質＝高付加価値である。

企業が品質を目指したとき、オペレーションはイノベーションされ、経営とオペレーションのベクトルが一致する。つまりシステム化される。

②評価指標を定義する

品質は経営目標の一部

品質のもう1つの問題点は生産性と異なり、「数字で表しづらい」ことにある。これを解消しなくてはイノベーションできない。

これについてはすでに第2章で述べた。品質は「数字で表しづらい」だけであって、決して数字で表せないわけではない。オペレーションの品質指標は経営目標である顧客満足度の一部となる。第2章の消費財の例でいえば、経営目標（顧客満足度）の一部である製品価値（製品仕様×製造品質）を品質指標とすればよいことになる。

品質が、愛、楽しさ、プライドを生む

ここに経営とオペレーション（いわゆる現場）の更なる一体感が生まれてくる。企業の目指す顧客満足度を高めるということに、自らのオペレーションが関与していることを数字で実感し、品質を高める努力の中で成果物への愛が生まれ、仕事に楽し

さを感じ、プライドが持てるようになる。
　生産性を上げてコストダウンしても、成果物への愛も、楽しさも、プライドも生まれてこない。

3. マーケティング・イノベーション

　マーケティングはマーケティング計画（PLAN）に基づいて、実行し（DO）、その結果を評価する（SEE）というオペレーションの一種である。しかしマーケティング・イノベーションは他のオペレーションとは一部異なるポイントがあるので、これを分けて解説する。

(1) マーケティング計画のベクトル

　マーケティング計画では、次の2つのことをイノベーションのベクトル（方向）とする。

①競争から顧客へ
　戦争は放棄する
　マーケティングで考えているマーケットには売り手と買い手が大勢いて、その間を商品（サービスも含めて）が流れる。マーケティングとは売り手側からマーケットについて考えるというもので、本来その対象は買い手と商品の2つといえる。
　しかし第2章でも述べたように、マーケティング発祥の地である戦争王国アメリカではそのベクトルは大きくそれていく。マーケティングが市場でライバルに負けない商品を提供し、「ライバル企業に勝利する」という「戦争」となってしまう。そしてその目、理論、テクニックはすべてライバル、競争に向けられることになる。
　コーポレート・イノベーションではマーケティングを原点に戻し、買い手（顧客）と商品の2つに着目することである。ライバルのためにマーケティングコストは一切使わない。戦争は永久に放棄し、軍隊は持たない。ライバルを通して顧客、商品を見るのをやめ、顧客、商品を通してライバルを見る。戦争ではなく顧客と商品をマッチングするときの障害物としてライバルを見る。顧客がライバル商品を買ったのなら、

どうすればリプレースできるかと考えるのではなく、なぜ顧客はライバル商品を買っているのかを考える。自社商品のことを知らないのか、知っていてライバル商品を買ったのか、それはなぜか……と考えていく。

顧客が第一キー

次に考えるのは顧客、商品のうちどちらの優先度を高くするかである。これはどちらが大切かということではなく、どちらを先にマーケティングを考えるかということである。

その答えは顧客を第一キーに考えるべきである。企業の意思で顧客を変えることは難しいが、商品は変えられるからである。環境要因（顧客）を考えてから、意思決定（商品）すべきで、意思決定してから環境を考えるべきでない。

すべての企業のマーケティングは顧客が第一キーである。ここで顧客満足度をそのベクトルとする経営戦略とマーケティング計画はシステムとなる。

②売れるものを売る

売れないものを売る努力

マーケティングは「売るための努力」と定義されることが多い。そしてここでもマーケティングは本来のベクトルからはずれてしまう。

「売るためのマーケティング」では「企業の業績＝商品力×マーケティング力」と考える。同じ商品でもマーケティング力によってその売れ行きが変わる（ここまでは合意できるが問題はその次である）。したがって売れない商品でも売る努力をして売り切ってしまうのがマーケティングである。売れるものを流れに任せて売るならマーケティングはいらない。力のあるセールスマンは売れないものでも売ってしまう。だからセールスなどのマーケティング部隊は「売れない」ことを、商品のせいにするなというものである。「うちの商品は力がない」はタブーである。

本当にこれがマーケティングなのだろうか。

売れない商品は売れない、売れる商品は売れるのが当然である。企業はゴーイング・コンサーンであり、商品を売り切って終わりではない。今日売ることよりも、それをリピートしてもらう、つまり明日もう1度売れることのほうが大切である。売れない商品を売ってしまえば（本当は買わなかったものを何らかのインセンティブで売っ

てしまう)、その顧客はもう2度と買わない。

「売れる」という合意

ではコーポレート・イノベーションにおけるマーケティングとは何か。それは「売れるはずの商品が、買うはずの顧客に、何らかの障害物があって届いていない」状態の発見である。これさえ発見できれば、あとはこの障害物(商品を知らない、良さを知らない、価格が折り合わない……)を取り除く努力をすればよい。つまりこれを取り除くために顧客にどんな情報提供をすればよいかを考える。

こうすることで売れない商品もはっきりし、その売れない理由を考え、どんな商品に変身させればよいかが見えてくる。売れる商品だけを売る。これがマーケティングの王道である。

マーケティング部門をはじめ、すべての従業員が自社の商品が「売れる」と合意したとき、商品への愛が生まれ、仕事にプライドが生まれ、そして企業にインテグリティが生まれる。

(2) マーケティング実行は3Wで考える

4Pから3Wへ

従来のマーケティング実行は、売るためにマーケティングの要素を組み合わせることと定義され、マーケティングミックスと呼ばれる。その代表がマーケティング要素をProduct(製品)、Price(価格)、Place(場所)、Promotion(それ以外)と分ける「マッカシーの4P」と呼ばれるものである。このアプローチもやはり競争戦略がそのベースとなっている。

「顧客第一主義で、売れる物を売る」マーケティングでは、顧客への「情報提供」が主な実行行為である。ここでは4Pではなく、誰に(WHO、顧客)、どんな情報を(WHAT)、どこで(WHERE、情報を伝える媒体)伝えるかという3Wのマーケティングミックスで考えるべきである。

① WHO = CPM

PPMからCPMへ

4Pの世界ではProductを第一に考え、第2章で述べたようにPPMという手法が

とられる。マーケティング・イノベーションでは顧客を第一に考え、CPM（Customer Portfolio Management）で考える。

まずは何らかの基準（セグメントキーという）で、顧客をセグメント化する。これをセグメンテーション・マーケティングという。セグメントキーとしてはエリア（地域のことだが、商圏という表現を使うこともある。この場合はエリアマーケティングともいわれる）や顧客属性などが考えられる。

顧客属性は個人でいえば年齢（チャイルド、ヤング、アダルト、シルバー）、職業、年収、趣味など、法人でいえばサイズ（大企業、中小企業）、業種、業態などがこれにあたる。これらを組み合わせてセグメント化する。その上でPPM同様に2つの指標（PPMはシェアと市場伸び率）で4つに分け、ポートフォーリオグラフに表示する。

顧客を4つに分ける

例えば消費財メーカーでセグメントをチャイルド、ヤング、主婦、中年サラリーマン、シルバーとした場合で考えてみる。たて軸、横軸をそれぞれ当期売上高、リピート率としてプロットする。円の大きさを潜在的顧客数（当社商品を買う可能性のある顧客の総数）で表すと、図表4-7のようになる。

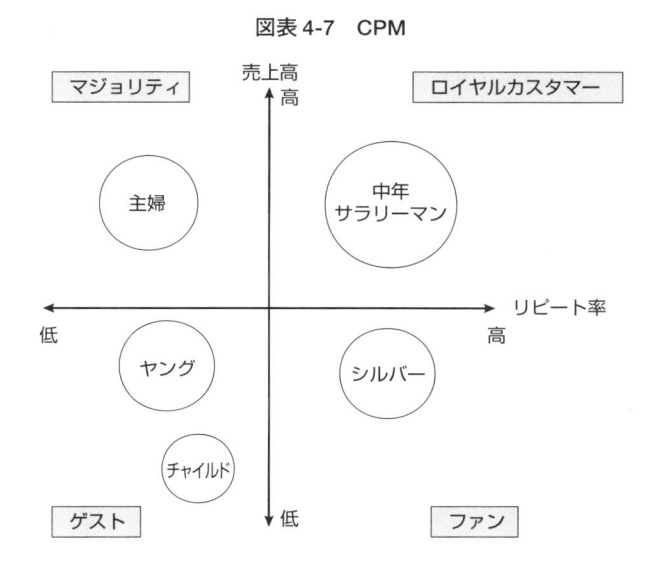

図表4-7　CPM

（マジョリティ／ロイヤルカスタマー／ゲスト／ファンの4象限に、主婦・中年サラリーマン・ヤング・シルバー・チャイルドをプロット。縦軸：売上高、横軸：リピート率）

この4象限で顧客を4つに分ける。ここでは4つをそれぞれ、ロイヤルカスタマー（当社の主力顧客）、ファン（売上は少ないが固定客となっている）、マジョリティ（他社と比較購買するが売上は大きい）、ゲスト（売上は低く、リピートもしない）と名づけている。
　このときマーケティングで行うべきことは、例えば次のようなことである。
・ロイヤルカスタマーにはリピート率を維持・向上するためにインセンティブプログラムを組む（例えば航空会社の行うマイレージサービスのようなもの）。
・ファンにはこのセグメントを対象として、高品質、高価格商品を考えてみる（1人当たりの顧客満足度を高め、付加価値を高める）。
・マジョリティは、これをさらに年代などによってセグメント化し、その中だけでCPMを行ってみる。その上でそれぞれの手を打つ。
・ゲストはその中で商品ポートフォーリオを見て、対象商品を絞り込む。

　メーカーによっては買った人がわからず、「顧客の顔が見えない」ことも多い。そのときは各商品について、購買していると思われる顧客のタイプを挙げ、商品データを使ってタイプ別のポートフォーリオ分析を行う。商品Aが中年サラリーマン、商品Bがシルバーを対象としているなら、この商品A、Bの売上、利益などのデータを使って中年サラリーマン、シルバーのポートフォーリオ分析を行う。商品データを使っても、あくまで顧客を見ていることを忘れない。

② WHAT＝すべての情報を渡す
自社商品の良さを説明する？
　競争戦略型のマーケティングでも情報提供は行う。その情報の多くは自社製品の長所であり、裏を返せば他社製品の短所である。これを広告、セールスマン、パンフレットなどのプロモーションツールを使って、顧客に訴えていく。
　しかしこれはよく考えると論理矛盾である。膨大なコストをかけて一生懸命訴えているのは「自社商品はライバル商品に勝っている」ということだろうが、自社商品がすべての面でライバル商品に勝っているはずはない。それなら他社は打つ手がないはずである。結果としてやっていることは情報の自己都合による選択であり、偏重であり、「自社商品の良さを説明し、他社商品の良さを何とか見せず、冷静な比較力、

第4章：ビジネスモデル・イノベーション

判断力なき顧客に買ってもらう」というものである。

　ゲームの理論ではないが、もちろんライバルも同じことをやっている。顧客からすれば、これによって情報のバランスがとれるのではなく、錯綜、混乱してしまう。「どちらの言っていることが本当か？」。

　顧客が消費者であれば、購買が仕事ではないため、わけがわからなくなってしまい、不安になり、かえって購買をためらってしまう。買い控えをし、特定の商品が勝ち抜くのを待ってしまう。これがトップブランド現象（トップ商品だけが極端に売れる）を生み、トップ取り競争が始まる。

　顧客が企業のときは逆に冷静になる。つまりすべての情報を受け取り、どちらを買っても同じだと判断すると、自社とライバルを競争させ、見積合わせなどによる購買価格のダウンをねらう。そのため激しい価格競争を生む。

すべての情報を渡せば売れる

　「顧客第一で売れるものを売る」型のマーケティングでは、顧客の購買行動に合わせて冷静な情報、歪みのない情報をすべて隠すことなく伝える努力をする。すべての情報を提供して、顧客がすべてを知れば必ず買ってくれるという仮説に立つ。「買ってくれない」と思うならば情報を変えるのではなく、商品を変える。もっといえば買うはずの顧客にしか情報を渡す必要はないと考え、マーケティングの集中化を図る。

マーケティングモデルを考える

　情報提供型のマーケティングでは、顧客の購買行動をとらえる。そしてそれに合わせたマーケティングモデル（マーケティングのやり方、プロセス）を考え、それに沿って顧客が購買に必要な情報を提供していく。

　例えば法人顧客に事務機器を販売しているメーカーを考えてみよう。産業財メーカーの一般的なマーケティングモデルは次のようなものである。

・ターゲットモデル

　　マーケティングの基本は仮説を立て、これを検証していく仕事といえる。自社商品がどういう使い方をされているかを情報収集し、このようなタイプの顧客のこのようなニーズに対し、このようにソリューション（課題が解決されること）できるはずだという仮説を立てる。

図表4-8　産業財メーカーのマーケティングモデル

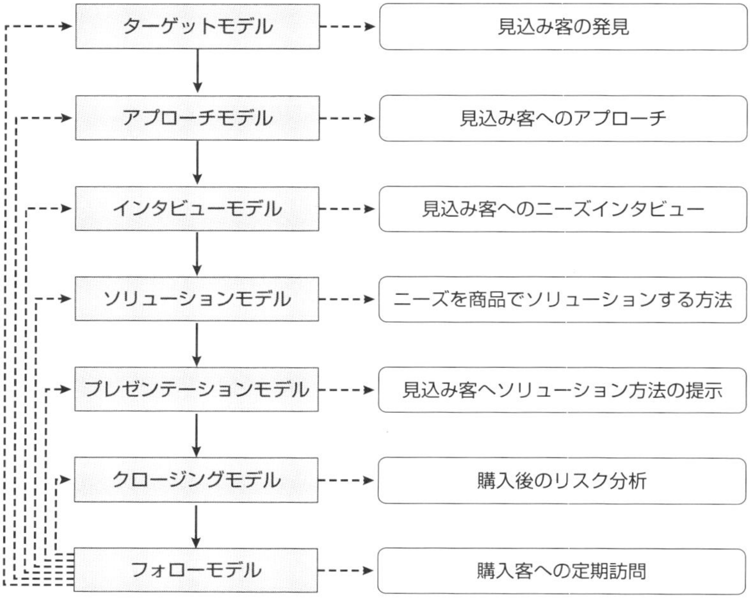

```
ターゲットモデル      ----→  見込み客の発見
     ↓
アプローチモデル      ----→  見込み客へのアプローチ
     ↓
インタビューモデル    ----→  見込み客へのニーズインタビュー
     ↓
ソリューションモデル  ----→  ニーズを商品でソリューションする方法
     ↓
プレゼンテーションモデル ----→ 見込み客へソリューション方法の提示
     ↓
クロージングモデル    ----→  購入後のリスク分析
     ↓
フォローモデル        ----→  購入客への定期訪問
```

　例えば「50坪以下のオフィスで従業員が50人未満のIT指向のオフィスであればスペースを有効活用したいはずだ」と考え、「自社の折りたたみタイプの事務机がここに売れるはずだ」というようなものである。

・アプローチモデル

　見込み客(買ってくれそうな顧客)のグループが見えたら、ここへアプローチする方法を考える。ここでのテーマはどうやったら顧客に会えるかではなく、どうやって顧客にこの仮説を伝えるかということである。

・インタビューモデル

　アプローチした顧客について、その仮説の妥当性を確認する。この際はインタビュー(面談)が一般的である。決して売り込むのではなく、仮説と実際のニーズの違いをとらえにいく。

・ソリューションモデル

　インタビューモデルで得たニーズに対し、具体的にどのように自社の商品、さら

には他社の商品を組み合わせていくかを考える。

　見込み客のオフィスに、どのタイプの机を置き、椅子を置き、IT機器を置くかを検討し、かつそれによってスペースが有効に活用されていくかを考え、提案書などにまとめる。

・プレゼンテーションモデル

　ソリューションモデルで考えた解決策（商品ではなく）を顧客へ説明する。

・クロージングモデル

　顧客は購入時、その商品によって期待どおりのニーズが解消されない場合（リスク）を考え、これが最後のためらいとなることが多い。このリスクについて検討し顧客へ渡す。ここでのリスクは後の「不良」の項で述べるように、「リスクは消えない」ので「リスクを減らす」というアプローチをとる。こうしてリスクに顧客が納得したら契約（クロージング）する。

・フォローモデル

　クロージングでマーケティングは終わりではなく、顧客が購入後、当該商品で期待どおりのニーズを解決しているかを定期的に情報収集する。相談窓口やヘルプデスクのように困ったときの窓口でなく、ニーズ解決の度合を何とか情報収集する。

　フォローにて収集した情報は他の顧客へ伝えるとともに、次の商品開発およびマーケティングの仮説に役立てる。このフォローを定期的に行える仕組み（例えば機器の保守など）を持った企業は強い。

　マーケティングモデルの設定はオペレーション・イノベーションのときと同様に、「売れるはず」という自社商品への愛を生み、マーケティングという仕事の楽しさを知り（顧客のニーズを解決していく。がんばって売りつけるのではない）、そこにプライドが生まれるようになる。

マーケティングモデルには一般的なものを

　このマーケティングモデルは企業のタイプによってさまざまであるが、産業財メーカーなど法人向けビジネスでは上のようなソリューションモデル（商品を売るのではなく、顧客の課題を解決すると考える）、消費財メーカーや小売など個人向けビジネスでは、図表4-9のようなAIDMAモデルなどが代表といえる。

図表4-9　AIDMAモデル

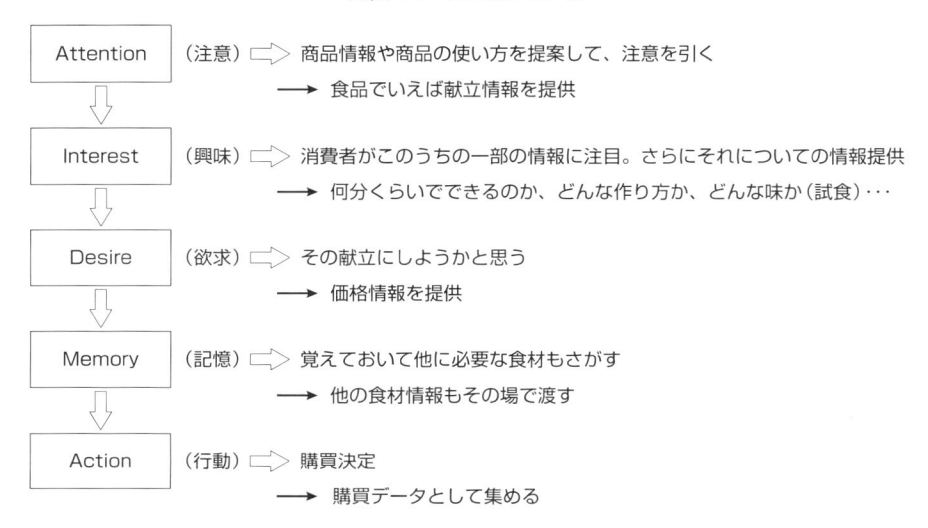

- Attention（注意）⇒ 商品情報や商品の使い方を提案して、注意を引く
  → 食品でいえば献立情報を提供
- Interest（興味）⇒ 消費者がこのうちの一部の情報に注目。さらにそれについての情報提供
  → 何分くらいでできるのか、どんな作り方か、どんな味か（試食）…
- Desire（欲求）⇒ その献立にしようかと思う
  → 価格情報を提供
- Memory（記憶）⇒ 覚えておいて他に必要な食材もさがす
  → 他の食材情報もその場で渡す
- Action（行動）⇒ 購買決定
  → 購買データとして集める

　ここにFollow（フォロー）というステップを加え、購買後の状況をとらえようとするのが一般的である。

　マーケティングモデルにおいて大切なことは、他社に負けない強力なものを作るのではなく、マーケティングを実行しているメンバーが合意でき、プライドを持って実行できるものを求めることである。したがって他社でも用いられているごく一般的なモデル（多くの企業で合意を得て、実際に使っているもの）を用いるのが妥当といえる。

③ WHERE ＝ 3M

　何を使って情報を伝えるかというもので、Merchandise（商品自身）、Man（人）、Media（情報媒体）の3Mで考える。この媒体選定では認知力（世にその商品があることがわかり、その使い方がわかる）、決定力（購買する）および情報量を考え、コストとの比較で選択、組み合わせを考える。

（Ⅰ）Merchandise

　メーカーの製品でいえば、製品自身に付けられる情報である。ブランド（信頼情報、このブランドなら安心）、機能（おいしさ、成分、スピード……）、パッケージ、価

格、使用上の注意、操作説明書……といったものである。メーカーでいえば商品パンフレット、小売業でいえば店自身(照明、棚、店内広告……)もこれにあたる。

認知力は低く(顧客が商品にたどりつかないと見ることができない)、決定力は高く(実際に商品を買う、買わないかを決めやすい)、情報量は使い方などに関する情報がやや少ない。またコストは比較的安いことが多い。

(Ⅱ) Man

セールスマン、店員、キャンペーンといった「人」が情報発信するものである。Manのマーケティング媒体としての長所は、相手の反応に合わせて、持っている情報を選んで伝えられることである。一方短所はどうしても「売りたい」という気持ちが出て、情報を歪めたり、隠したりするリスクを抱えていることである。

したがって認知力は高く、決定力がやや低く、情報量は極めて大きい。またコストも比較的高い。

(Ⅲ) Media

テレビ、新聞などのマスメディアが主流で、ここに有料で情報提供するものである。認知力は極めて高く(特にテレビコマーシャルのようにメディア使用料が高いほど認知力は高い)、決定力は低く、情報量は極めて少なく、コストは認知力に比例して極めて高い。

この決定力の弱さ、情報量の少なさ、コストの高さを補うものとして注目されているのがインターネットである。未だインターネット・プロモーションは稚拙であるが、インターネットを現在のテレビコマーシャルのような強烈なプロモーション媒体に変身させようといろいろな企業が頭をひねっている。したがってインターネットのマーケティング媒体としての使い方は未だ見えないが、これが次世代の主役となることは確実である。

これらをグラフで表すと次頁の図表4-10のようになる。

図表 4-10　3M ポートフォリオ

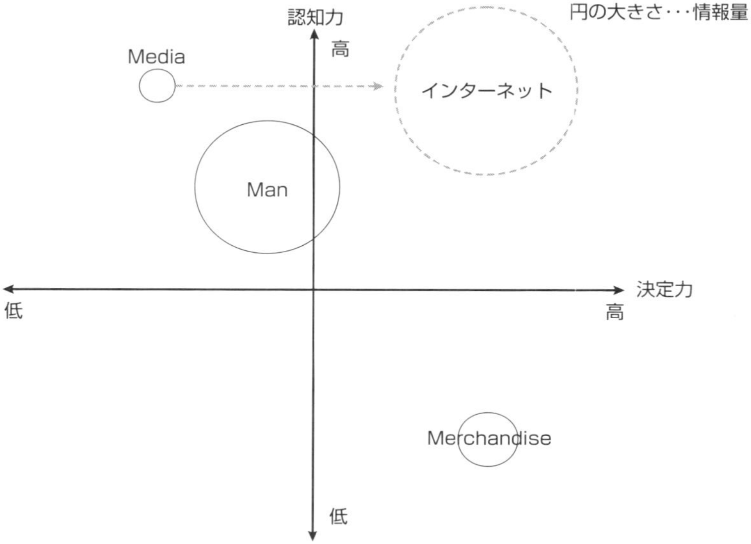

円の大きさ…情報量

（縦軸：認知力　高／低、横軸：決定力　低／高）

- Media（左上、認知力高・決定力低）→ インターネット（右上、破線の大きな円）
- Man（中央左寄り、大きな円）
- Merchandise（右下、決定力高・認知力低）

（3）マーケティング評価は顧客満足度で

　マーケティングにおいては、先ほどのマーケティングモデルでも述べたが「売る」ことと同じくらいに、「売った後どうなっているかを評価する（マーケティング評価）」ことが大切である。そういう意味ではマーケティング実行とこのマーケティング評価に同程度のコストをかけるべきといえる。
　これについては次の２つがイノベーションポイントである。

①顧客満足度を評価する
顧客満足度を何としても評価する

　マーケティング評価の第一は顧客の商品購入後の満足度を評価することだが、次の２つをその原則とする。
　１つは「何としても評価する」という意思である。仮に顧客満足度を正確に評価できなくても、「正確さ」よりも「やる」ことのほうが大切である。予測でも述べたように、やれば次第に満足度という実体に近いものが測定できるようになる。やらなければ

精度は上がらない。

具体的には第2章で述べたように製品価値アプローチをとるのが基本であり、それが無理ならリピート率、来店客数、あるいは利益そのもの（前述のように顧客の満足が当社に利益をもたらしたと考える）でもよい。何とか満足度を測るという意思を経営が決定し、マーケティング部門に指示する。

明日の顧客満足度を高めるために

もう1つは前に述べたPDCAの「CA」（CHECK&ACTION）である。評価するためには実行結果の他に、実行前に予測する仮説（計画、予算……）が必要である。これがなければ差異分析ができない。それは仮説の正しさを証明することが目的ではなく、仮説との違いを見つけ、明日の「より良い仮説」を立てることにある。

特にマーケティングにおける顧客満足度評価は、明日の顧客満足度を高めることが目的で、昨日の満足度という業績を出すためのものではない。これを忘れると、つい評価段階で顧客満足度が高まるように評価してしまう。例えば顧客満足度アンケートが何とかよくなるように顧客へのアンケート方法を考えてしまい、よい結果が出ると喜び、悪い結果が出ると悲しむ。

顧客満足度を高めるのは、計画、実行段階であり、評価段階で高めては意味がない。

②マイナスの顧客満足度も考える

マーケティング評価の2つ目のポイントは、マイナスの顧客満足度ともいえる不良についての対応である。

顧客満足度評価の4つの声

第2章で述べたように顧客満足度は、例えば次のように定義される。

$$顧客満足度 = \frac{製品仕様}{絶対満足} \times \frac{製造品質}{販売価格}$$

ここで顧客満足度が仮説どおりにならないとき、4つの要因が考えられる。1つは絶対満足の指標が違ったためである（「スピードを上げる」ことではなく、「軽さ」が満

足度のポイントだった)。これは顧客によって違うのは当然で、特定の商品ですべての顧客の絶対満足は満たせない。したがって「満たさないまま」か、製品仕様項目のプライオリティ(スピードから軽さへ)を変えるかである。

2つ目は製品仕様である。「おいしく」作ったはずなのに、顧客が「おいしい」と感じなかったときである。これについてはなぜ「おいしい」と感じないか、どうすれば「おいしい」と感じるか……と考えていくことである。まさにマーケティングの原点である「売れる商品」を考えることそのものである。

3つ目が販売価格である。「高い」というものである。これは多くの場合製品仕様とのバランス(500円もしたのにこの程度では……)であり、より高品質の製品仕様にして価格を維持するか、価格を下げる努力をするかである。変革企業では前にも述べたとおり前者を目指すべきである。

こう考えていくと、ここまでの3つの要因は、製品仕様と想定した絶対満足とのギャップを見つけることと同意であり、①で述べた2つの原則が適用されることになる。

問題は4つ目の製造品質である。つまりマーケティング実行時に渡した「製品仕様」という情報と、製品自身が違うものであった場合である。いってみればマイナスの顧客満足度、顧客不満足度であり、広い意味での不良(クレーム、エラーという)である。この不良に対する対応が企業の生死を決めることもある。たった1つの不良が企業に死をもたらすこともある。

この不良については次の5つのことを考えるべきである。

(Ⅰ) 不良をなくすことはできない

人間がやる仕事(機械がやるものでも)にはエラーはある。これをなくすことはできない。例えば食品メーカーで自社の製品に異物(入っては困るもの)が入らないようにはできない。そもそも異物が入っていないことが証明できない(全部開封して調べたら、売るものがなくなってしまう)。

(Ⅱ) 不良を減らすことはできる

不良が発生する確率を落とすことはできる。これが「製造品質を上げる」(品質向上)ということである。そしてある行為によってどれくらい上がるかは統計学的に計

算できる(これが第2章で述べた統計的品質管理である)。

　統計学的にいって(統計処理した結果を使うとき、こういう表現をすることが多い)一定の品質水準にあることは証明できる(これを品質確保という)が、絶対品質(不良のない状態)にはたどりつけない。

(Ⅲ) 不良が出たらどうするか

　どんなに品質向上しても不良は出るのだから、出たときのことを考える。出ないことを祈っても仕方がない。「出すな」と経営者が命令するのはもっと意味がない。

　出たときどうするかを「出ないうちに決めておく」ことである。これをコンティンジェンシープランという(contingencyは偶然、緊急事態のこと。コンティンジェンシープランとは緊急事態計画、不測事態対応計画などと訳されることもあるが、ややニュアンスが異なるので本書ではこのまま使う。要するに不測のリスクへの対応を考えておくことをいう)。

　品質が高いといわれている企業において、このコンティンジェンシープランを考えないまま(高品質だから不良は出ないと考えると)不良が出ると、高品質という評判のためにかえって企業の命を落とす。

　例えば顧客からクレームが入ったら、重要なクレームであればあるほど、調査が終わってから公表するのではなく、まずは「当社へ××というクレームがあったが現在調査中」と事実を速やかに公表する。この不良がマスコミで報道される場合、そのタイミング(公表が先か、スクープが先か)が命とりになる。これがコンティンジェンシープラン、すなわち「不測のリスクが発生したときの基本的方針をあらかじめ冷静なときに決めておくこと」である。

(Ⅳ) 不良を減らす仕組みが救う

　不良というリスクには減らす(予防)ことの他に、発生してもダメージを減らすこと(発生時対策)がある。

　この発生時対策の1つが上のコンティンジェンシープランである。ややこしいがこれより効果の大きいものが、実は予防である。予防という「不良を減らす仕組み」を持っていることである。不良を減らす仕組みがあっても不良は出る。不良が出たとき企業としてもっとも恐いのは「こんな対策も打ってなかったのか」「ズサンな管理体

制」といったマスコミの批判である。

予防はこれをプロテクトできる。ISO 9000、ISO 14000 などはここに本質がある。ISO を取ったから安全なのではなく、ISO を取っていないで何かあったら大変ということである。

（Ⅴ）不良についての情報収集、提供

以上の4点を、工場などのバックエンドのオペレーション部門よりも（彼らは品質を上げる努力をしている）、顧客、社会に近いフロントエンドのマーケティング部門に徹底することである。

品質不良をもたらしたとき、オペレーション部門はどうしても冷静さを失ってしまうが、せめて顧客、社会と接するマーケティング部門は冷静に企業が受けるダメージを小さくする方向で、これに対処するよう教育する。そして不良はいち早く発見することがもっとも大切だということを理解させる。

そして隠れてしまいがちな軽微な不良を、マーケティング部門が顧客満足度（顧客不満足度）として、自らの職務として積極的に集める。そしてこの情報収集という仕事を業績評価、能力評価に反映させる。

その上で品質を向上させる努力をオペレーション部門において目指すとともに、顧客へこの不良情報を積極的に提供すべきである。「他のお客様は当社製品にこんな不満をお持ちだとおっしゃっていますが、お客様はどう思われますか？」という質問である。これができたとき、マーケティング・イノベーションは終了する。

4. アライアンス・イノベーション

企業の戦略が競争から顧客へ向かっていく中で、ライバル企業とは「戦う」ことよりも「手を組む」ことを考え始める。これがアライアンスである。特に安定期から変革期に向かう企業において顕著に見られる傾向である。銀行などの金融業界、エレクトロニクス業界、自動車業界、薬品業界、大手量販店……など、挙げればきりがない。

ここではこのアライアンスについて、その課題を考え、3つのアライアンスモデルを提示し、最後にアライアンス・イノベーションのポイントを整理してみる。

（1）アライアンスの課題

①独立性を保ったまま意思決定ルールを作る

　アライアンス（alliance）とは、そもそも国家同士が戦争など共通の目的を達成するために結ぶ同盟をその語源としている。企業経営におけるアライアンスの最大の特徴は、A社とB社（無論3社以上のこともある）が独立しているということである。つまり別々の株主がいて、別々のミッションを持ち、それによって生まれた別々の経営者がいるということである。

　アライアンスの第一の課題はここにある。同盟を結んだA社とB社の意思決定基準は何か、最終意思決定者は誰かということである。

　A社とB社の独立性をキープしたまま、新しい意思決定ルールを作らねばならない。

②共通目的と個別目的のコンフリクト

　A社とB社がアライアンスを組むには必ず共通の目的がある。この目的は共通の顧客であったり、新製品を作るためであったりとさまざまである。

　独立した企業に共通の目的があれば当然のことではあるが「共通ではない個別企業としての目的」が存在する。しかもこれが共通の目的とはトレードオフの関係になっていることも多い。

　この共通以外の目的とのコンフリクトを、どのように解消していくかが第二の課題である。

③時間的継続性によるためらい

　アライアンスはある特定の目標を達成したら終わりというものではなく、時間的継続性を持つものをいう。例えば「ある特定の製品を共同開発したら解消する」というのはアライアンスではなく、コラボレーション、協働などと表現される。

　アライアンスとは特定の目的のために継続的な同盟を結ぶものであり、共通部分を組織面で考えると、共同プロジェクトチームや委員会的なものではなく、ある程度固定的な組織を要求するものである。

　アライアンスの第三の課題は、この時間的継続性にある。まずこれによりアライアンス双方にためらいが生まれる。相手先への信頼感、固定組織への投資不安といったものである。

次に時間的継続性といっても、M＆A（Merge & Acquisition：合併・買収）とは異なり、解消が可能なことである。アライアンスの合意は両者の同意でOKである。しかし解消をどうするかはあらかじめ決めておかなくてはならない。これは同意ではなく、基本的にはどちらかが申し出れば解消となるのであろうが、いつでもその申し出が可能なのか、解消によって相手先に損失が生まれたら……といったことを考えなくてはならない。解消のルールがはっきりしていないとアライアンスの合意は難しい。

④共有資源のクロスライセンシング性

A社とB社がアライアンスをするとき、各社が持っている経営資源（ヒト、モノ、カネ、ブランド、ノウハウ、情報……）を一部共有することになる。A社から見るとB社の経営資源の一部が利用できることになる。

一般に他社経営資源を獲得するには事業譲渡、M&A、ライセンシング（その資源の使用料を払う）などの方法がある。アライアンスにおける他社経営資源獲得は、最後のライセンシングの一種であるクロスライセンシングと考えられる。つまり他社資源の使用料を自社資源の使用料で相殺するというものである。

クロスライセンシングが成立する条件は、次の2つのいずれかである。
・両者の持っている経営資源が両方揃わないとある業務を実行できない
・互いに共有する経営資源の価値が等しい

前者は相互補完性のある特許などに見られ、アライアンスというよりもクロスライセンシング契約という形で、資源共有だけが目的のことが多い。

アライアンスにおけるクロスライセンシングの大半は後者であり、ここに第四の課題がある。経営資源の価値を誰がどうやって判断するかである。これが多くの企業がアライアンスに踏み切れない、相手に踏み切ってもらえない理由の1つとなっている。

さらにこの共有経営資源は、時間とともに価値が変化していくことも大きな問題である。A社とB社がアライアンスして1年経ち、A社からB社の共有経営資源を見ると、もはや価値がなくなってしまっているということも多い。

特に共有経営資源がノウハウ、情報などの場合にはそれが顕著である。B社の供与したノウハウをA社はこれを実行することで学習してしまい、A社自身のノウハウになってしまうという現象である。ここにも企業がアライアンスに踏み切れない理由がある。

⑤分け前でもめる

　A社とB社がアライアンスを組む最後の目的は、単独で事業を行うよりも何らかのシナジーが期待できることにある。アライアンスシナジーとしては、先ほどの共有資源以外にも次のようなものが考えられる。

・事業の効率化、高度化
　　重複している機能について効率化されるとともに、互いの弱い機能を補うことができる。
・収益の向上
　　共通の顧客に対する商品ラインナップが強化され、マーケティング情報も効率的に渡すことができ、収益が向上する。
・新規資源開発費の負担
　　A社、B社がともに持っていない資源を開発するとき、その投資負担が軽減される。特に研究開発、ノウハウ、システムのようにその成果物を両者で同時に利用可能でコピー性が高いものは、アライアンスメンバーが増えるにつれ、その分担は「割り算」的に下がっていく。

　このシナジーにもアライアンスの5つ目の課題がある。それは共有で得たシナジーという益を、独立企業各々にどういう比率で分配するかということである。アライアンスが解消していく最大の理由がこれであり、「分け前でもめる」というものである。そしてアライアンスがうまくいけばいくほど、シナジーが高まれば高まるほど、解消されるという悲劇を生んでいる。

(2) アライアンスモデル

　アライアンスは、次の3つのモデルに分けることができる。

①水平型アライアンスでは子会社を作る
ハイリスク・ハイリターン

　水平型とは同業者によるアライアンスである。ここでは共有資源の幅が広く、深く、さまざまな面で効率化され、そのキャッシュフローによって新規資源開発が可能となり、かつ共通の顧客への情報提供力が高まるという点で、シナジーが極めて大きい。

しかし(1)の5つの課題を正面から受ける可能性も大きいタイプである。

例えば同業の部品メーカーであるA社とB社が、アライアンスを組んで共同でeマーケットプレイス(インターネット上での市場)を作り、同業他社にも呼びかけて、そこでアセンブリメーカーへ販売するというアライアンスで考えてみよう。

eマーケットプレイスは売り手と買い手の出会いの場であり、買い手にとっては売り手を簡単に競争させることができ、同じものを安く手にすることができるという大きなメリットがある。

一方A社、B社のような売り手は新たな買い手を見つけるというメリットもあるが、競争させられ、ディスカウントせざるを得なくなるというデメリットも伴うことになる。水平アライアンスにおいて同じような製品を作ったり、共同販売をしたりすると必ずといってよいほど起こる問題である。「どちらが共通の顧客に売るか」ということである。

この解決策は相互補完性の高い商品(商品が競合せず、かといって全く違うというものでもなく、同時購買率が高い)を扱う企業同士でアライアンスするか、一定のルールを作っておいて合意するか(例えばどちらがその顧客に売っても両社に一定のリターンがある)である。

後者の場合は無論のこと、前者の場合でも投資負担とその回収ルールが必要となる。そう考えていくとどうしても一定の会計単位(ルールを決めて、投資や分け前を計算する)が必要であり、そのルールの信頼性から考えて、1つの共同会社にて行うことがベストといえる。

共同の子会社を作る

共同会社としては2つのタイプがある。共同の親会社か子会社である。前者はいわゆる共同持ち株会社の設立である。しかしこれはA社、B社の株主の合併であり、アライアンスというよりも経営の統合(同盟のように共通の目的を持ち、それらが独立しているのではなく、一体化するもの)であり、1つのミッションへと集約していくグループといえる。これはアライアンス・イノベーションではなく、今まで述べたような単一企業による一般的なコーポレート・イノベーションである。

各企業が独立性を保って、水平でアライアンス・イノベーションを行うなら共同の子会社を作るべきといえる。

第4章：ビジネスモデル・イノベーション

子会社のリターン分配モデル

この共同子会社によるアライアンスモデルは、次のように設計される。

まずA社、B社のそれぞれの株主と経営者の間で「アライアンスすること」を合意する。つまりアライアンスに関するすべての権限を株主がA社、B社の経営者に各々委譲する。A社、B社の経営者（またはそのスタッフ）は、カネ以外の共有資源（ヒト、ノウハウ、ブランド……）および共同開発する資源を明確にし、その価値評価（カネに換算）を共同で行う。

次にその共同会社への投資負担のバランスを決める。これは共有する経営資源の価値を考慮して、共同開発資源の投資分担を決めることと同じである。

この合意が得られたら共同会社を設立する。出資するカネは株式となるが、それ以外の共有資源は事業譲渡、会社分割、現物出資、出向などから選択する。リターン分配を考えると、全体の投資負担バランスと共同会社の資本比率（株式の所有割合）は一致させておくことが求められる。

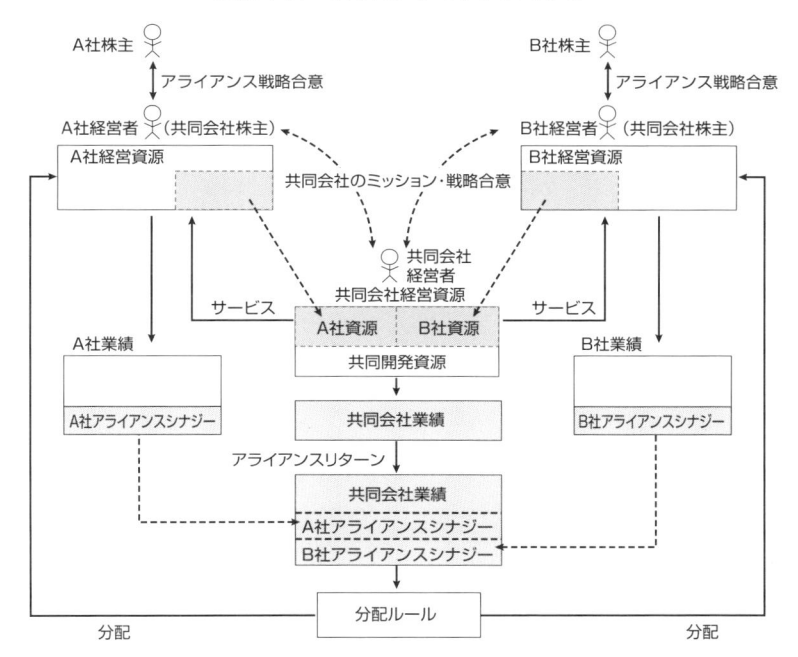

図表4-11　水平型アライアンスモデル

設立後、共有資源の1つである「ヒト」の中から共同会社の経営者をA社、B社の経営者（ともに株主として）が共同で選任する。この選任された経営者が共同会社のミッション、ビジョン、戦略、経営計画について、順次A社、B社に対して株主としての合意を得る。

　ノーマルな会社設立では、ここでA社、B社は株主としてのみ存在し、配当を得るのだが、アライアンスではまだ作業が残っている。

　共同会社は主にA社、B社に対して、何らかのサービスを行うはずである。そしてそのサービス対価および外部顧客から受けた対価により、共同会社としての業績（リターンと表現するほうが適切かもしれない）が生まれる。一方多くの場合A社、B社自身にもアライアンスによるシナジーが生まれる。

　このすべての合計、すなわちアライアンスによるリターンを一定のルールで分配する。そのルールの原則はROIを一定にすること、つまり先ほどの投資負担バランス（＝資本比率）の比で分配することである。

②垂直型アライアンスは中核型から対等型へ

　垂直型とは常時取引をしている企業同士がアライアンスを行うものである。先ほどの例でいえば、A社が販売先のアセンブリメーカーとアライアンスを結ぶということである。

　垂直型アライアンスはメンバーに中核となる企業がいるかいないかで、2つに分かれる。前者を中核型、後者を対等型と呼ぶ。

（Ⅰ）中核型アライアンス
プロフィットセンターとコストセンター

　中核型アライアンスのほとんどは、中核企業が大企業、その他のメンバーは中小企業というタイプである。日本では古くから大手メーカーに見られるものであり、上流の下請工場、下流の特約卸、直系卸をメンバーとするいわゆる「系列」である。

　この中核型では(1)に挙げた課題を、中核企業がプロフィットセンター（すべての投資を負担し、アライアンスリターンをすべて享受する）、残りの中小企業はコストセンター（かかった費用はすべて中核企業に負担してもらえる。中核企業からのコストダウン、売上予算達成などの要求はあるが、基本的に経営は安定する）という形でほと

中核型アライアンス解消がもたらすもの

そしてたった1つ残るのが3つ目の時間的継続性である。アライアンス解消による中核企業のダメージはほとんどないが、その他のメンバー企業はコストセンターからのいきなりの独立を求められる。

彼らはアライアンス内でいつの間にか特定の機能しか分担しなくなっている。そのためアライアンスの解消（解体という表現のほうが合っている）は、企業存続の危機となってしまう。下請工場ではマーケティング機能（顧客を見つけること）、特約卸などではマーチャンダイジング機能（品揃えを考えること）という本質的な機能欠如をもたらす。その機能を自社ですぐに作るというわけにはいかず、そこで生き残るにはアライアンスモデルを水平型にするか、次に説明する対等型、アウトソーシング型に変化させていくしかない。

（Ⅱ）対等型アライアンス
ゼロサムゲームからの脱却

垂直型アライアンスにおける対等型というのは売買取引などを行う同士が、対等な立場でアライアンスを組むものである。

A社の製品をB社に売るという「取引」の世界は、ゲームの理論でいうゼロサムゲーム（A社の利益＝B社の損失で、常に両者の利益の総和はゼロ）の要素を持っている。A社が10円値引きすると（10円の損）、B社は10円得するというものである。

この取引というゼロサムゲームから脱却して、A社とB社が「消費者の受け入れられる製品を共同で作り、互いの幸せを求めよう」として、同盟を組むと対等型アライアンスとなる。メーカーと流通でこれを行うと、SCM（Supply Chain Management）、製販同盟などと呼ばれる。

日本では大手メーカーが作ってきた系列という中核型アライアンスが、次々と大手流通業によって破壊されていく中で、大手メーカーと大手流通業が対等にアライアンスするという形で生まれつつある。

ここには2つの大きな課題がある。

分配のための損益計算

1つ目の課題は「分配」である。

例えば消費財メーカー、卸、小売がアライアンスを組む場合で考えてみよう。まずどこまでがアライアンス範囲かを決定しなくてはならない。いわゆる中間流通部分をアライアンスするとなると、概念的には次のようになる。

図表4-12　対等型アライアンス

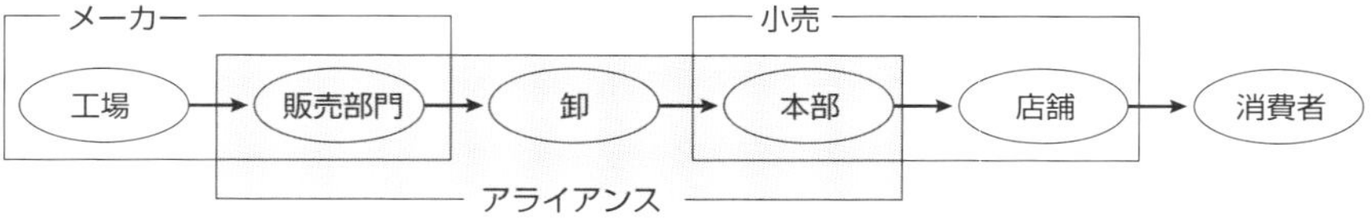

```
┌─ メーカー ─┐              ┌─ 小売 ──────┐
 ┌─────┐ ┌─────┐ ┌───┐ ┌─────┐ ┌─────┐ ┌───────┐
 │ 工場 │→│販売部門│→│ 卸 │→│ 本部 │→│ 店舗 │ │ 消費者 │
 └─────┘ └─────┘ └───┘ └─────┘ └─────┘ └───────┘
          └──────── アライアンス ────────┘
```

図表4-12のアミ部分がアライアンス部分（共有資源）となる。ここでこの部分を共同子会社化できれば、水平型アライアンスのモデルに近づいていく。しかし多くの場合これができない。

小売から見るとメーカーが複数必要（大型店舗では特定メーカーの製品で店舗を埋められない）であり、メーカーごとに子会社を作るわけにはいかない。そこで取引（メーカーから卸へ売る、卸から小売へ売る）を通して、リターン分配をしなくてはならなくなる。

では何をリターンするかであるが、「利益」とすると上のアミ部分を一企業体として損益計算するしかない。

この損益体で利益を上げるには3つの方法がある。1つは売上の増大である。しかしこれは店舗の個別目的であり、図表4-12のようにアライアンス部分ではないと考えるなら、所与のものとなる。つまり売上増大による利益の増大はすべて小売側で受け取り、アライアンスリターンにはならない。

2つ目は売上原価であるが、これも同様に、メーカーの工場原価に依存しており、このコストダウンによる利益アップはすべてメーカーが受け取る。

したがって販売費・一般管理費のコストダウンがその本線となる。これをコストダウンするために取引コストの削減、物流効率化などを考え、そのリターンを各社の投資分担比で分配する。

在庫はもっと難しい

在庫削減をアライアンスのリターンと決めたら流通在庫（メーカーの在庫＋卸の在庫＋小売の在庫）を把握し、その圧縮のためにスピードアップ（リードタイム圧縮）、需要予測などを共同で行っていく。

このリターンも同様に分配しなくてはならないのであるが、在庫圧縮の効果を利益、キャッシュフローといった会計結果で把握し、分配していくことは極めて難しい（どちらかといえば機会損失の削減という収益アップなので）。

流通在庫削減は明らかにメーカー、卸、小売の3者にリターンがあるのだからといって、とりあえずこのリターン分配法をうやむやにして見切ってアライアンスしてしまうことも多い。そして仮に効果が上がっても、そのリターンのバランスの悪さ（例えば小売の店舗だけが在庫圧縮の恩恵を受けるなど）から、アライアンスが解消してしまうことも多い。

1社と組むデメリット

対等型アライアンスにおいて「分配」とともに挙げられるもう1つの課題は、メーカー（売り手）と小売（買い手）の関係である。これは売買関係にある企業がアライアンスしようとすると、必ずぶつかる問題である。

メーカーから見ると特定の小売と手を組むことは、他の小売と敵対関係（とまでいわなくても良好な関係を保つことは難しい）となってしまう。特にナショナルメーカーが自社製品について、1つの小売チェーンだけに売るということは考えづらい（小売のプライベートブランドとして提供することはあっても）。

小売から見ると、あるカテゴリー（例えば加工食品）で1つのメーカーとだけ手を握ると、他のメーカーの製品は置けないことになり、他のメーカーがヒット商品を生んだとき、ライバル店舗に負けてしまう。

対等型ではアライアンスによるメリットと上記のデメリットを比較して、その意思決定をせざるを得ない。そして一度アライアンスをしたら、多少デメリットが生じても（最初からわかっていることなので）、それを続行するという経営の意思が必要である。そうでなければアライアンスを組む意味、そしてアライアンスの最大のポイントである相互の信頼感は生まれない。

やるならやる、やらないなら戦う

　日本で多くのSCMが失敗しているのは、ほとんどが「とりあえずテスト的に」実施しているからである。テスト的のため、中途半端で、アライアンスリターンが得られず、逆にデメリットはすぐに現れて、解消してしまう。

　すべての小売との一切のアライアンスを拒否した大手メーカーの中には、大手小売業のバイングパワーによるディスカウント要求などの圧迫を受け、流通と「戦う」ことを宣言することも多い。ライバルとは戦わないが、顧客のために流通と戦うというものである。ゼロサムゲームなのだから、決して流通への値引きやリベートを行わない。

　そしてその勝利のシーンを、消費者に自社のファンになってもらい、そのファンの行く小売店舗から、「置いてないとそのファンが来店しなくなるので、おたくの製品を置かせてくれ」という状態を作ることと考えている。

　アライアンスは経営の意思決定であり、株主の合意も得ているはずなので、やると決めたら多少のデメリットが生まれてもとことんやり、そのリターンを追求する。アライアンスをしないなら、それも経営の意思決定であり、株主の合意を得て従業員に徹底すべきである。そうしないとメーカーのセールス現場などは、次第に誰が顧客なのか（流通なのか消費者なのか）わからなくなり、直接アタックできる流通ばかりを追いかけ、多くの企業のミッションの対象である消費者のことを忘れてしまう。

③アウトソーシング型アライアンスはパートナーシップ
業績を大きく左右する委託

　企業は経営体として、ライン業務（本業）以外にもさまざまなスタッフ機能が必要となる。IT、人事、経理、総務……といったものである。

　一方このスタッフ機能を本業としている企業もあり、それらの企業に委託したほうが合理的なことも多い。例えば情報システムの開発、資金の調達、教育……といったものである。そして前述のように変革企業では、ライン業務であっても、ミッションからはずれたものは委託することを考え始めている。

　この委託を進めていくうちに、それが企業の業績を大きく左右するものも対象となってくる。このような委託のことを一般にアウトソーシングと呼んでいる。代表的なものは、従来からある資金の調達・運用を特定の銀行に委託するメインバンクであ

り、近年ではITがもっとも注目を集めている。

アウトソーシングはする側、受ける側の双方の業績に影響を与えるという意味で、一種のアライアンスといえる。

アライアンスパートナーを見つけるという気持ち

アウトソーシングを「する側」から見たとき、「仕事を外注するのに、より安くより良い企業を探す」という考えを捨て、「アライアンスパートナー」を見つけるという気持ちを持つことが大切である。このアライアンスによって時間的継続性、クロスライセンシング性を持ち、コストダウンだけでなく、高いシナジーを生んでいくと考える。そしてその関係が深まってくれば、水平型アライアンスモデルで述べたように両者で共同会社を作り、「固い契り」を誓い合うべきである。

またアウトソーシング型アライアンスではこれを一括で行うことが原則となる。IT機能をアウトソーシングするならこれをすべて出し、「する側」には残さないことである。こうしないとアライアンスの投資分担、そしてそれによるリターン分配が複雑になりすぎる。

リターンをはっきりさせる

「受ける側」の最大のポイントはアウトソーシングによるアライアンスリターンを何にするかをはっきりと決め、分配ルールを決めることである。この分配ルールは受ける側が料金としてもらう形をとると、先ほどのゼロサムゲーム的要素を持ってしまう（「受ける側」が価格を下げた分「する側」が利益となる）。アライアンスリターンを両者で分配するという原理・原則を守ることである。

これ以降のアウトソーシングのポイントは第5章で述べることとする。

(3) アライアンス・イノベーションのポイント

最後にアライアンス・イノベーションのポイントを、(1)で挙げた5つの課題ごとにまとめてみよう。

①独立性は覚書と権限委譲で

これは各社の独立性を保ったまま新しい意思決定ルールを作るしかない。この

ルールのポイントは2つある。

1つはどの範囲にそのルールが適用されるかという「対象」である。これは下記②の共通目的に限るものであり、これを覚書などの文書ではっきりと取り交しておくことである。

もう1つは誰が意思決定するかである。これについては(2)で述べた共同子会社がベストであるが、それができないときでも権限委譲をそのベースとすることである。何らかの形で共同組織を作り、そのリーダーに各社の経営者が上の共通目的に関する意思決定権限を委譲することである。

②コンフリクトは第三者に

①で述べたように共通目的は文書で取り交し、その意思決定ルールを決めておく。しかしアライアンスメンバーが独立していれば、必ずといってよいほどコンフリクトは起きる。

この対応の第一はコンフリクトが起こる前にそれを予測し、その解決方法を決めておくことである。コンフリクトは起きてしまうと、どう解決すればメンバーのうちの誰に有利かがわかってしまうが、発生する前なら比較的冷静に、皆が第三者として（得する立場になることも損する立場になることもある）判断し、その合意が得られる。

しかしそれでも予想もしないコンフリクトが起きる。前述のコンティンジェンシープランにあたるものである。これには事前に第三者である仲介者（コンサルタントやメインバンクなど）を決めておき、コンフリクト解決をこの人に委ねることを合意しておくことである。これを覚書に項目として必ず入れておく。

③解消ルールは覚書に

時間的継続性については、それを各社がアライアンスするときに決めておくことである。解消などの最悪の事態を日本的商慣習ではファジーにしたがるが、これも覚書にルールをしっかり書いておく。

例えば5年という時間的制約を設けた場合、「5年後には各社に解消の権利がある」ということを意味する。途中解消については解約として、そのペナルティを決めておく。

④共有資源はカネに換算する

これは先ほどの(2)の中で述べたとおり、すべての資源をカネに換算することである。研究者、技術者、セールスマンなどの人を出す場合でも給与分担だけでなく、その能力を何らかの形で測り、カネで表現する必要がある。ノウハウ、ブランドなども同様である。

共同子会社を作ることができないときは、この換算評価を先ほどの仲介者などに任せることも検討する。

⑤シナジーはROIで分ける

何度もいってきたように事前に、分け前のルールをはっきり決めておくことである。リターンが生まれてからルールを決めれば誰が得をし、誰が損をするかがはっきりしてしまう。分け前はROIをベースとして決め、これも覚書に入れておく。

アライアンス・イノベーションとは「一緒になる」ことでも、「仲良くする」ことでもなく、両者がアライアンス契約に基づいて、それぞれのリターンを追求していくことである。このとき決め手となるのは、ルールとシステムである。アライアンスへの踏み込み(「よしやろう」という決断)も、成否も、そして成功しても解消してしまう要因も、すべてここにある。

5. ITイノベーション

ブラックボックスのままでイノベーションする

IT(Information Technology)とは情報関連技術のことだが、一般的にはコンピュータを中核とした情報システムおよびその周辺技術、ツールを指す。本書では企業にて用いられるコンピュータ、データベース、ネットワーク、情報システム、インターネットなどをすべて総称してITということにする。

あらゆる経営者にとって、ITはブラックボックス性を持ち、イノベーションがやりにくい分野といえる。だからといって経営者自身の手で、ブラックボックス化したITを透明にしていくのは困難である。

ITイノベーションではITをブラックボックスにしたまま、そのITとのインター

フェース(使い方)だけをコントロールし、コントロールできないブラックボックス部分についてはITベンダー(ITの購入先のこと)へアウトソーシングすると考えるべきである。

ITイノベーションはその構成をブラックボックスのままで、予算、モデル、組織の3つについて考えていく。

(1) IT投資はIT予算で考える

費用対効果は使えない

ITへの投資額はつい費用対効果で考えようとするが、これは次の理由で採用できない。

最初にぶつかる壁は、費用はカネで測れるが、効果は測れないということである。これは決して効果が数字で表せないということではない(数字で表せないものはない)。変革企業はすでに情報システムなどのITを導入している。そしてこれに追加、修正という形で次々と新しいITが導入されていく。

費用は「追加コスト」という形で測れるが、効果はどこまでが既存部分で、どこからが追加部分かの判断がつかない。例えば既存の情報システムに新しい機能を追加すれば、当然のことながら既存の情報システムにもシナジーが生まれてしまう。

この既存の情報システムにも生まれる効果を考慮すると、費用対効果は極めて大きくなり、どんどん追加・修正すべきとなってしまう。これが後で述べる「捨てる」という意思決定ができない原因となり、結果的にはコストアップとなってしまう。

そこで用いられるのがIT予算である。しかしIT予算は第3章で述べた教育予算のようにイノベーション時の付加価値の一定額にするというわけにはいかない。

その理由の第一は教育とは異なり、ITはその技術動向が激しく変化し、この一定比率(企業のIT投資の「常識ライン」のようなものがベース)が大きく動く可能性が高い。したがって教育のように長期的に一定額というわけにはいかず、毎年この一定比率の見直しが必要となる。

さらにITコストの大部分がITベンダーなどへの支払いであり(将来いくら要求されるかわからない)、かつ内部コスト(従業員の人件費など)が極めて見積もりづらい(コンピュータを使っているのか、仕事をしているのか分けるのが難しい)といういくつもの問題を抱えている。

IT 予算化のフロー

これらの問題点を考慮して、IT 予算を次にようにして決める。

・支払費用の算出

　前期費用として発生している IT コストを年間ベースで算出する。固定資産に計上している IT はその減価償却費を対象とする。

・目に見えないコストの算出

　IT には IT ベンダーなどへの支払額として発生するものの他に、他の費用を増加させる「目に見えないコスト」が発生する。電気代、通信費、IT 機器を置く場所代など、IT 以外の費用と合算されてしまうものである。これを上のコストに足し上げる。ただしここには IT を使う従業員の人件費は含めない。

・前期の IT 分配率

　こうして計算された前期の年間コストを、前期の付加価値額で割って、前期の IT 分配率を出す。

・今期の IT 分配率

　前期の IT 分配率をベースとして、とりあえず今期の IT 分配率を決定する。IT の技術動向に大きな変化がない限り、原則としてスライド（前期＝今期）である。これに今期の予算上の付加価値をかけてトップダウンの IT 予算を決める。

・ボトムアップ

　情報システム部など IT 担当部門（以降はこの部門を情報システム部という）を中心として、今年の年間コストを見積もり、ボトムアップで IT 予算を作る。

・予算調整

　トップダウンとボトムアップをすり合わせ、経営者が最終的に IT 分配率を決定する。

(2) 3つの IT 利用モデル

　コンピュータを中核とする IT は、「計算する」「覚える」「伝える」という3つの機能を持っている。したがって IT 利用モデル（IT の使い方）も、3つに分けて考える。

①計算型利用モデル

　コンピュータは人間が「やり方」を教えれば、人間よりも速く正確に計算ができる。

この機能を使って、企業内の仕事にそのスピード、正確性を求めるもので、コンピュータ化（人手の仕事をコンピュータにやらせる）と表現される。また出来上がったシステム（ITの世界ではITを使った仕組みのことをこう呼ぶ。仮にその構成要素である利用者のベクトルが合っていなくてもシステムという。本書でもこれに従ってこのように表現する）はコンピュータシステム、基幹系システムなどと呼ばれる。

コンピュータ化のポイントは次の2つである。

普通のIT

これはビジネスモデル・イノベーションで述べた機械化の一種なので、そこで述べたようにコンピュータ化できるものはすべてする。コンピュータ化は合理化であるので、ものさしは「仕事量/コスト」である。機械化できるものはすべてするのであるから、考えるべきは仕事量ではなく、コストのみである。つまりもっとも安いITを導入すべきである。

しかしITの最大の問題点は他の機械と比べ、驚くほど信頼性が低いことにある。止まったり（ダウンという）、データが消えてなくなったりといったことが日常的に起こることである。この信頼性がITの価格を決めているといっても過言ではない（止まりやすいパソコンは安く、価格の高いサーバーは止まりづらい）。

そう考えると信頼性とコストを秤にかけるのだが、素人にそんなことができるはずもない。ITベンダーに聞けばよいと思うが、自動車ディーラーに行って、高い車がよいか安い車がよいかを聞くことと同じになってしまう（ディーラーは高い車にして欲しいに決まっている）。

このとき考えるのは、目的は合理化であり、コンピュータシステムで他社と競うわけではないということである。結論は信頼性を「普通」「人並」にすればよい。この「普通」「人並」を、ITベンダー（後で述べるがアライアンスパートナーとして考える）に教えてもらう。

「捨てる」ことを考える

コンピュータ化で難しいのは、導入よりも「捨てる」ことである。先ほど述べたように企業側でもITは捨てづらいものといえるが、ITベンダーにとっても捨てて欲しくない。

IT業界ではバージョンアップ戦略というものが一般的である。顧客となる企業のコンピュータシステムの改良を切れ目なく続けていき、システム全体を一気に捨て去ることを妨げ、これによって他のITベンダーへの乗り換えを何とかプロテクトするというものである。

　しかし少し考えればわかるとおり、改良を続ければ信頼性は下がり、コストは知らず知らずのうちに増えていく。家でいえばとりあえず1階部分を作り、2階、3階と積み上げていくようなものである。1階部分を作るときには3階まで作る「設計」をしていないので、3階建てにすると1階に大きな負荷がかかるようになり、1階も改築する。1階を改築すると2階、3階にも影響が出るといったことを永遠にくり返していくものである。もちろんどこかの時点で作り直したほうが安くて良い家になる。

　このイノベーションはたった1つである。ITをすべて一気に捨てるタイミングを作ることである。新規導入コストが損益計算に与える影響は1/5（一定金額以上のITは固定資産計上され、耐用年数はほとんど5年なので）程度であり、キャッシュフローの状況で、一度捨てるタイミングを作る。1回これをやれば、次に導入するITは最初から「いつ捨てるか」を決められる。経営者は他の設備投資ではこうやっているはずである。

　ITは決して特別な投資ではないことを経営者が認識する。IT投資は情報システム部の状況判断ではなく、経営者の資源配分という意思決定である。

②覚えておいて見たい人に渡す

　「覚える」機能は現代企業におけるITの主流の使い方である。これはコンピュータがあるデータを覚えておいて、見たい人に見たいタイミングでそれを渡すというものであり、情報システムと呼ばれている。

　これについてのイノベーションポイントは、以下のとおりである。ほとんどのことが経営者の「理解すべきこと」といえる。

データと情報の違い

　データと情報の識別をすることである。データは「発生した状態」、情報は「使える状態」である。発生した状態は1つだが、「使える状態」は使う人によってさまざまである。データは1つでも、それに対応する情報は何通りもある。欲しい情報は時間

とともに変わるかもしれないし、データとして発生した時点ではどう使うかわからないことも多い。

こう考えれば、どうやってコンピュータに入れるべきかは理解できるはずである。情報として入れるのではなくデータとして入れる、すなわち発生したまま入れることである。

「入れる人」はこのデータの一番近くにいた人で、使う人が入れるのでも、データを入れるプロが入れるのでもない（これを発生時処理の原則と呼ぶ）。もちろん情報として入れていないので、使う人はデータを取り出して、使いたい形に加工しなくてはならない。

図表 4-13　データと情報

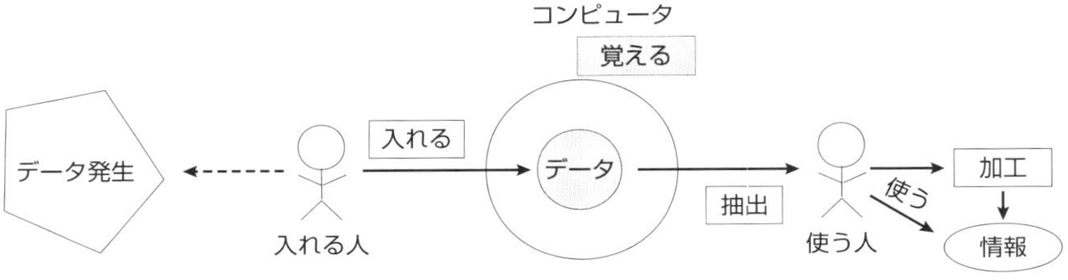

これ以外に方法はないと断言できる。経営者は「うちのデータは使い勝手が悪い」という声には耳を傾ける必要がない。そして「見たいデータが入っていない」とは全く違う状態であることを知る必要がある。

入れる人と使う人が離れている

「入れる人」と「使う人」は基本的には別の人である。だからコンピュータという「覚える」装置が必要となり、これによってデータの共有がなされる。

しかしこれは大きな問題を抱えている。「入れる人」は手元にあるデータをコンピュータに入れても自分の仕事には何の幸せもない。一方、「使う人」は「入れる人」がデータを入れてくれさえすれば、自らが入れる手間なく使うことができてハッピーである。このとき何の手も打たず、「入れる人」が「きっと入れてくれるだろう」と期待してもデータはコンピュータに入らない。

例えば全国に営業所を展開している産業財の販売会社が、顧客への提案書を全国で共有するというシステムを考えたとする。この共有システムを作るのは簡単である。市販のデータベースシステムなどを買ってきて使えば十分である。
　しかし素晴らしい提案書を作ることができるトップセールス（入れる人）から見ると、この提案書共有システムは魅力がない。自分が作ったものよりよい提案書がここには入っていないことを知っているからである（もちろん自分が入れた提案書を見ても何の幸せもない）。もっとも入れて欲しいトップセールスが受けるメリットが、もっとも小さいのである。これではトップセールスの結論は「入れても仕方がない」となる。
　これをイノベーションするのが企業の組織である。トップセールス（入れる人）は企業の一員として、「入れる」義務を持ち、入れ方（他の人が使いやすく入れる）によってチーム貢献度という評価を受け、業績給をアップさせることができる。もっといえばトップセールスまで成長して、業績評価、業績給をさらに上げるには、これしかないとこの人が感じる仕組みを作ることである。
　データ共有は人間の「やる気」「愛社精神」ではなく、組織でカバーすべき課題であり、組織を作る経営者の仕事である。

表でデータを増やす

　データを情報に変えることを情報化という。情報化のもっともポピュラーな方法は表である。表頭（横軸）と表側（たて軸）をクロスさせていくもので、エクセルなどの表計算ソフトで簡単に作ることができる。
　しかし「使う人」は他に仕事を持っており（その仕事のために使う）、皆が各自で表を作るのは不都合なので、スタッフとして表を「作る人」を決める。「作る人」は使う前に「使う人」から欲しい表を聞く。「作る人」と「使う人」は1：1でなく、1：nなので、隣に座って仕事に応じてタイムリーに表を作っていくわけにはいかない。そこでこれから使うことが想定されるすべてのケースで「使える表」にしようとする。月別、顧客別、商品別、担当別……そしてこれらを組み合わせて、果てしない表のメニューを用意する。
　本来「表」という情報表現は、たくさんある数字を加工して、減らしていくためのテクニックなのに、逆に数字をどんどん増やしてしまう。こうして「使う人」は、果てしない表の渦に飲まれてしまう。

表は一次元に

　表の基本は次元（○○別というキー）を落としていくことである。例えば商品を販売している営業部門で粗利率が落ちた原因を知りたいのならば、まずセールス担当別（これは数字が一列に並ぶだけの一次元）に見て、もっとも粗利率の低いセールスマンを探す。次にこのもっとも低いセールスマンの中からもっとも低い月を探す。もっとも低い月の中でもっとも低い顧客を探す。もっとも低い顧客の中で、もっとも低い商品（これを犯人という）を探す。こうして一次元の表だけを使っていく。

　次にこの犯人の属性（セールスマン、月、顧客、商品）を見て、同じような属性を持っていながら犯人とはなっていないもの（粗利率が高い）を探す。この探す機能を検索という。粗利の落ちていないセールスマン、時期、顧客……。そして両者のどこが違うかを考え、粗利率の落ちた原因に関する仮説を立てる。この仮説に基づいて実行し、その変化をデータで見る。

　一次元の表と検索をセットにして使う。これがデータ分析でいわれるデータマイニング（採掘という意味。山から金をあてること）という考え方である。

　経営者としてこのことが理解できれば（経営者がデータ分析をするのではなく）、情報システムはイノベーションできる。

③ネットワークとして使う

　3つ目の使い方が「伝える」という機能である。ご存知のとおりネットワークと呼ばれ、現在急速にその利用が進んでいる。これは社内ネットワーク、B to B（Business to Business：企業と企業の間のネットワーク）、B to C（Business to Consumer：企業と消費者の間のネットワーク）の3つに分けて考える。

（Ⅰ）社内ネットワーク

　社内コミュニケーションへのIT利用である。ここでは組織イノベーションで述べたとおり、非同期（互いが都合のよいときにコミュニケーションする。結果が残る）、同報（複数の人に同時に情報を渡せる）という2つの特徴を生かすことである。

　手書きの文書がいつの間にか企業から消えていったように、ネットワークは企業における中核のコミュニケーションツールとなりつつある。

(Ⅱ) B to B

　ネットワーク利用は社内ネットワークからB to Bに向かっている。B to Bとは特定企業同士のネットワークによる連携を意味し、これが強まっていくとアライアンスという形となる。
　ITの進展はこの企業連携に大きな影響を与える。ITの各要素別にこれを考えてみよう。

インターネットにつなぐ

　連携は企業が多く集まるほど、シナジーが発揮されることが多い。しかしいきなり多数の企業という形は難しく、有志が集まり、徐々にメンバーを増やしていくことが多い。
　A社とB社が連携を組むと、それぞれが持っている企業内の情報システムの一部を互いにネットワーク接続する必要があり、互いにとって最良の形で、かつなるべく安いコストで行おうと考える。A社とB社の情報システムの共通部分を生かして、異なっている部分を調整していくというものである。こうしてA社とB社がつながって、C社がここにつなげようとすると、すべてこれに合わせなくてはならない。必ずしもC社にとって使いやすいものとは限らず、しかもA社、B社よりもコストがかかることになる。そのためメンバーが増えないというのが、過去の連携の典型といえる業界ネットワーク（業界VANなどと呼ばれた）の失敗である。
　しかしインターネットの現代ではA社、B社、C社がすべてインターネットに接続すればよく、メンバー全員がほぼ同等のコストを負担していくことになる。最初に連携するときに将来のメンバーを考慮しなくても「とりあえず」ネットワーキングができる。
　現在の経営者たちには業界ネットワークの失敗を身をもって経験し、それがトラウマのようになっている人が多い。ITは変わり、時代は変わったのである。

コミュニケーションロスをクリア

　メール、掲示板の持つ非同期、同報という特徴は、企業内にもましてB to Bに効果がある。連携を組むとき、オフィス統合などをできることは少なく、1つの案件でも関係者は多く、コミュニケーションコスト、そのロスが増大することが懸念される。非同期、同報はこれを見事にクリアしてくれる。

共有ツールを Web で

連携においてメンバー企業はさまざまなものを共有、メンテナンスする必要がある。このオーバーヘッドコストの負担や分担で、連携できないことも多い。共有のパンフレット、マニュアル、セールスマン、店舗……といったものである。これらの多く、特にマーケティングツールはホームページなどのインターネット技術（Web 技術という）で解消される。インターネット上の共同の店舗や市場などには成功例も多い。

出来合いのソフトウェアを使う

連携によって複数の企業が 1 つの仕事を進めていこうとすると、そのルールが異なり、調整にオーバーヘッドがかかり、それが原因で連携ができないことも多い。これを解決するのが ERP（Enterprise Resource Planning）である。

ERP は同一の業種、業態、業界には同じパッケージシステム（出来合いのもの）を使い、かつ全社のデータを一カ所で一括管理するというものである。また一貫性があるので業種、業態、業界が異なる企業同士のデータのやりとりもスムーズに行える。これによって連携メンバーが同一（または同一の考え方）のシステムを使うことで、IT コストがダウンするだけでなく、仕事のルールが統一され、かつデータの共有も可能となる。

ASP ＆データセンター

連携時に、そのための共有のシステムが必要になることも多く、これをどういう形で分担し、開発するかを決められないことが多い。

ASP（Application Service Provider）とは、必要なシステムをインターネット経由でレンタルし、使用期間に応じて課金されるサービスである。この ASP によって初期の開発コストがなくなり、かつこの利用コストによってそれぞれの分担額もはっきりする。

また連携においては共有するデータを、どこでどうやって持つかをもめることが多い。これもデータの運営、管理を専門に行うデータセンターというビジネスが誕生しており、これを活用することで解決できる。

IT の要素、サポートビジネスは、企業が連携して B to B ネットワークを組むことの障害を取り払う方向に進んでいる。

第4章：ビジネスモデル・イノベーション

（Ⅲ）B to C

B to Cではすべて企業の責任

B to Cとは企業と消費者がつながるネットワークであり、B to Bとは異なる側面を持つ。B to Bはすでにある企業の情報システム同士をつなぐという企業間ネットワークを構築するものであるが、B to Cでは特定企業のシステムを「使う人」に、企業がコントロールできない消費者が加わることになる。

ここでもっとも大きな問題となるのはセキュリティである。セキュリティとは悪意（これだけをセキュリティということも多い）や過失から安全を守ることであり、現代のITの大きなテーマである。

本来AとBをつなぐネットワークでは、AとBの共同責任でセキュリティを考えるべきである。しかしB to Cでは消費者の過失によるトラブルや、悪意の第三者によって消費者が受けた被害であっても、基本的には企業が責任を取らざるを得ないことが多い。そのため企業側だけでこのセキュリティ対策を考えざるを得ない。

ここでB to Cを含め、企業としてセキュリティをどう考え、どのようにイノベーションしていくべきかを考えてみよう。

セキュリティの2つの策

企業がとるネットワーク上のセキュリティは、次の2つしかないといってよい。

・インターネット上に壁（ファイアウォールという）のようなものを作り、入り口を1つだけにし、カギ（ID番号とパスワードの組み合わせや指紋など）をかける。
・外から参照可能なデータは暗号化しておく。下図のカギを持った人だけがこの暗号を読める。

図表4-14　カギとファイアウォール

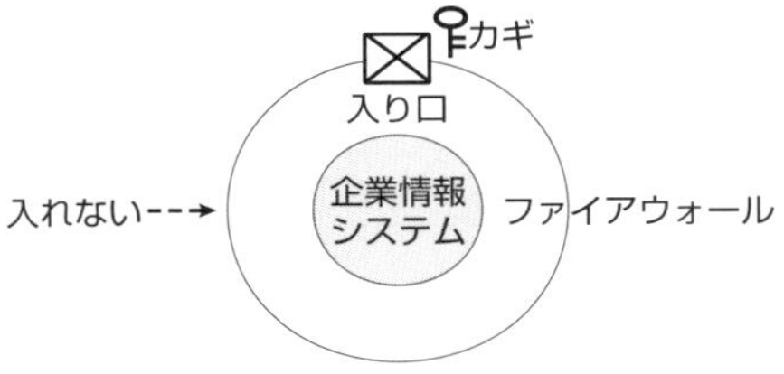

セキュリティを考えるステップ

セキュリティに関して、企業は次のように考えていく。

・セキュリティにいくら投資するか

　これは付加価値の一定比率ではなく、まさに「普通」「世の中の常識」である。この「普通」は企業が生み出す付加価値ではなく、「守るもの」(こわれたり、侵入されたときに失うもの)の金額に依存しており、これに対する一定比率を考える。10億円のデータ(なくなったら10億円の損)は、1億円のデータの10倍のセキュリティコストをかけると考える。

　経営としてはセキュリティに「普通の一定比率」を採用するのだが、これをIT予算のときと同様にアライアンスするITベンダーに教えてもらう。「普通のセキュリティシステム」が公的に認定されつつあるが、ここにコスト面が付加されたらそれに則る。

・セキュリティシステムがこわれたら

　上のカギがこわれるとデータを見ることができなくなってしまう。こわれないカギを作ることはできないので、こわれたときのために合いカギを作らなくてはならない。しかしこの合いカギで開けられてしまうリスクを抱えてしまうことになる。

・保険に入る

　こうして考えれば万全なセキュリティはないことがわかると思う。不良において絶対品質がないのと同じである。したがって不良のときと同様にセキュリティ事故が起こったときのことを考える必要がある。ここでもポイントはコンティンジェンシープランと予防である。

　セキュリティ・コンティンジェンシープランでは「保険」がその中心である。そしてこの保険機能をアライアンスするITベンダーに求める。セキュリティ事故(過失などによりこわれた場合も含めて)が起きたとき、ITベンダーもダメージを受ける(ITベンダーが「保険金を支払う」と考える)ものとし、そのリスク負担料(保険料)も契約金額に加味しておく。一方ITベンダーは複数の顧客と契約することでリスク軽減を図るという、まさに保険である。従来からある保守契約(保守料を払っていればこわれたときに直してもらえる)をセキュリティ事故などに拡張することである。

セキュリティポリシーで従業員を守る

　セキュリティに関して経営者が知っておくべきことは、実は上のテクニック論よりももっと大切なことがある。それは従業員に対するセキュリティポリシーと呼ばれるものである。

　セキュリティ犯罪の多くは従業員による社内犯罪である。これは日本に「悪い人」が増えたのではなく、「セキュリティ犯罪がやりやすい環境」が整ってきたからである。経営者は従業員に対し「セキュリティを守れ」というのではなく(あたり前のことをいっても意味がない)、セキュリティ犯罪をできるだけ「やりにくい」環境(「できない」環境ではない。これは作ることができない)を作る責任がある。社内に重要で価値のあるデータが散乱しているのは、現場のマナーの問題ではなく、仕組みの問題であり、仕組みを作らない経営者の怠慢である。

　セキュリティポリシーの基本は、犯罪から「従業員を守る」ための仕組みづくりである。

(3) IT組織を変える

　組織をIT側から見ると、情報システム部とそれ以外に分かれる。前者が「作る人」、後者が「使う人」であり、「作る人」の後方にITベンダーがいるという構造である。
　この2つの組織は、次のような問題を内在している。

①情報システム部は何をやる組織か？

　情報システム部はもともとはプログラム(コンピュータに仕事のやり方を教えるもの)を作るためにできたセクションである。しかしコンピュータ化の範囲が広がるにつれ、このプログラムを作るスピードが追いつかず、また作った後にプログラムを動かすと問題が多く、そのフォローなどによってパニック状態となってしまう。

　そこでコンピュータを販売したメーカーがこれをサポートすべく、技術者の派遣契約や請負契約でプログラムを作り始める。次第に使う人のサポートまでやるようになり、ITベンダーと呼ばれる総合サービス業になっていく。そしていつの日か情報システム部はこのITベンダーと渾然一体化してしまう。

　大企業の情報システム部には、派遣社員、ITベンダーの技術者、運用員、保守員、ヘルプデスクなどが入り乱れている。周囲から見ると何をやっている組織かわから

なくなり、そしてITに関して何でもやる組織となり、すべての仕事が中途半端となってしまう。

②使う側の問題はリテラシーと不統一
リテラシーの低い人が複雑なデータ分析をする
　コンピュータシステムの時代には使う側にはほとんど問題は起きず（こわれやすいことを除けば）、情報システムの時代に入って大問題が発生する。それは企業の階層性と情報システムの使い方によるものである。

　企業の上位層にいくほど毎日違う仕事を行うため、大まかな（マクロな）時系列データ（過去と現在を比較する）を、さまざまな形に加工して（非定型）使う。この非定型さを実現するには、今日はどんな形にデータを加工したいかをコンピュータに伝えなくてはならず、操作の難しいものとなる。逆に操作をやさしくする（ボタン1つでできるようにする）と、ボタン1つで一通りの加工しかできず、非定型さが落ちる。

　一方企業の上位層にいくほど、年齢階層が上がっていくのが普通である。これをどんなにイノベーションしても企業階層と年齢の相関は残る。一般に年齢が上がっていくほど、コンピュータ・リテラシー（コンピュータを操作する能力、略してリテラシー）が下がっていくことも事実である。

　つまりリテラシーの低い上位層ほど難しい情報システムを操作して、非定型で複雑なデータ分析をしなくてはならない。「リテラシーの低い人を対象に操作教育をする」というが、自分がその年齢に達すればわかるが、教育してもなかなかリテラシーは上がらない。だからといってリテラシーで企業の階層構造を決めるわけにはいかない。

下位層が非定型処理
　企業の下位層にいくほどミクロなデータを、いつも同じやり方で、タイムリーに現時点のデータを処理していく。いつも同じやり方なのでボタン1つで結果は出る。ここでのテーマはそのスピードである。

　ところがこの層は年齢が若く、リテラシーの高い人が多く、非定型な分析ツールで自分流に工夫して使いたくなる。エクセルなどの表計算ソフトは典型的な非定型ツールだが、これを使うことで、私のエクセル、君のエクセル……ができて、エクセル同士の不整合が生じ、混乱を招き、データの共有化が難しくなっていく。

第4章：ビジネスモデル・イノベーション

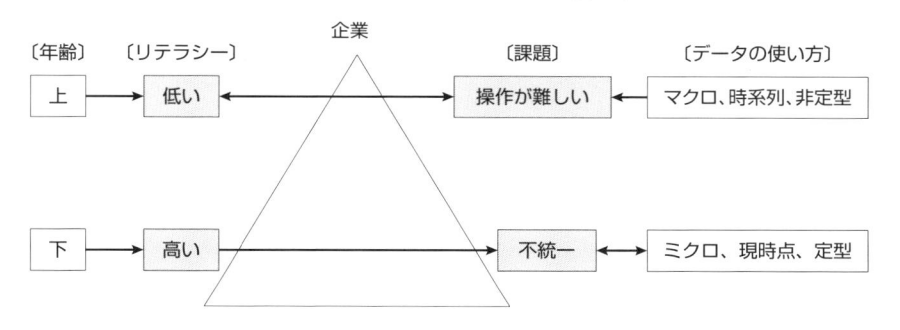

図表 4-15　企業階層とデータの使い方

〔年齢〕　〔リテラシー〕　企業　〔課題〕　〔データの使い方〕
上 → 低い ←→ 操作が難しい ← マクロ、時系列、非定型

下 → 高い ←→ 不統一 ← ミクロ、現時点、定型

③情報システム委員会でイノベーションする

②の上位層における「リテラシーの逆転」、下位層における「不統一」を同時にイノベーションするために情報システム委員会という組織を作る。情報システム委員会の委員には通常のチーム（部、課など）のメンバーから、そのチームの仕事がある程度わかりITに興味があってリテラシーの高い人を、現在のポジションはそのままにして指名する。どうしてもチーム内にいないときは、情報システム部のメンバーの中でそのチームの情報システムを担当している人を人事異動させてそのチームに入れる。

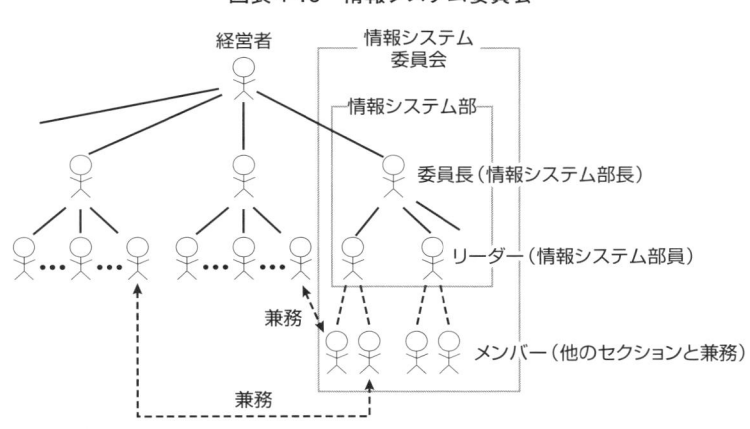

図表 4-16　情報システム委員会

経営者

情報システム委員会
情報システム部
委員長（情報システム部長）
リーダー（情報システム部員）
メンバー（他のセクションと兼務）
兼務
兼務

情報システム委員はそのチームで通常の仕事をやりながら、情報化の問題点、ニーズをまとめる。さらに委員はチーム内の他のメンバー、特に上位層のリテラシーを補う(ITを使っていて困ったときにサポートするのでヘルプデスクと呼ばれる)。

情報システム委員会は階層化し、リーダーは情報システム部員が兼務し、経営者など組織の上位層をサポートし、かつ下位層に対して「表はこう作る」「ファイル名はこうつける」とコントロールをする。委員長は情報システム部長が兼務する。

④情報システム部を変える

その上で情報システム部、情報システム委員会の役割を次のようにする。

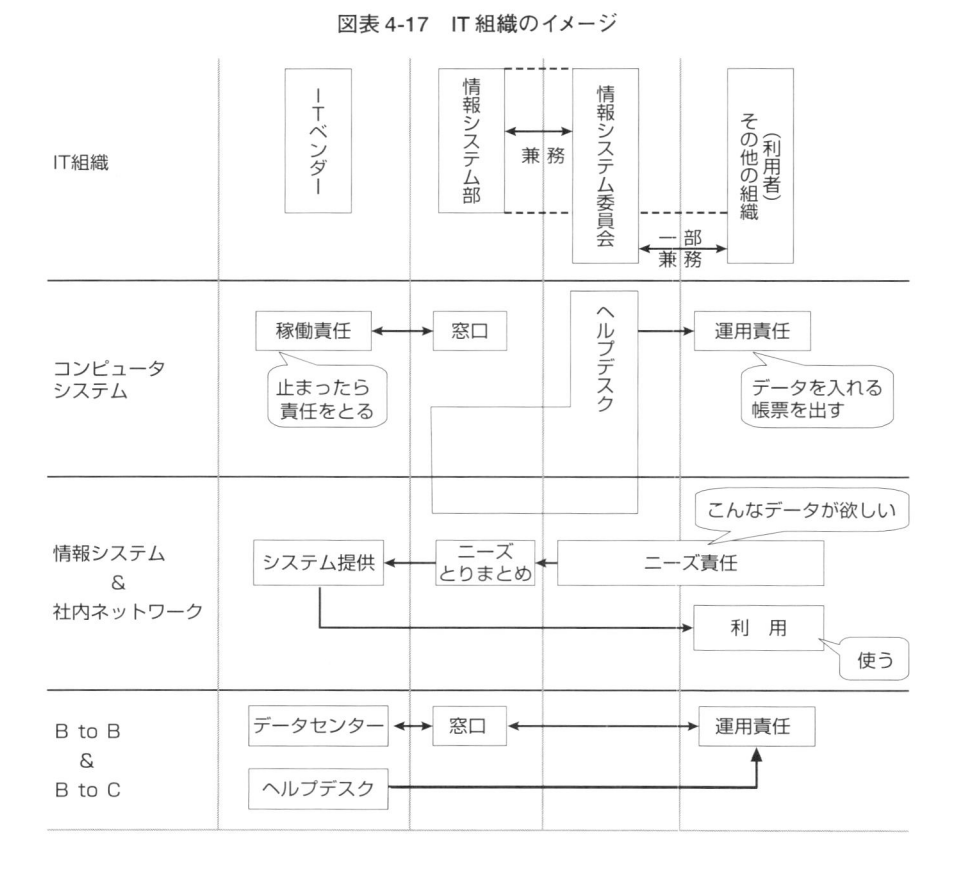

図表4-17　IT組織のイメージ

IT組織	ITベンダー	情報システム部 ←兼務→ 情報システム委員会	その他の組織(利用者)
コンピュータシステム	稼働責任（止まったら責任をとる）←→窓口	ヘルプデスク	運用責任（データを入れる帳票を出す）
情報システム&社内ネットワーク	システム提供	ニーズとりまとめ	ニーズ責任（こんなデータが欲しい）／利用（使う）
B to B & B to C	データセンター／ヘルプデスク ←→窓口		運用責任

6. 経理イノベーション

(1) 経理は2つの仕事から成る

　経理は企業内でITとともに、周囲からの理解度が低い仕事である。経理部の中に経理課、会計課、資金課などがあったり、資金部の中に経理課、会計課があったりと、名前もバラバラで、外から見るとわかりづらい組織といえる。
　まず経理という仕事について整理しよう。
　経理とは「企業内のカネに関するすべての仕事」と定義される。この定義の下、経理は次の2つの仕事に分けられる。

①ファイナンス(finance)

　financeは一般に金融または財務と訳される。
　金融とは「お金の融通」、つまり資金の需要と供給の関係を調整することをいう。しかし多くの場合「金融」は仕事というよりも、それを「業」としているものの集まりを指すことが多い。つまり金融業である。
　財務とは企業内で必要とされるカネの量を考えて、そのカネを集めてくる「仕事」を指す。したがって企業内の経理という仕事においては「ファイナンス＝財務」であり、経理の仕事の1つを構成する。

②アカウンティング(accounting)

　これは会計や経理と訳されることが多い。しかしファイナンス(財務)も経理の一部であり、ややこしいので、これを会計と訳す。
　会計(アカウンティング)とは「カネの出入りを管理して、ある時期に特定の人へ、その結果・明細を報告する仕事」である。飲食店などでいう「お会計！」である。

(2) 経理イノベーション組織は3つのチーム

　ファジーな世界であるが、経理イノベーションでは上の2つの機能をはっきりと区分して、組織的に分けることである。その上でこの経理組織内に次に述べるシミュレーション機能を持つチームを加える。
　経理組織は次の3つのセンターから成るようにイノベーションする。組織名称も思

い切って会計、財務といったファジーな日本語を使わず、比較的定義のしっかりしたファイナンス、アカウンティングという言葉を使う。

①ファイナンシャルセンターは資金確保

　ファイナンシャルセンターはファイナンス（財務）を担当するチームである。この部分も情報システム部同様に銀行、監査法人などの外部組織が機能的に入り組んでいてわかりづらくなっている。

　ファイナンスを「資金の調達と運用」とは考えず、資金需要と資金確保の2つに分けて考える。資金需要（カネを使ってこんな投資をしたい）はファイナンシャルセンターにはなく、経営者を頂点とする一般組織にある。したがってこれは経営者（または社長室、経営企画室といった経営スタッフ）がとりまとめる仕事である。

　ファイナンシャルセンターに残された仕事は資金確保である。資金確保は資金額を決めるものではなく、求められた資金額をどうやって集めるかという仕事である。すなわち手持資金、営業キャッシュフロー、借入れ、エクイティ（増資）、社債などのファイナンス手段の中から、もっとも適切なものを選ぶ行為である。さらに借入れであればどういう形でどこから……と進めていく。

　これ以外の機能をここには持たない。

②アカウンティングセンターは中立性と信頼性

　アカウンティングセンターはアカウンティング（会計）を行うセクションである。これは制度会計（やらなくてはならない会計）と管理会計（企業が自己の意思で行う会計）の2つに分けられる。

（Ⅰ）制度会計

　会社法、証券取引法、税法に基づく財務会計および税務会計のことである。これはやらなくてはならないことであり、そのやり方が決まっている。

　ここでのポイントは、ITを使っていかに速く、いかに安くできるかであり、これ以外のことを考える必要はない。

（Ⅱ）管理会計
会計の中立性

　管理会計とはマネジメント・アカウンティングの訳であり、マネジメントへの会計報告である。ここでいうマネジメントは広く企業経営全体を指すと考えればよい。

　管理会計はさらに2つに分かれる。全社をコントロールするための会計と、特定部分の会計である。前者が予算であり、アカウンティングセンターは予算のとりまとめセクションとして経営をサポートする。各部門から上がってくる経費の積み上げ、限界利益率の設定、売上予算配賦率の決定、予算調整コーディネート……といったことである。

　この予算とりまとめを社長室、経営企画室といった経営スタッフが行う企業もあるが、経営サイド（目標利益など）も予算調整のメンバーであり、調整役（行司にあたる）は利害関係のない第三者が行うべきである。したがってこの部門は経営者や経営スタッフからの中立性が求められる。

会計の信頼性

　後者の特定部分の会計としては、次のようなものがある。
- 損益部門別会計
- アライアンスの業績会計
- 給与、教育、ITなどのための付加価値会計
- 能力評価、業績評価の給与会計への反映

　　　　　　　　　⋮

　つまりカネの出入りの計算に関しては、すべて一括してアカウンティングセンターで担う。このチームが中立かつ透明であれば、会計報告側（経営者、リーダー、従業員）に会計の信頼性を与え、余計なコンフリクトを生まない。

③シミュレーションセンターはノウハウ集約

　ファイナンス、アカウンティング以外で、カネを中心とした数字に関する公平性、透明性が求められるさまざまな支援を行うスタッフを、シミュレーションセンターとして集約する。

シミュレーションセンターが大きくなれば、次のように機能別にチーム分けする。

(Ⅰ) 予測センター

生産計画、販売計画、在庫計画、さらには将来の売上、利益の予測、採用人数の変更による利益変化、リードスパンの変更による組織変化、アウトソーシングによるコストの変化など、企業のさまざまな計画において必要とされる予測に関するノウハウをここに集める。

(Ⅱ) 数量化センター

今まで述べてきたようにコーポレート・イノベーションにはさまざまな局面で、定性情報を数字に変えるという仕事がある。これらを専門家に外注している企業が多いが、あまり意味がない。数量化自体は数学の極めて単純な理論であり、むしろ数量化対象の知識がその決め手である。「おいしさ」の数量化なら自社の商品開発部門が行うのがベストである。しかしこの数字は開発部門だけでなく、生産部門、マーケティング部門など、さまざまなセクションで共有される。

数量化センターはこの数字および数量化のノウハウを共有し、その利用をサポートするセンターとなる。

(Ⅲ) 分析センター

マイニング、仮説検定、相関分析、実験計画法など高度なデータ分析をサポートするセンターである。予測センター、数量化センターが共有化であるのに対し、これは高度化の意味を持つ。つまり企業経営の「力」として分析力を高めるとともに、若き理系出身者の採用によってこれを育てる。

経理における変革は、イノベーションというよりもリストラクチャリング（再構築）の分野であり、仕事、機能をはっきりさせ、ラインに渡すものは渡し、ラインに分散しているものは吸い上げるという仕事といえる。

そしてその結果として、次図のような組織へ変身することである。

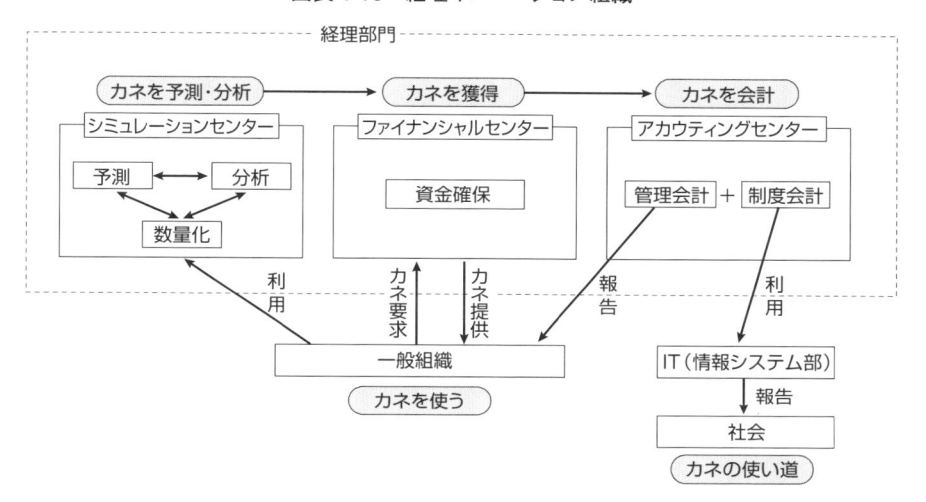

図表4-18　経理イノベーション組織

7. 上場イノベーション

（1）上場の意味を考える

　上場はベンチャー向け証券市場の登場により、その企業サイズ（大企業、中小企業）に関わりなく可能となっている。

返さなくてよいカネを得る

　株式上場は企業を大きく変える。これから上場する企業も、すでに上場した企業もその原点に返って、「上場の意味」を考えてみるべきである。

　上場とは自社の株式を証券市場という「マーケット」で、誰でも自由に売買できるようにすることである。この株式の売り手側には株主だけでなく、企業自身もいて、上場時に大量の新株発行という増資によって大量の資金を得ることができる。

　このエクイティファイナンス（増資による資金確保）は基本的には「返さなくてよいカネで、もうかったときに配当すればよい」という経営者にとって他の資金とは比較できないほど魅力的なものである。しかも上場後も経営者の意思決定によって増資することができ、タイムリーに資金を得ることもできる。

さらにカネだけでなく、上場によって企業の知名度が上がり、社会的信用が高まり、マーケティング、採用、社内ムードなどすべてのものに好影響を与える。

経営権と所有権も分割して売買される

　上場は、企業とりわけ経営者にとって1つだけ大きなリスクを抱える。

　証券市場での売買によって誕生した多くの株主にも、当然のことながら「経営者を選ぶ権利」（経営権）、そしてもっと強烈に所有権（会社の売却、合併、解散などの絶対的権利）が株式という形に分割されて持たれることである。経営権は全株式の過半数、所有権は2/3超を掌握することで得られる。

　上場以前の企業において、株主は「顔の見える」存在である。その多くは経営者自身であったり、創業者、創業メンバーであるので、経営者を総取り替えしたり、いらなくなったら企業を売ったり、事業をやめたりなど考えもしない株主である。

　しかし上場後の株主には、必ずしもそのミッションに合意した人だけではなく、「株価が上がったら売ってもうけよう」という、いわゆる投資家が増えることになる。経営権の変更（いわゆる買収）、所有権の行使を実行するとき、株を買い占めなくてはならず、「株価が上がりそうだから買う」という以外の大量の株式購入需要を生み、当然のことながら株価は高騰していく。そして投資家はこのタイミングで手持ち株式を売れば、大きな利益が得られる。つまり投資家から見れば買収を意図する人が現れてくることはビッグチャンスといえる。

買収を許さない

　今から上場する企業、上場してしまった企業の経営者は、1つの意思決定をしなくてはならない。買収を許すか、許さないかである。

　許すのであれば、証券市場から堂々と資金を獲得し、株主のために利益を上げ、配当を出すだけでなく、株価を上げる努力をすべきである。

　このときコーポレート・ガバナンスはすべて株主となる。というよりも証券市場という投資家集団が、企業を統治するといえる。いくつかの企業がこのガバナンスパラダイムに合意し、委員会設置会社（いってみればこういうタイプの会社のための制度）へと移行している。

　しかし多くの企業、経営者、そして未来の経営者ともいえる従業員は「許さない」

という気持ちを持っている(経営に行き詰まってしまった企業は別として)。これは近年のフジテレビ、TBS、阪神電鉄の買収劇などの例を見ても明らかである。このタイプの経営者はここから目をそらさないことである。買収されるリスクがあるのに、それが起きないことを願うのはあまりにも楽観的である。

買収というリスクに対しては予防が中心といえる。つまり何らかのプロテクトで、「顔の見えない」株主に、過半数の株式が買い占められないようにするか、せめて1/3を押えて所有権を行使できないようにするかを考えなくてはならない。上場企業においてこのプロテクトには、従来のような「顔の見える株主」が必要である(もちろんこの株主の経営権、所有権の行使を止めることはできないが)。

本書で述べてきた変革企業は買収を許さないタイプであり、以降もこれを前提に述べていく。

(2) 株価はどうやって決まるのか

両者とも興味は株価

そう考えていくと上場企業に、2つのタイプの株主が存在することになる。1つは顔の見える大株主(発行株式の5%を越えるとディスクローズされる)であり、場合によっては大株主同士の合意によって経営権、所有権を行使するタイプである。もう1つは顔の見えない一般投資家である。

両者に共通している興味は、配当よりも株価である。前者の大株主は多くの場合企業であり、売るつもりがなくても、株価のダウンは評価損という形で自社の業績にダメージを受ける。場合によってはダメージを回復するために、経営権を求める買収者に高値で売るというインセンティブも働く。後者の一般投資家の求めているものは株価がほとんどすべてといってもよい。

そう考えていくと当然のことながら上場企業の経営者にとって、利益という企業としての損益とともに、証券市場における株価というものが1つの経営指標とならざるを得ない。

利益と株価の関係

株価は本来はその「せり」の要素からいって、「皆が上がる」と思えば「上がり」、「皆が下がる」と思えば「下がる」ものである。それは業績が変わらないのに、株価が乱

高下するのを考えればわかる。

　しかし人間の気持ちをコントロールしたり読み取るということを、経営者として考えても仕方がない。一方投資家としても、ただ株が「くじのように一発あてる」タイプのギャンブルではおもしろ味がない。この株価ギャンブルにもある程度コンセンサスがないとおもしろくない。

　このコンセンサスは近年変化しており、それが経営者を悩ませている。従来は「利益」重視であり、もうかっている企業の株価が上がるというものであった。そして何度も述べてきたように利益は株主だけでなく、すべてのステークホルダーが幸せになれる目標である。

　しかし次の2つの理由で、株価と利益の関係はしっくりこなくなってしまった。

　1つはバブル崩壊後の日本企業が、コストを落として利益を出してきたことである。「コストを落とす」という行為は「資金需要」をダウンさせる行為である。一方そもそも証券市場は、資金需要の高い企業がその資金を獲得するための場ともいえる。「カネを欲しがらない企業の株価は仮に利益が出ていても上がらない」という論理である。

　2つ目は利益というのは計算値であり、計算のルールによって大きく変わることである。近年、減損会計（回収不能な固定資産の価値を落として損失を出す）、税効果会計（申告所得と企業利益のギャップを処理する）など証券市場が複雑なルールを要求し、その利益の持つ意味がわかりづらくなってしまった。そのため「利益が上がる」ことと「株価が上がる」ことが必ずしも現象として結びつかなくなってしまった。

キャッシュフローが株価のコンセンサス

　近年の証券市場における株価のコンセンサスは、キャッシュフローによる企業価値の算定である。キャッシュフローとは現金の出入りに着目して、一定期間にどれ位現金を増やしたかというものである。

　上記の利益の1つ目の問題点は、次のような考えによって解消できる。キャッシュフローは証券市場から集めたカネを一定期間でどれ位増やしたかと考えることもでき、「カネを増やしている所にカネを集める」という資金需要・供給の原理・原則と一致する。

　2つ目の問題点は、この現金の増減額という数字は客観的事実（どこから見ても同

じ額）であり、ルールにはほとんど依存しない。

証券市場ではこのキャッシュフローによって計算される企業価値を、株価のベースにしようというものである。株式はこの企業価値を分割して（100万株を発行しているのなら、企業価値を100万分の1に分割して）、市場で売買しているというコンセンサスである。

このわかりやすさが、アメリカそして日本の証券市場を活性化させたといえる。

(3) IR イノベーション

企業価値算出のコンセンサス

キャッシュフローから企業価値を計算する方法についても、証券市場では大まかなコンセンサスが得られている。それは次のようなものである。ここまで、およびこれから先に書いてあることが今1つ理解できない人は、拙著『経理のナレッジ』（同友館）を参照して欲しい。

・対象期間を決める

その企業価値を何年間で考えるのかを決める。これには5年がよく用いられる。そのため経営者が株主から権限委譲を受ける長期計画も5年のものが多い。

・営業キャッシュフロー

営業（その企業の本業のビジネスのこと）活動で増やすことができそうな毎年の現金の量を推定する。これを営業キャッシュフローという。基本的には「税引後利益＋現金支出を行わない費用（減価償却費など）」で計算される。

・期間後処分

5年後にその企業を売却すると考える。企業が5年後にどれ位の売却価値（全財産を売り、借金を返して得られるカネ。純資産と表現される）があるかを考え、その売却による現金収入分を、上記の営業キャッシュフローに足す。これをネットキャッシュフローという。もちろん売ることを前提にするのではなく、「売ったとしたら」を考える。

・ディスカウントする

この毎年のネットキャッシュフローを、一定の率で割引く。これは1年後、2年後……の現金を今日の価値に換算するという意味を持っている。このキャッシュフローをDCF（Discount Cash Flow）という。

この5年間のDCFの合計値を企業価値と考える。つまりその企業の株式を100％購入し、5年間保有してから売却したときに得られる現金の量である。

株価のメカニズム

　一方、現在の証券市場で取引されている株価に発行済株式総数をかければ、今の証券市場で企業全体を買う（100％の株式を取得する）価格がわかる。これを株式時価総額（略して時価総額という）という。

　この企業価値と時価総額を比較して、前者が大きいなら「買い」、後者が大きいなら「売り」に出ると考えるものである。

　経営者は人間の心理を予測するのではなく、例えば上記のように株価が決定していくと考え（もちろん別の仮説も考えられる）、それに対して手を打っていく。このDCFがベースだと考えるなら、営業キャッシュフローを高め、5年後の売却価値を高め……ということである。さらに投資家、証券市場がこの企業価値を計算しやすいように、予測しやすいようにさまざまな情報を公開していくことである。

IRは身を守る

　上場企業にとってIR（Investors Relations：投資家との良好な関係を持つ）は大きなテーマである。これは単に過去の業績をいち早く計算して、公開することではない。明日の企業価値を経営者がどう考えているかを公開し、株主、証券市場のコンセンサスを得て、一般投資家にその企業価値を高めるために自分たちはどういう行動をとろうとしているのかを意思表示することである。

　このとき、経営スタッフとしては経理部門がその中心となるが、アカウンティングセンター、ファイナンシャルセンターよりもシミュレーションセンターの予測、分析がその力を発揮することになる。

　企業価値の予測が難しい企業の株式（営業キャッシュフローや売却価値が予測しづらい）には、一般投資家は手を出さず、不当に低い株価となる。そして大株主の不満を生み、絶好の買収ターゲットとなる。

　上場企業にとって株価は資金の得やすさ（株価が高いほど資金は獲得しやすい）よりも、高株価は「企業を守る」ものと考えるべきである。この高株価をサポートするのがIRである。

8. PRイノベーション

(1) PRがマーケティングへ

　PR（Public Relations：広報と訳されることが多い）とは企業をとりまく投資家、株主、従業員、顧客、消費者、地域社会などのステークホルダーと良好な関係を保つために、企業は情報や資金を積極的に提供していくべきという考え方をいう。したがってIRもこの一部である。

　PRの考え方は日本では比較的古く、何回かブームが訪れた。その典型がCI（Corporate Identity）であり、「会社の考え方や社会での位置づけをはっきりさせよう」というものである。しかしCIは結局企業を社会に売り込むための企業イメージやブランドイメージの統一、そのためのロゴやコーポレートカラーの設定といったいわゆるマーケティングの世界になってしまった。

　その後もメセナ（文化、芸術活動への企業支援）、コーポレート・シチズンシップ（企業も市民として社会に貢献する必要がある）がブームとなり、美術館などの文化的施設を企業が作ったり、利益の1％を社会還元したり、という形で進められた。しかしこれもいつの間にかマーケティング（売るための努力）との関係がどうしても色濃くなってしまう。

　近年でいえば、企業が環境対策のためにかけた費用、かかる費用とそれによる効果を金額で表すという環境会計であり、第2章で述べたCSRである。

　そして多くの企業が今悩んでいるのは、PRを「なぜやるか」「何のためにやるか」という根元的テーマである。

(2) PRをなぜやるのか

　この答えをもたずしてPRを進めれば、調子の良いときはやる、調子の悪いときはやらないとなって、いつか後者の時代を迎えて消滅していく。

　PRイノベーションのポイントは、この「なぜやるのか」を経営者が整理することである。PRは経営者の意思であり、企業の意思といえる。その意思決定のフローは次のように考えられる。

CSR、ミッションとの違い

　PRとはPublic Relationであり、直訳すれば公共（社会）との「関係」である。CSRは「社会に対する責任」であり、これとは似て非なるものである。関係とは「他との関わり」である。責任とは「やるべきこと、やらなくてならないこと」であり、関係の一部である。

　ミッションは日本語で「使命」と訳されるように、企業の社会的責任と表裏の関係にある。企業がミッションに掲げたことは「やる責任」があり、株主、経営者といえども、守るべき憲法のようなものである。

　一方PRはCSR、ミッションをも包含し、広く公共、社会との関係は「こうありたい」という「思い」である。

PR宣言

　そう考えるとPRはミッションの前に、株主、経営者、従業員という企業の機関が合意すべき項目であり、合意後にその「関係」の相手である社会へ宣言すべきものである。本来であれば企業創設時に作成すべきものであるが、既存の企業においては現経営者がリーダーシップを取らざるを得ない分野といえる。

　経営者がPR宣言をして、場合によってはそのミッションをも変える必要が生まれてくるかもしれない

道徳の基準

　企業と社会の関係は「こうあるべき」という道理のようなものではなく、むしろ「こうありたい」という道徳の世界といえる。道徳とは辞書によれば「人がふみ行うべき道、社会においてその成員および成員内の行為の善悪を判断する基準として一般に承認される規範の総称。法律のような外面的強制が伴うものでなく個人の内面的原理」と書いてある。法的にはやる義務もなく、やらなくても罰せられないが、人間としてとりたい行動のことである。

　電車のシルバーシートに座っていて、老人が来たら席を譲る。これは守る責任があるわけでなく、守らないと罰せられるわけでもない。これが道徳であり、もっといえば美意識のようなものである。

　PR宣言とは企業が自らにどの程度の道徳を求めるかということを企業の代表者と

して経営者が誓うものである。企業における道徳は個人のように親がいて幼い頃から教育し、自らの意思で道徳的行動をとるというものとは異なる。

企業は多くの人が働く場であり、その多くの人たちにとって欲しい道徳の基準を宣言するものである。そして道徳の定義から考えてわかるように、どちらが善か悪かと悩む（席を立つべきか、立たざるべきか）ものではなく、当然の行為としてなされるものであり、その行為をしないことを道徳違反として恥じるものである。仮に自らの利益（立つと疲れる）に反してでも、そのPR宣言を守るべく、その行為を成すというものである。

プライドと格

例えば「自社の利になるとしても社会全体として利にならないことはしない」という道徳を守ることを訴えれば、これがまさにPR宣言であり、その企業の道徳の基準である。

そして同じ基準を持っても、それを守れる企業と守れない企業がある。これは従業員、なかでも経営者、リーダーがさまざまな意思決定時にとる行動で自然に決まるといってよい。

守れる企業には共通するものがある。それは前に述べた自社へのプライドである。まわりの人に「私は○○社に勤めている」と胸を張っていえるかである。これを全従業員が持ったとき、その企業に「格」のようなものが生まれる。「この企業に勤めてよかった。この人たちと一緒に働けてよかった」という思いである。このプライド、格の最低レベルの条件が道徳、すなわちPR宣言である。

PR宣言は変革企業において、その方向ははっきりしており（社会へ貢献する）、それをいかに従業員が合意するかであり、その決め手は皆が自分たちの企業に「格」を求めているかということである。この求心力を作り上げるのは経営者の仕事であり、その実行策については第5章で述べる。

コーポレート・イノベーションへの道 5

Innovation Essence

★経営塾はイノベーション経営者を育て、公平に選定する場である

★リーダー塾は経営塾と並行して進めることで、次期経営者を支えるリーダーを育てる

★イノベーション委員会は現経営者および、経営塾・リーダー塾の卒業生がイノベーションの方向を考える場である

★イノベーション実施後の経営塾、リーダー塾ではトライアルを実施し、これを企業文化にする

★イノベーション時の外部機能には客観性担保とパートナーシップを求める

本章ではコーポレート・イノベーションの具体的進め方について述べる。

1．経営塾で経営者を育てる

（1）イノベーションに求められるもの

コーポレート・イノベーションには3つのものが求められる。

1つはその主体であり、誰が中心となってやるかである。無論経営者である。

2つ目は「変える」という意思である。前にも述べたが、コーポレート・イノベーションは「現状の問題点をよく分析し、変えるべき所は変える」ということではない。「何としても変える」という意思を持った経営者でなければ、企業は変えられない。人間には「変えたい人」と「守りたい人」がいる（もちろんどちらがよい人、仕事ができる人というわけではない）。イノベーションには「変えたい」と思う経営者が必要である。

3つ目は時間である。「変える」という行為は、通常の仕事以外にオーバーヘッドがかかる。「変える」という仕事は通常の仕事に比べ、「実行」よりも「考える」という行為のウェイトが高く、考えるための長い時間を必要とする。

この3つの条件を満たす方法論が経営塾である。経営塾は「変える」ための経営者を育て、「考える時間」を作り、「考える習慣」を付けるものである。

（2）経営塾のねらい

経営塾は現在の経営を実行している経営者が学習する場ではなく、次のような場を意味する。

・経営者を育てる場である
　　したがって今は「経営者でない人」がその対象。
・未来の経営を考える
　　今の経営、そしてその結果をよくすることを考えるのではなく、次世代の経営を考えるための時間を作る場である。
・塾である
　　学校ではない。その意味は勤務時間中にやるのではなく、勤務時間外に、自ら

の意思(企業を変えたいという思い)で集まる場である。
・経営者を選ぶ

　塾の最終目標は塾の卒業生の中から、「自企業を変える」経営者を選定することである。したがって他のキャリアアップと同様に公平、公開がその原則である。その公平さを担保するために「自企業を変える経営者がどのようにして選ばれるのか」ということを、塾の進め方を通して公開する。

・現経営者の意思である

　経営塾は次期経営者を育て、選ぶ場である。当然のことながら次の経営者が選ばれれば、現経営者の一部は退任することとなる。現経営者の「自ら退いてでも自企業を変える」という思いがないと、経営塾は成立しない。

(3) 経営塾の運営は外部講師とスタッフで

　経営塾は上記目的とイノベーション実施タイミング(ここで考えたことをすぐにイノベーションする)を考えると、期間は半年〜1年、人数は5〜20名くらいが妥当である。

　塾の運営は講師と運営スタッフが行う。

　講師は外部コンサルタントなど、他企業に関する情報を持つプロフェッショナルが望ましい。講師は主に次のような役割を果たす。

・塾全体の企画・運営責任
・塾のカリキュラムを含めたコンテンツの作成・編集・運営
・塾において行われるディスカッション、プレゼンテーションのコーディネーターおよびヘルプデスク(困ったときの相談窓口)
・次期経営者の評価・選定における第1次評価者

　運営スタッフは上記機能について講師を支援するとともに、企業内のさまざまな調整(日時設定、準備、経営者・従業員とのインターフェース……)を行う人であり、人材育成部門が担当すべきである。

(4) 経営者に求められる4つの要件

　経営者も経営という仕事のプロフェッショナルである。経営者を含めビジネス一般のプロに求められるのは適性(第2章で述べた資質と能力)、知識、ノウハウ、経験

の4つの要件である。この4つの要件について育成、評価していくのが経営塾の役割である。
　そのため経営塾は、次のような構造を持つ。

①経営者適性は塾を通して評価する

　経営者としての適性は、第2章で述べたように資質としての「企業への愛」、リーダーシップ、チームワーク、そして能力としての創造力、問題解決力、リスクヘッジなどである。
　本来ならこれらの適性を何らかの形で評価し、対象者を選定してから経営者を育てていくべきといえる。しかしこの方法は以下の点でやや無理がある。
・経営という仕事をやらずに、経営者としての適性を評価することが難しい。現状の仕事で（経営という仕事ではなく）、それを評価するのは危険である。
・経営者としての適性を誰が評価するのか。現在の上司が評価するのは問題があり、かつ特定の上司の意見だけで経営者を決めることは危険である。

　この2点を以下のようにして解決する。
・経営塾の入塾は、原則として「手を挙げる」こととする。つまり第一の条件を「自企業を変えるために経営者になりたい」という「思い」とする。
・経営塾における下記メニューを通して、経営者としての資質、能力といった適性度も評価する。
・評価は経営塾の講師をはじめとする運営スタッフが1次評価を行い、最終評価は現経営者が行う。

②変えるためにはナレッジが必要

　2つ目の要件である知識については、次の2項目に分けて考える。

（Ⅰ）経営基礎知識

　経営者として必要な知識項目を、塾運営スタッフが提示する。経営塾に入って経営者を目指すのであれば、その前に、この知識を自己啓発で取得しておくように指導する。

その上で何らかの方法で、この知識が習得したことをチェックする。これが入塾条件である。

このチェック方法については、次のようなものがある。

・MBA（経営学修士）

　MBAとは、もともとアメリカでプロの経営者を育てるために作られたものである。この卒業を知識取得の条件とすることである。

　日本のMBAでは大学の上の大学院という位置づけよりも、企業内のリーダークラスが働きながらプロの経営者へキャリアアップするというコンセプトのものが多い。そのためコーポレート・イノベーションにもフィットしている点が多い。

　経営学の基礎をしっかりと学び、横のつながり（他社受講者と一緒）も生まれ、かつ比較的冷静、客観的に経営の基本を学べるというメリットがある。

　難点は自社の意思がそのカリキュラムに反映されないことと、長期間（最低2年間）にわたることである。

・中小企業診断士1次試験

　中小企業診断士というライセンスホルダーの大半は、プロのコンサルタントではなく一般のビジネスマンである。この試験は一般のビジネスマンがリーダー、経営者としての基礎知識を習得するものとしても広く使われている。

　特に1次試験は経営知識のチェックであり（7科目もあり、大企業の経営者としては一部余計な科目があるが）、幅広く、薄く経営の基礎知識を学び、チェックするには最適といえる。しかも2006年度より科目別の合否も判定されるようになった。

　これによって入塾希望者に、合格すべき科目を指定することができるようになり、より使い勝手は向上している（2次試験は経営者というよりもコンサルタントとしての適性を文章を書かせてみるものである。コンサルタントと経営者はある意味では近いともいえるが、やはりずれがある）。

　1次試験のレベルとしては「しっかり勉強すればいつかは受かる」というものであり、幅は広いが、驚くほどのハイレベルではない。

　難点は1次試験の勉強をしているうちに（時間がかかることもあるが）、経営者として「企業を変える」という気持ちよりも、ライセンスを何としても取得するという方向へ本人の気持ちが流れてしまうことである。

・レポート提出

もっともノーマルなのがこの方法といえる。通信教育、市販本などを指定して読ませ、レポートを作らせることでその知識習得を講師および運営スタッフがチェックするものである。
　チェック方法としてはペーパーテストも考えられるが、これを実施すると学生時代を思い出し「テストのための勉強」のようになってしまうことが多く、記憶力の衰えた経営者適性世代には少し酷な面もある。
　経営の基礎知識はビジネスで使えるかどうかが大切なので、ペーパーテスト的要素を盛り込むにしても、テーマ（「当社のミッションについて」「当社の組織について」……）を与えて、その知識理解度をチェックするほうが妥当といえる。
　レポートによるチェックは実際にやってみると、評価が大変なことを除けば、思った以上に効果的である。

(Ⅱ) 変えるための経営知識
経営知識を経営ナレッジに

　経営の基礎知識習得がチェックできたら入塾する。ここからは経営塾カリキュラムの一貫として行う。
　まずは習得した経営基礎知識を、「経営を変える」ナレッジ（特定の仕事に使える知識）へとバージョンアップさせていく。これは次のノウハウ、経験に関する塾カリキュラムを実践することでも身につくが、その第一歩として「グループディスカッション」という方法をとる。
　グループディスカッションでは講師がテーマを与え、2～5名くらいのグループで（1グループでも可。ただ多くても4グループ程度まで）、そのテーマに関してディスカッションする。ディスカッション内容は他グループ、講師にプレゼンテーションし、相互評価、講師評価を行う。MBAで考えられた経営者育成の基本的方法である。
　ここでのテーマは企業を変える前の「自企業の現状についてどう思うか」を中心とする。そして一部「変える」ためのウォーミングアップとして「どうあるべきか」を議論してもらう。例えば「当社のミッションと戦略の整合性について」「当社の人事評価と給与について」「当社のカスタマーマーケティングと競争マーケティングについて」……といったものである。
　このディスカッションでの運営ポイントは、以下のとおりである。

ディスカッションは現状の否定ではない

　このグループディスカッションを行うと、どうしても現状の経営戦略の問題点ばかりが目に付くようになる。この問題点の列挙は、塾メンバーの現経営者への不信となり、併せてそのようなことを議論している塾への現経営者の不信となって現れる。

　現在の経営戦略の問題点などを経営塾で考えても意味がない。経営塾は現経営戦略をよりよくすることが目的ではなく、「未来の経営者を育てる」ことである。そして未来の経営者は現経営戦略の問題点を解消するのではなく(これは現経営者の仕事である)、企業を根本的にイノベーションすることである。

　では何のためにこのようなテーマでやっているのか。それは経営者としてのナレッジを身につけるためである。そのために最もよい方法は、知識として机上で学んだ経営理論を、実践にあてはめてみることである。その学習対象にもっとも身近でわかりやすい自企業を使う。

　現在の自社の経営は必ず何らかの理論に基づいて行っているものであり、これを見つけることである。つまり実践の理論的裏付けである。「これはPPMとエリアマーケティングを組み合わせたようなものだ」「この戦略はコトラーのいうリーダー戦略であり、ポーターのいうコストリーダーシップ戦略だな」といった感じである。これらの経営用語が塾生の口から自然に出るようにするのがこのフェーズの目的である。

　この実践の理論化は、むしろ現経営者との一体感を生ませるものであり、変える前の状態の合意ともいえる。この状態を否定するのではなく合意した上で、それでも「変える」のである。これがイノベーションの原点である。

　このディスカッションのベクトルを、外部の講師がしっかりと舵取りしていくことが第一のポイントである。

意見をまとめるのではない

　具体的なディスカッション方法としては、テーマごとにグループでリーダー、書記(ともに随時変える)を決める。リーダーは司会であり、意見のとりまとめ役ではない。書記はディスカッションプロセスの記録であり、最後の結論を記録するものではない。

　グループディスカッションは(後で述べるケーススタディのディスカッションも同様)皆の意見をまとめることではなく、「意見を言う」こと自体がその目的である。経営における秩序は、意見の優先度であり、その「意見を言う」トレーニングである。さまざ

まな意見を出し、人の意見を聞き、最後に意思決定者が決断する。これが現代経営の原点であり、グループディスカッションはこのためのトレーニングである。

この意見の出し具合が創造力であり、他人の意見の受容がリーダーシップ、チームワークである。意見の中身を見れば、問題解決力、リスクヘッジ、そして企業への愛がわかる。つまりグループディスカッションは経営者適性を評価するツールでもある。

LAN環境で

グループディスカッションの環境としては、非同期、同報機能を持ち、すべてが記録として残るようにしたい。具体的には図表5-1のような無線LAN環境が求められる。

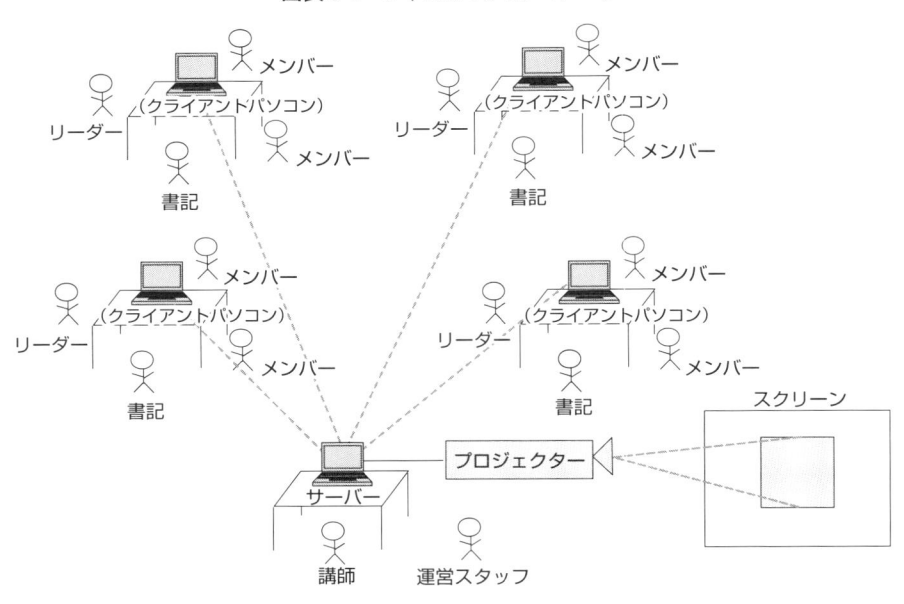

図表5-1　ディスカッションイメージ

書記はディスカッション時によく使う白板の代わりに、パソコンを使ってディスカッションの経緯についてメモをとる（議事録のような感じである）。

講師は常時ディスカッション状況をサーバーで見てチェックし、その進捗をとらえ、必要に応じてアドバイスする。

ディスカッション終了後、プロジェクターなどを使って、グループ代表者がその結果ではなく、ディスカッションの経緯をプレゼンテーションし、講師、他グループがこれについて意見を述べる。

ディスカッション経緯、プレゼンテーション結果、評価記録、アドバイス結果はサーバー内に自然に記録として残っていく。

③成功と失敗のノウハウ
他社のノウハウを学ぶ

塾の第2フェーズは経営ノウハウの習得である。経営知識というのは体系化されているが、経営ノウハウというのはあまり体系化されていない。言い方を変えると経営のうち体系化されているものは知識と呼ばれ、体系化されていないものをノウハウ（やっているうちに自然と覚えるようなこと）と呼んでいる。

このノウハウについては、私も教えているMBAなどでもいろいろ悩み、試行錯誤して出した結論はケーススタディという古くて新しい方法論である。コーポレート・イノベーションのための経営塾でもやはり主流となる技法である。

これは他企業におけるミッション、ビジョン、戦略、経営計画と、それに基づく組織、ビジネスモデル、そしてその結果をケースによって学習し、「そこで適用された経営理論の実践的ノウハウを学ぶ」とともに、自社のイノベーションにもそのアイデアを活用しようというものである。

しかしやってみるとこのケーススタディには、次のような2つの問題点があることがわかる。

成功要因がわからない

イノベーションをテーマとしてケース対象企業を考えると、どうしても結果として変革に成功した企業とすることが多い。

しかし真の成功要因をとらえることは難しく、ましてやケースという限られた文章から読み取ることは至難の業である。またそれを読み取らせようとケース作成者が考えて作ると、恣意的なものとなり、現実感がなくなる。「どうしてこんなによい方法

を最初からやらなかったのだろうか」「どうして他社は同じ戦略をとらなかったんだろうか」「わが社とは違う経営環境なのでは。わが社が同じようなことをやっても成功しないのでは」……。これが1つ目の問題である。

2つ目はそもそもケース記述だけでは情報量が少なく、ケーススタディを学習する人たちが欲求不満となることである。またケース作成者の目を通しているため情報が歪んでいたり、成功してしばらく経っていて現在の時代環境とは異なることも多い。「成功要因は時代に関わらず不変のものがある」といっても説得力がない。

そして塾生のディスカッションがその情報不足と情報精度に集中してしまう。

失敗例をケースに

1つ目の問題点の解決策として考えられるのは、ケースを成功例ではなく失敗例とすることである。成功企業の要因の多くは、その企業内部よりもむしろライバルなどの環境にあり、わかりづらい。しかし失敗要因は企業内部にあることが多く、比較的はっきりしている。

成功要因は不変（どんな企業でも同じことをやれば成功する）とはいいがたいが、失敗要因の多くは不変（同じことをやれば失敗する）といえる。これで2つ目の問題点も一部解決される。

例えば過去にスーパードライで成功したアサヒビールのケースを学ぶのではなく、逆になぜキリンビールで客離れが始まってしまったのかをケースで学ぶ。ソニーが成功した要因は難しく、成長期ではなく変革期にある多くの企業で生かせることは少ない。しかしソニーが今ひとつ元気がなくなっていった要因を考えることは可能であり、自社のイノベーション・トリガー（きっかけ）として、そして反面教師として役立つ。

成功はベンチマーキングで

2つ目の問題点を解決するには、ベンチマーキングという手法をとることである。ベンチマーキングとは本来「最高基準の確立」を意味し、一時アメリカで流行した経営管理手法である。具体的にはその業界のエクセレントカンパニーを最高基準の目標とし、自社がこれに追いつくよう努力していくというものである。

経営塾でいうベンチマーキングはこの競争的アプローチとは異なり、「自社周辺にあるイノベーションに成功した企業を探し、塾生自らがその企業について情報収集

し、その情報をベースに成功要因の仮説を考え、自社のイノベーションに生かす」というものである。

これにより問題解決力の第一歩といえる情報収集力を高め、かつその力を評価できるとともに、「ケーススタディ＝失敗」「ベンチマーキング＝成功」という他社情報のバランスをとることになる。

ディスカッションでは「なぜ失敗したのか」を考える

ケーススタディとベンチマーキングは先ほどのグループディスカッションのグループをベースとして、この単位で進めていく。ケーススタディでは塾生が時間を決めて全員集合して行う。ベンチマーキングではグループごとにメンバーが自由に集まったり、ネットワークの掲示板機能を利用するなどして、講師、運営スタッフはタッチせず自主的に進める。

ケーススタディはテーマ別にケースを外部コンサルタントが作成したり、必要に応じて市販のケースを購入して準備する。テーマは仮に集合を4回に分けるのであれば、本書の目次などを使って「経営」（ミッション、ビジョン、戦略、経営計画）、「組織」、「社内ビジネスモデル」（オペレーション、マーケティング、IT、経理）、「社外ビジネスモデル」（アライアンス、上場、CSR、PR）などとする。

ケースの準備ができたら、1ヵ月に1回（1回は1泊2日程度）くらいの頻度で集まる。最初に講師が各領域の知識ポイントを復習し、各ケースについて先ほどのグループディスカッションと同様に進めていく。

ここでのディスカッションテーマは「その企業はなぜ失敗したのか」「自社のイノベーションにおいて学ぶことは何か」の2点である。

ベンチマーキングでは成功結果に着目しない

ベンチマーキングでは先ほどのグループごとに、講師である外部コンサルタントが1社ずつ対象企業を選定する（塾のグルーピングはこのベンチマーク対象企業を提示して、塾生がこれを選ぶ形としてもよい）。その上で当該企業の成功要因を考える。

成功要因のアプローチについては、講師がある程度誘導していく。そのポイントは次の5つである。

・ケーススタディで学ぶ項目とリンクさせ、本書で述べた経営、組織、ビジネスモデル

に分けて考えさせる。
- 結果だけに着目しない。ミッション、ビジョン、戦略、経営計画というフローアプローチをベースとして、これらとストック要素である組織、ビジネスモデル（特にオペレーション）がどれ位一致していたかを考えさせる。
- 組織については合ミッション性とともに、そのムードを推測し（おそらく高いはず、高い企業を講師が選ぶべき）、なぜ高いムードになったかを考えさせる。できれば従業員評価の方法についても調査させる（ディスクローズしていないことも多いが、そこで働いている人などにヒアリングするなどしてチャレンジする）。
- 社内ビジネスモデルについては、特にマーケティングのあり方（競争型か顧客満足型かなど）について自社の考え方と比較させる。
- 社外ビジネスモデルについては、証券市場に対する考え方（ディスクローズの仕方でわかる）、CRS・PRについての取り組み（これはホームページなどで訴えている）を見て、感心する（すごいなぁ）のではなく、どうしてそう考えたかを推測する。

ベンチマーキングは業界外の企業を

　ベンチマーキングの対象企業は自社と同一の業界よりも、周辺の業界にある企業のほうがよい。これには次の2つの理由がある。

　1つは塾生が現経営陣の持っていない情報を収集することで、経営者へのプレゼンテーション時に情報自体の価値が高くなり、かつ経営者が冷静な目でその発表を見ることができる点である。業界内のライバル企業などを選ぶと、収集情報の精度や自社のライバルへの対応行動にその議論が行きがちとなってしまう。

　2つ目は業界内にはない、新しいタイプの成功要因（隣のライバルがやっていることをまねるのではなく）が得られることである。これは自社の改善ではなく（自社の問題点をライバルのアイデアで解消するのでなく）、イノベーションのヒントとなることも多い。

　例えば飲料メーカーでいえば、加工食品メーカー、取引先の量販店、卸売業やミッションの近いメーカー、サービス業といった企業を選ぶ。

　カリキュラムは図表5-2のようにケーススタディの集合教育のテーマに合わせて進めていく。次回の集合時にはそれまでの結果を他の塾生、講師に発表するという形をとる。

第5章：コーポレート・イノベーションへの道

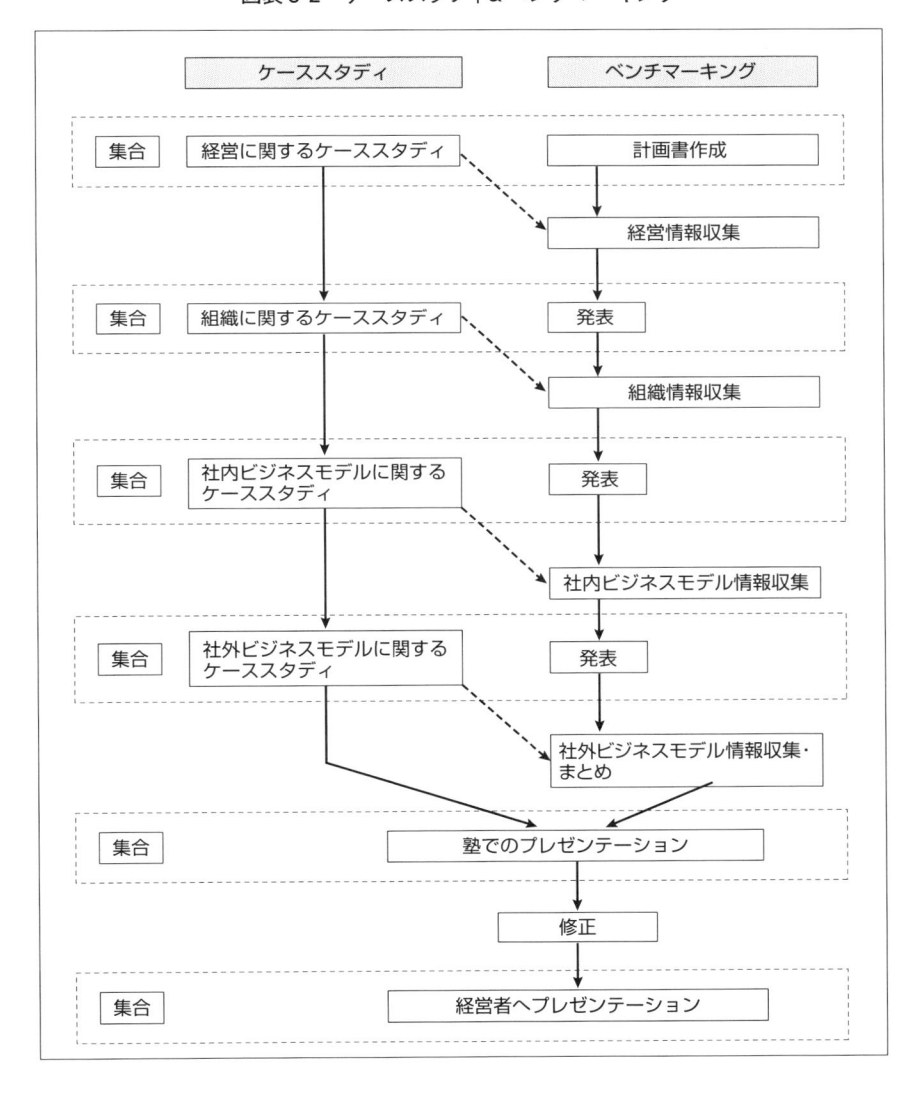

図表 5-2　ケーススタディ＆ベンチマーキング

```
                  ケーススタディ              ベンチマーキング

┌──────┐ ┌─────────────────┐   ┌──────────┐
│ 集合 │ │ 経営に関するケーススタディ │---│ 計画書作成 │
└──────┘ └─────────────────┘   └──────────┘
                                        │
                                        ▼
                                   ┌──────────┐
                                   │ 経営情報収集 │
                                   └──────────┘

┌──────┐ ┌─────────────────┐   ┌──────────┐
│ 集合 │ │ 組織に関するケーススタディ │---│   発表    │
└──────┘ └─────────────────┘   └──────────┘
                                        │
                                        ▼
                                   ┌──────────┐
                                   │ 組織情報収集 │
                                   └──────────┘

┌──────┐ ┌───────────────────┐ ┌──────────┐
│ 集合 │ │社内ビジネスモデルに関する │-│   発表    │
│      │ │ケーススタディ          │ └──────────┘
└──────┘ └───────────────────┘      │
                                        ▼
                                   ┌──────────────────┐
                                   │ 社内ビジネスモデル情報収集 │
                                   └──────────────────┘

┌──────┐ ┌───────────────────┐ ┌──────────┐
│ 集合 │ │社外ビジネスモデルに関する │-│   発表    │
│      │ │ケーススタディ          │ └──────────┘
└──────┘ └───────────────────┘      │
                                        ▼
                                   ┌──────────────────────┐
                                   │ 社外ビジネスモデル情報収集・ │
                                   │ まとめ                │
                                   └──────────────────────┘

┌──────┐        ┌─────────────────────┐
│ 集合 │        │ 塾でのプレゼンテーション │
└──────┘        └─────────────────────┘
                              │
                              ▼
                        ┌──────────┐
                        │   修正    │
                        └──────────┘
                              │
                              ▼
┌──────┐        ┌─────────────────────┐
│ 集合 │        │ 経営者へプレゼンテーション │
└──────┘        └─────────────────────┘
```

　ベンチマーキングでは以下のような形で、塾生自身の頭、手足を使って情報収集していく。

- 対象企業およびそのライバル企業のインターネットのホームページ、雑誌・新聞の記事、市販の書籍
- 有価証券報告書（この意味でもできるだけ上場企業を選ぶほうがよい）
- 来店、訪問、インタビュー、使用、体験……（対象企業が小売業なら店で買物する。知り合いから話を聞く。工場、物流センターを見学する。その企業の製品、サービスを使用、利用する。……）
- イメージ調査（対象企業についてのイメージを、その顧客などからアンケートをとる）

プレゼンテーションは経営者選定にも使う

　ベンチマーキングとケーススタディがすべて終了したら、その結果をまとめさせる。テーマは「自社のイノベーションに役立つ他社情報」である。その上で塾生、講師にプレゼンテーションさせ、講師からアドバイスを受ける。最後に現経営者にプレゼンテーションさせる。

　このプレゼンテーション内容は後で述べる経営者選定にも利用する。したがってプレゼンテーションはグループの代表者が行うのでなく、グループメンバーが分担して行う。

④経験は疑似体験で

　経営者の最大の条件は、その経験といえる。しかし塾生は経営者ではないので全員が未経験である。未経験者である塾生には２つのことを行う。１つは疑似体験である。これが先ほどの経営者へのプレゼンテーションである。

　しかしグループで行うため、そのグループ構成などによってやや不公平感が生まれてしまう。それを補うのが卒業レポートである。塾の最後に個人レポートを作らせる。テーマは無論「自分が経営者になったら、当社をどうイノベーションするか」である。こうして経営者としての疑似体験を行う。この卒業レポートも経営者選定に利用する。

　そしてもう１つが後で述べるイノベーション委員会である。

⑤経営者候補を選定する

図表5-3　経営者候補評価表

評価表

氏名：○○○○

評価項目		A	B	C	D	E	コメント
知識	経営者としてのナレッジ		○				塾を通して、実践的な知識が大幅に向上した。知識欲、習得力は極めて高い。経営者への思いがこれを支えている。マーケティングに関しては理論と実践のむすびつけがよくできている。ただどうしてもデータ分析にアレルギーがあり----------
経営者資質	企業への愛			○			自らの会社を愛し、未来の夢を考えるという熱い思いが伝わってこない。第三者的な立場をとることが多く、まわりからは評論家的に見られてしまう。----------
	リーダーシップ			○			自社のメンバーへの思いが伝わってこない。どうしても自分の意見を主張し、まわりの人とディベートするスタイルをとってしまう。----------
	チームワーク			○			チームで結果を出すよりも自らのことをまず考えてしまう。チームのムードは直感できるが、それを高めようとする努力があまり見られない。----------
	信頼感		○				何ごとに対してもチャレンジ意欲があり、先を見る力もあり、メンバーからそのパフォーマンスに対し信頼感を得ている。----------
経営者能力	創造力	○					グループディスカッションでのアイデアのキレが良く、イノベーションを考えていく力は極めて高い。特にマーケティングに関しては鋭い、----------
	問題解決力		○				やや独断的な面もあるが、情報を収集し、選択し、ベストな意思決定をするという力は極めて高い。他人が持っている情報を収集し、それで意思決定の精度を高めることができれば文句なし。----------
	リスクヘッジ		○				将来のリスクをとらえる目は鋭い。予防、発生時対策ともバランスが良いが、リスクを他人から聞くという姿勢が見られない。----------

総合評価

経営者としての潜在的能力は高く、自社をイノベーションする力は塾生の中でも極めて高い。特にマーケティングの分野に関しては知識、ノウハウ、経験ともよくバランスが取れている。本人もこの分野に自信を持っており、まわりからは信頼されている。しかしディスカッションのスタンスがややクールで自社への愛がまわりに伝わらない。仕事のプライドは持っているが、まわりに「楽しさ」を感じさせられない。--

塾の最後に塾生を講師、運営スタッフが評価する。
　評価項目は経営者としての知識（経営のナレッジ）、資質、能力であり、図表5-3のような評価シートにまとめ、現経営者へ提出する。
　この評価は次の3つの目的で使われる。
・経営者選定
　　本来の目的であり、現経営者が自らの仲間として、イノベーション経営者としてふさわしいかを判断するための材料として使われる。第2章で述べたとおり、イノベーション経営者としては図表5-3の項目の中の知識、企業への愛、チームワークがもっとも大切な項目となる。
・本人へのフィードバック
　　本人へこの評価表はフィードバックされ、自らが経営者として欠けている点を知り、それを補う努力をするために使われる。
・教育テーマ
　　この経営塾の塾生の特徴は当該企業のリーダーの特徴であり、企業全体の特徴ともいえる。塾の講師にこの評価を通して、他企業と比較した当該企業の特徴を指摘してもらうことで、コアコンピタンスをより強化し、弱みを補う教育テーマを見つけることができる。

　経営塾が終わり経営者候補の選定が終わると、コーポレート・イノベーションの方向とその主力メンバーが固まることとなる。
　経営塾はコーポレート・イノベーションのトリガーであり、その原動力といえる。

2. リーダー塾

(1) リーダーを育て、選ぶ

　イノベーションの主体が経営者であれば、これを支えるのがプレイヤーであり、その代表といえるリーダーである。イノベーションには「次世代の経営者」とともに、「次世代のリーダー」が必要であり、そのために経営塾同様にリーダー塾が求められる。
　リーダー塾のねらいは次のようなものである。

- リーダーを育てる
    原則として「リーダーではないプレイヤー」がその対象である。
- 未来の経営を理解する
    リーダーの果たすべき役割の第一は経営の理解である。リーダー塾では現在の経営とともに、経営塾などで考える未来の経営への合意も大きな目的である。したがって経営塾の内容との整合性が求められる。
- <u>塾である</u>
    経営塾同様に、リーダーになる意思のある人が「手を挙げ」、自らの意思で参加する。ただし経営塾とは異なり、対象が一般従業員であるので、勤務時間外か時間内かは企業の考えによって決める。
- リーダーを選ぶ
    これも経営塾同様にリーダーを選ぶ場となるので、公平、公開がその原則である。どうすれば「リーダーになれるのか」を明らかにすることが、最後の目的である。

(2) リーダー塾は経営塾と並行して

　リーダー塾も経営塾同様に講師、運営スタッフが運営していく（役割分担は経営塾と同じ）。リーダー塾は以下のような構造となる。

①入塾条件と適性能力
誰でも入れる

　リーダーの適性は、経営者のものとは異なる。

　リーダーに求められる第一の要件は、第3章で述べたようにトッププレイヤーである。リーダーはプレイヤーとしてよい業績を出していることが必要である。

　ただこれを入塾条件に採用するかどうかである。つまり入塾時に現在のプレイヤー評価によってスクリーニングするか（業績評価の高い人だけを入塾させる）、塾での評価（リーダーとしての適性評価）終了後、その卒業生の中からトッププレイヤーだけをリーダーにするかである。

　結論は後者を原則とすべきである。前者のようにトッププレイヤーしかリーダー教育ができないとすると、リーダー育成がイノベーションのタイミングと合わないリスク

を抱える。

後者であれば、仮にプレイヤーとしての業績が上がっていない場合でも、リーダー適性があれば、本人がリーダーになるための条件（プレイヤーとしての業績を出すこと）がはっきりとわかり、公平といえる。

結論は一定のプレイヤー経験（普通に仕事ができる）があれば、塾への応募は誰でもOKとする。

リーダーとしての能力を公開する

リーダー塾はリーダーとしての適性能力をはっきりさせ、これを社内に公開することが大きな目的である。トッププレイヤーとしての実績以外にどんな能力が必要かを提示し、これをトレーニングする場であることを全従業員に伝える。この意味でリーダーの能力ランキング表は必要である。

ただ能力ランキング表は「～ができる」というリーダー業務のパフォーマンスを提示することが多いので、リーダーになっていない塾生にとってはとらえづらい。

ここで用いられるのが第3章で述べた人材獲得の募集時に作られる能力マップ（図表3-2）である。募集時にはプレイヤーをリードしているリーダーとしての像を提示するのが一般的であり、言い方を変えれば入社する人たちの目指す像ともいえる。リーダー塾は各人がこれと能力適合をチェックし、その不足分をトレーニングによって補うものである。

②リーダーになる前に準備する

まずは社内にリーダー塾を作ったことを告示する。この際、入塾条件、能力マップとともに、次のようなリーダー育成のコンセプトを告示する。

衰退期はくる

人間が一定の仕事を行っていれば、図表5-4のように必ず3つの時期がある。仕事の実施を通して成長していく成長期であり、その仕事が充実し一定のパフォーマンスを出して企業に貢献する成熟期であり、そして衰退期である。残念ながら同じ仕事を続けていれば仕事の環境変化、能力の衰えなどによりパフォーマンスが落ちていくときがくる。

図表5-4　能力カーブ

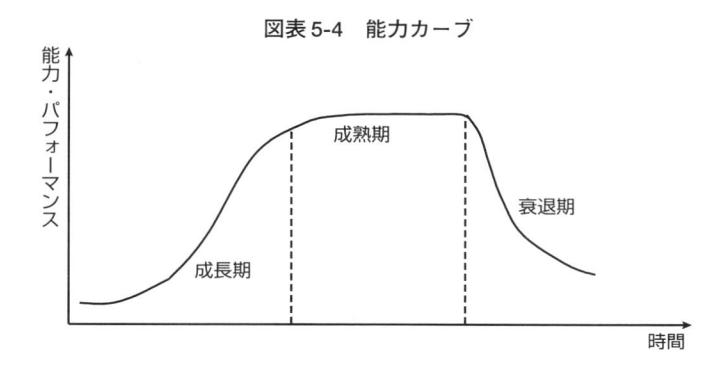

キャリアを重ねる

　プレイヤーからリーダーへのキャリアアップの意味は、プレイヤーとしての衰退期を迎えたら(できれば迎える前に)、リーダーになるというものである。

　しかしリーダーになってからリーダーの成長期(見習い、教育など)を通過していては、タイムラグが大きすぎる。そう考えればプレイヤーとしての成熟期に、リーダーの成長期を重ねるべきである。同様にリーダーの成熟期を経営者の成長期に重ねるべきといえる。これがキャリアアップの原点であり、リーダー塾、経営塾の意味である。

　リーダーになってから学習するのではなく、「なる前に」学習して準備する。リーダー塾にはこの合意が必要であり、リーダーへの転職準備をするというものである。

　これがリーダー塾のムードを決める。つまり同一の能力(講師、塾生)の人たちが集まり、同じ内容の塾を作っても、このムードによって結果は異なる。

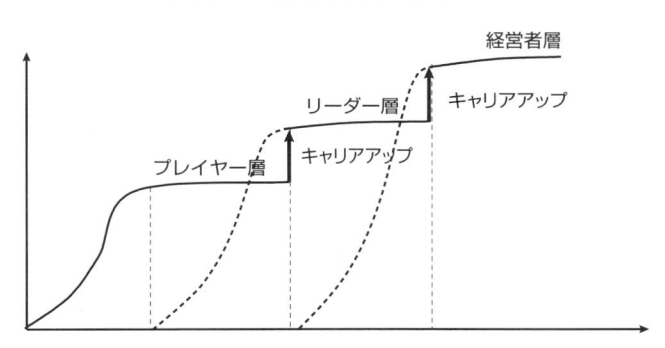

図表5-5　成長期と成熟期の重なり

③知識は自己啓発

　リーダー塾への入塾希望者には、まずリーダーとして必要な基本的知識を習得させるべく、通信教育、市販書籍などを指定して学習させる。

　学習項目は次の3項目である。

・現在自分が担当している業務に関するもの

　　自らのプレイヤーとしての領域について学習させる。これは自らがプレイヤーとしてやってきたことに対し、理論的な裏づけを行うことである。そのためにはその仕事に関する、原理、原則の書いてあるもの（私はこれを「そもそも論」と呼んでいる）を指定する。セールスマンであればセールステクニックではなく、「マーケティングの中でのセールスの位置づけ」「セールスモデルのあり方」「セールスマンに求められるもの」といった書籍・テキストを指定する。

・自分が担当している業務以外の知識

　　リーダーは他グループのリーダーとコミュニケーションすることも仕事である。したがって他グループのやっている仕事に関する基礎的知識が必要となる。すなわちマーケティング、経理、人事など共通スタッフ業務、およびライン業務（生産、流通、金融……）に関する浅く幅広い知識が必要となる。これはそもそも論ではなく「○○入門」的な書籍を指定する。

・経営に関する知識

　　経営者をサポートするリーダーを作ることが目的であり、これを理解させる意味でも経営に関する基本的知識、というよりも経営に関して日本経済新聞が読める程度の知識を求める。これも経営入門のようなタイプの書籍を指定する。

　上記2つに関しては拙著『マネジャーが知っておきたい経営の常識』（日本経済新聞社）や「ビジネスナレッジシリーズ」（同友館）などを参考にして欲しい。

④募集は公平に

　リーダーは本人が「やりたい」と思うことが大切である。

　リーダー塾では企業で稼いだカネが、特定のプレイヤーのキャリアアップ（プレイヤー→リーダー）に使われることになる。そしてその結果としてその人がリーダーになれば、一般的に給与分配が増える。このとき大切なことは公平さである。これは

経営塾よりも強く求められることである。

誰でも入塾に手を挙げる権利があり、どうすれば入塾できるのかが公開されていることである。入塾条件は③のリーダーとしての知識習得を終えていることであり、そのためペーパーテスト、レポートなどによる事前審査は必須である。もし全員に門戸を開くなら、入塾後のどこかの時点でその知識レベルのチェックが必要となる。

⑤経営塾の結果を使う

リーダー育成という面で考えると、塾の期間は1～4年程度（1年を超えるときは1年生、2年生……として「進級」という形をとる）で、1クラス5～20人くらいが妥当である。ただしイノベーション実施時には、後で述べるイノベーション委員会との関係で、経営塾と併せて終了させる必要があり、半年～1年程度の短期で実施する必要がある。イノベーション後はもう少しじっくりとリーダーを育てることが望ましいといえる。

塾で行う内容は、リーダーとしての必要知識はすべて自己啓発にて行っているので、そのコンテンツは主に次のようなものとなる。

・グループディスカッション

　　ここでは経営塾と同一のテーマを用いるとよい。つまり当社の現状のミッション、戦略、組織、ビジネスモデルなどについて、リーダーの立場からディスカッションすることである。やり方も経営塾と同様である。

　　リーダー塾では、経営塾にて同一のテーマでディスカッションした結果をまず提示し、それについての意見も含めてディスカッションする。そのため経営塾から1～2週間程度遅れる形で、各テーマを実施していくのがよい。

・ケーススタディ

　　一般的なリーダー塾では、リーダーの立場でのケース（リーダーを主人公にしたケース）をディスカッションする。内容は自社、他社でのリーダーのとった行動についてどう思うか、どうすべきかである。これも経営塾同様に失敗例が望ましい。ケース開発は講師（他社ケース）および運営スタッフ（自社ケース）が協力して行う。

　　さらにイノベーション時のリーダー塾はこれに加えて、経営塾で使ったケースについてもディスカッションする。これもやはり同一ケースに関する経営塾でのディスカッション結果を提示し、この結果についても併せてディスカッションする。

・ベンチマーキング

　イノベーション時には、場合によっては経営塾同様に特定企業を選定し、ここでベンチマーキングも行う。または経営塾のメンバーと一緒にやってもよい。

このようにイノベーション時には経営塾との整合性を図り、次期イノベーション経営者のサポーターというイノベーションリーダーの役割をはっきりさせ、一体感を醸成しておく。

⑥卒業生を評価する

　リーダー塾には卒業という概念を必ず入れる。卒業レポートとして必ず個人レポートを提出させる。テーマは通常時には「自分がリーダーとしてやっていくための長期計画」であるが、イノベーション時には「当社がイノベーションすべきポイントと自分がリーダーとしてサポートすべきこと」などとする。

　その上で卒業生は必ず評価する。評価項目はリーダー適性がその中心であり、評価対象はディスカッション、卒業レポートである。評価結果は経営塾同様に経営者へ提出し、リーダー選定に役立てる。さらに本人へフィードバックし、本人にリーダーへの道を考えさせ、かつ企業にとっての教育テーマの設定にも用いる。

3. イノベーション委員会で方向を決める

(1) メンバーは各層の代表者

経営者層だけでは短期的

　イノベーションは毎年定期的に実行するものではなく、ある時期に意思決定し、変革する。イノベーションには変革のためのオーバーヘッドがかかるが、その後長期にわたって企業にリターンをもたらすものである。

　一方企業は次図のような階層構造をとり、上位層ほどイノベーション後に、その企業に在籍している期間が短い。

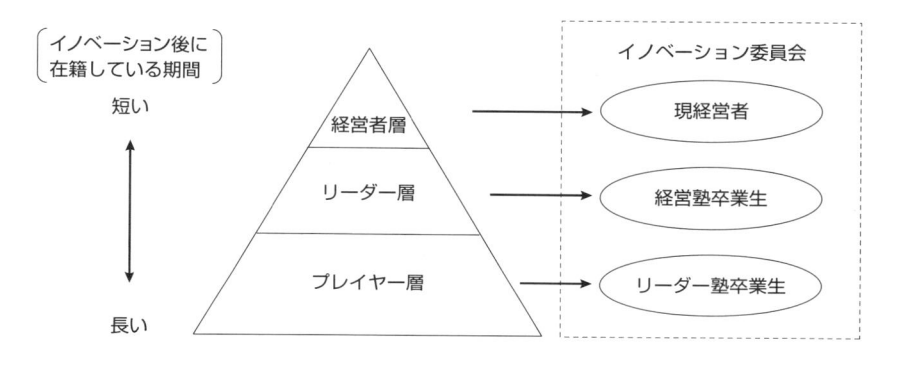

図表5-6　イノベーション委員会のメンバー

[イノベーション後に在籍している期間]
短い ←→ 長い

経営者層 → 現経営者
リーダー層 → 経営塾卒業生
プレイヤー層 → リーダー塾卒業生

（イノベーション委員会）

したがって経営者など上位層だけのイノベーションではどうしても短期的になり、今日、明日を優先する「改善」のようなものになってしまう。しかしだからといって下位層が中心で行えば、そのイノベーション時において今日、明日の責任を担う上位層が納得しない。

経営塾・リーダー塾の卒業生でバランスをとる

そう考えればイノベーション、特にその「方向」の意思決定には、各層のバランス、長期・短期のバランスが必要となる。このバランスを担うのが経営塾、リーダー塾の卒業生である。

イノベーションの方向決定、合意時にはイノベーション委員会という組織が必要である。委員会というのはイノベーションの方向を決定するという特定テーマが終われば、解散する組織という意味である。

そしてそのメンバーは現経営者の代表者、現リーダーの代表者であり次期経営者候補といえる経営塾の卒業生、現プレイヤーの代表であり次期リーダー候補といえるリーダー塾の卒業生という3層から構成されるべきである。イノベーション時の経営塾、リーダー塾の実施、そこにおける経営者、リーダーとしての評価・選定は、イノベーション委員会のメンバー選定が第一目的といってもよい。

イノベーション委員会はその方向が決定したら解散する。そして委員である現経営者と経営者候補が新経営陣を構成し、取締役会にて正式に了承し、これを株主、

投資家へ長期計画として掲げる。

その了解後、新経営陣を先頭に、新リーダー陣（現リーダーの一部＋リーダー塾の卒業生）によって、プレイヤーはこのイノベーション方向にリードされていく。

（2）イノベーション委員会で合意すること

イノベーション委員会で合意すべきことは、本書の第2章～第4章で述べてきたことであり、主なものを挙げると次のようになる。

・ミッションの合意

　　現ミッションの合意。場合によっては新たなミッションを作り、その合意。

・ビジョン、戦略の合意

　　長期的なビジョン、戦略について、この方向を話し合う。

・組織イノベーション

　　特に組織構造、給与を含めた評価方法について全層の合意を得る。給与ではもっとも人数の多いプレイヤー層の代表として、リーダー塾卒業生の意見が重視される。

・ビジネスモデル・イノベーション

　　オペレーション、マーケティング、経理、IT など各部門について、部門リーダーの意見を中心に合意条件を詰めていく。その上でアライアンス、上場、PR など社外部分について、現経営者を中心としてその合意を図る。

イノベーション時の経営塾、リーダー塾はこれらのことについて合意を得るための準備ともいえる。そのためこれら合意事項を塾開始前に洗い出し、グループディスカッション、ケーススタディ、ベンチマーキングのテーマとして取り入れておくべきといえる。

（3）イノベーション実施後にトライアルを

イノベーションを文化に

経営においてイノベーションが実施されたら、このパワーをいかに持続させていくかを考える。これを支えるのが権限委譲をベースとした PDS（PDCA）というマネジメントサイクルである。

第5章：コーポレート・イノベーションへの道

　このマネジメントサイクルを企業内に担保するため、イノベーション後も経営塾、リーダー塾を引き続き進めていくとともに、塾終了後に、経営者トライアル、リーダートライアルを実施する。これによってイノベーション委員会で実施したノウハウを企業文化として根づかせる。
　具体的には次のようなものである。

「変えた実績」を持つ者がキャリアアップする

　両塾の運営スタッフが卒業生に対し、実践テーマを募集する。つまりリーダー候補生（経営者候補生）が、特定のテーマについてだけ自らがリーダー（経営塾では経営者）としてやってみるというものである。
　このテーマは何かを「変える」というものであり、例えば「セールスモデルを変える」「生産管理方式を変える」……というものである。
　この計画について塾の運営スタッフを通して、現在のリーダー（経営者）に提出し、その了承により権限委譲される。このテーマに限定して、リーダー（経営者）としてメンバーを統率していく権限を、現リーダー（現経営者）、運営スタッフのサポートのもとで持たせる。要するにリーダー見習い、経営者見習いである。
　このテーマを現場で塾卒業生がメンバーなどを使って実行（DO）する。未熟なプレイヤーに対するOJTと似ているが、このスタイルとは異なる。OJTは指導員が受講者を指導するというもので、受講者に権限委譲はしておらず、指導員の責任のもと実行していく。
　一方このトライアルにおいては指導ではなく、現リーダー、現経営者は塾卒業生に権限を委譲して、塾卒業生の責任のもとに実行する。
　実行後に塾卒業生が、経営者へその結果をプレゼンテーション（アカウンタビリティ）する。このプレゼンテーションの評価を以って、塾卒業生は最終的にリーダー、経営者へとキャリアアップする。
　「変える力」を持ち、「変えた実績」を持つ者だけがキャリアアップする。これによってリーダー塾、経営塾はリーダー、経営者を作るだけでなく、企業内にイノベーション文化というべき風土を根付かせ、その企業体力を高める。

図表5-7　リーダー候補のPDSの実践

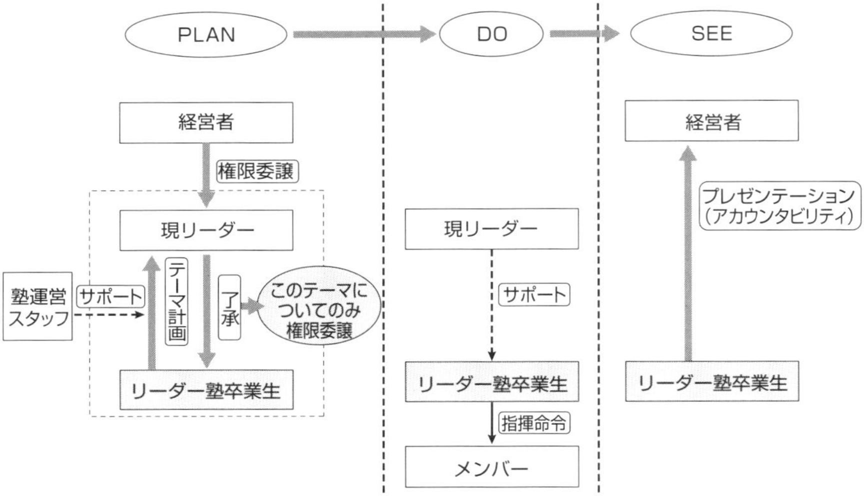

4. 外部機関の利用

外部機能は限定的に

　イノベーションは本来経営者をはじめとする従業員の意思であり、自らの手で成し遂げてこそ意味がある。企業を変えるために外部から他人が入ってきて、その企業を変えたとしても、（それを企業再生と呼んでも）本書でいうコーポレート・イノベーションとは異なるものである。

　しかしコーポレート・イノベーションには外部パワーを必要とすることも事実である。このときのポイントは外部に何を求めるかをはっきりさせることであり、その機能に限定していくべきといえる。

　イノベーション時に外部へ求める機能としては、次のようなものが考えられる。

（1）イノベーションのトリガーとする

　企業がイノベーションする「きっかけ」である。当然といえば当然だが多くの従業員、リーダー、経営者は自企業のことしか知らないし、他企業を調べる時間がない。

第5章：コーポレート・イノベーションへの道

いろいろな外部企業の情報を持っているコンサルタントなどに、自社の従業員、ミッション、戦略の特徴などを他社と比較してもらうことは極めて有効である。その代表例が経営塾、リーダー塾のコーディネーターというべき講師を、外部コンサルタントに委任することである。

したがって塾においては講師に他社のディスカッション結果などと比較してもらい、自社の特徴を指摘してもらう。そういう意味でも講師は他社で経営塾、リーダー塾を経験しているコンサルタント、コンサルティングファーム（コンサルタントのグループ）を使う必要がある。

この指摘がイノベーションのトリガー、ムード、合意、さらには推進力につながることが多い。

（2）客観性を担保する

イノベーションの方向を合意したり、それを実行する際に、外部の客観的な判断を必要とするときもある。それは経営者、リーダー自身が直接的な利害関係を持つ場合である。例えば給与分配、評価などについて、そのイノベーションの方向を合意するときである。

ここで合意をするメンバー（もちろん全従業員で話し合って、多数決というわけにはいかないのでその代表者）が自らの損得を考えてしまうと、物事は進まず、進んだとしても秩序、ムードが崩れてしまうリスクを生む。

この典型がバブル崩壊後に行った、苦しまぎれの中高年リストラである。従業員が新しい道を求める希望退職ではなく、一部の企業であったいわゆる「肩たたき」と呼ばれるものである。まさに弱肉強食である。特定の人を退職させ、その給与をカットすることで、自らの給与を確保するという恐るべき企業内の合意である。

もしこのときに外部の第三者が、「企業内の合意が得られるようにするにはどうすべきか」と意見を求められれば、ヨーロッパなどで見られているワークシェアリングを提案するほうがノーマルといえる。仕事量が企業として一時的に少なくなり、付加価値が減ったのなら、全員の仕事量を減らし、それによって全員の付加価値分配としての給与を減らそうというものである。

こういったときに外部機関が正しい判断をするという保証はもちろんない。しかし少なくとも利害関係がない第三者の意見を聞いてから決めるという公平性は担保さ

221

れる。そう考えればこの第三者は全メンバー、それが無理なら多くのメンバーが納得できる人や機関が必要であり、イノベーション委員会の一員としても参加すべきといえる。

これが現代の企業でよく用いられる社外取締役や外部経営委員会などの理論的バックボーンといえる。

(3) 外部機関が監査する

正当性と準拠性を担保する

客観性担保の1つともいえるが、企業外部のステークホルダーが何らかの理由で当該企業をチェックしたり、評価したりするときにも外部機関は使われる。典型的な仕組みが、上場企業における公認会計士による会計監査である。証券市場が有価証券報告書の妥当性を担保するために行うものである。またISO9000、ISO14000などの認証も、社会というステークホルダーが、当該企業が一定のレベルにあることを外部機関によって認定してもらうためのものである。

イノベーション時にはこのようなルール上求められるものだけでなく、むしろ積極的にその監査を求めることも多い。

監査とは正当性（そこに使われるルールなどのコントロールが妥当か）と準拠性（そのコントロール通り実行されているか）を見るものである。

社会に認められる

イノベーション時に決めたビジョン、戦略、組織、ビジネスモデルについて、一定の間隔で外部監査を行うことにより、それらが現在の社会常識に照らして妥当か、そしてそのとおりになされているかといったことをチェックすることができる。特に給与、評価など公平性が求められるものについては必須といえる。これが経営者、リーダーという優位性を持った従業員を律し、かつ優位性を得たいが得られない一般従業員への公平性を担保するといえる。

また外部との関係に関しては、環境など社会との関係、つまりPRの正当性、準拠性を担保するものとしても外部監査を用いるべきである。

これら監査機能はイノベーション自身の正当性、準拠性を担保する意味でも、積極的に活用すべき外部パワーといえる。

(4) 不足機能を補充する

　企業が内部に不足していたり、持っていないパワーを外部に求めるというものである。その代表的なものがITと教育である。ここではこの2つを通してイノベーションにおける機能補充のあり方を考えていく。

① ITベンダーとはアライアンスする

　ITは経営上、唯一といってよいほど、自社内ですべての機能を持つことが不可能な領域である。したがってITベンダーへ、何らかの形で、何らかの機能を委託する必要がある。インターネット時代の現代ではこのITベンダーの選定が業績に大きな影響を与えることもある。

　ITベンダーの選定のポイントは、次のような点である。

一括して任せる

　ITが経営から見てブラックボックス性を持っている理由は、ITが多くの要素を持ち、多くの企業はそれぞれ異なる専門ベンダーへ委託していることである。そのため経営者はITに関し、誰に話を聞けばよいのかさえわからない。

　パソコン・サーバーなどのハードウェア、windows・ワード・エクセル・ERPパッケージなどの市販ソフトウェア、自社独自で開発したソフトウェア、データベース、ネットワーク、ヘルプサービスなどITの構成要素は果てしなくあり、ベンダーも果てしなくいる。

　そのためどんなベンダーを選び、組み合わせていけばよいかを考えなくてはならない。しかもこれらの機能をバラバラに購入すれば、誰かが全体をコントロールしなくてはならない。これを情報システム部などに求めるのは酷である。コントロールというのは「するほう」が「されるほう」よりも能力が高く、かつ「されるほう」に対して指揮命令権を持っている必要がある。

　そう考えれば、コントロールするのではなく任せるべきといえる。1つのITベンダーに一括してこれらのことをすべて任せ、そのITベンダーにシステム全体としての稼働責任を負ってもらい、何かあったときにはすべてリカバリーしてもらうというスタイルをとるべきである。そうしたほうが低コストで信頼性が高く、かつ第4章で述べたように保険の機能をも持たせることもできる。

IT ベンダーも望んでいる

　IT ベンダー側もシステムインテグレーション（IT を統合するサービス）、ソリューションビジネス（IT を売るのではなく、IT によって顧客の課題を解決するサービス）と称して、その一括受託を望み、体制を整えつつある。

　一般企業から見れば単によいハードウェア、よいソフトウェアを安く売る業者ではなく、こういったビジネスを指向している IT ベンダーを見つければよいことになる。

　IT の実力がない企業ほど外注すると高いコストになると思い込み、できることは何とか自社の従業員に勉強させてやらせようとする。そこで選ばれる従業員は「コンピュータが好きで、自社のミッション、ビジョン、戦略にあまり興味がない人」が多い。そのため結局はインテグレーションする能力がなく、経営を理解していないアマチュアの IT ベンダーへ外注しているのと同じとなってしまう。

　IT においては、それが今きちんと「動く」ことよりも、「止まったときどうなるか」「世の中の IT トレンドにどう対応していくのか」「その IT トレンドに合ったビジネスモデルを考える」ことが大切であり、これを自社ですべて対応することは難しい、というよりもするべきではない。

　コスト面でもきちんと計算してみればわかるが、IT は内でやるより、まとめて外へ出したほうが圧倒的にコストダウンにもなる。

IT はアウトソーシング型アライアンス

　IT ベンダーとは第 4 章で述べたアウトソーシング型アライアンスと考えるべきであり、経営のパートナーと見るべきである。経営者がコーポレート・イノベーションをやると決めれば、「これを機に」過去のシステムを可能な限り一度捨て、新しい IT パートナーを見つけるという意思決定をすべきである。

　IT、情報システムでは常に最先端をいき、そして課題も多かった銀行など金融機関も悩みに悩んだ結果、この道を選択している。

　アウトソーシング型アライアンスのパートナーを選ぶステップは、次のようなものである。

- ニーズを挙げる

　　第 4 章で述べた情報システム委員会のメンバーが、各部門ごとに現状システムに関する不満、システムへの要望という、いわゆる IT へのニーズをヒアリングす

る。そしてこれを委員会に持ち寄る。

　この委員会はできるだけ「オフィシャルに」、勤務時間内に「仕事」として行う。各委員はこの委員会でニーズを伝えることで、仕事としての評価を受け、それによって給与をもらい、その責任を負うことをはっきりさせる。このニーズの責任は当然のことながらITベンダーにあるわけではなく、この委員にある。

　ITがうまくいかない多くの理由は、それぞれの従業員が勝手な、いいかげんなニーズを言い、それに沿ってシステムを作ってしまい、別の従業員から不満が出て修正する……ということをくり返しているからである。

　このニーズは自分たちが稼いだカネを投資するITに対するものであり、その責任を誰かが負わなくてはならない。全体としての最終責任者はもちろん経営者であるが、各委員も自部門の代表者としてこの責任を負うことを自覚させる。

・提案要求書を作る

　委員会で挙がったニーズは、経営者およびそのスタッフとしての情報システム部（情報システム委員会のリーダー兼務）で優先順位づけをする。これを文書化したものをRFP（Request For Proposal：提案要求書）という。

　このRFPをITベンダーに提示し、前述したようなIT予算内で、ニーズができるだけ解決するためのITについて提案書を求める。

　RFPにはどんなシステムにしたいかは一切書かず（これをITベンダーに提案してもらう）、ニーズの優先順位と予算、そしてできれば結果としての「目標」を書く。

　ここで大切なことは予算額を提示し、その範囲でベストな提案を要求することである。そうすれば金額とシステム機能を同時に審査しなくてすむ（同時に審査することは素人には不可能と思ったほうがよい）。

・提案ITベンダーの選定

　提案を求めるITベンダーであるが、従来のハードウェア、ソフトウェアなどを購入しているベンダーを含めてもかまわないが、先述したようなすべてのIT機能を提供できるベンダーを3〜5社程度見つける（インターネットのホームページなどを利用するとよい）。これらの機能を1社ですべて持っているということではなく、窓口としてインテグレードできるという意味である。簡単にいえばホームページにソリューション、インテグレーションといったキーワードが入っている企業を選ぶ。

　パートナーを見つけるのであるから、自社のサイズに合ったITベンダーを選ぶ

ようにする。売上が数十億円の企業が売上高数兆円ものITベンダーを選んだり、売上高が数兆円の企業が売上高数十億円のITベンダーを選ぶべきではない。経営者同士が手を握ることができる同等サイズのITベンダーを選ぶことである。

・提案書のプレゼンテーション

　ITベンダーにRFPを元に提案書を作成させ、その内容を経営者にプレゼンテーションさせる。この際、ITベンダーには必ず自社の窓口責任者（IT業界ではプロジェクトマネジャーと呼んでいる）になる予定の人から説明を受ける。プロジェクトマネジャー以外の人（セールスマンなど）からプレゼンテーションを受けると、必ず後で「言った、言わない」でもめる。

　経営者は内容が「難しい」といってこのプレゼンテーションから逃げてはいけない。自らの権限で（ITベンダーの選定は経営者の意思決定であり、情報システム部に権限委譲すべきものではない）、自らの責任で、ITへの投資を意思決定するための情報を入手すると考える。

・ITベンダー審査

　ITベンダーの審査項目は大きく、システム提案力、サポート力、担当プロジェクトマネジャーの能力、金額の4つである。

　各項目の詳細はケースバイケースであるが、右図のようなものが一般的である。

　経営者とそのスタッフである情報システム部で各評価項目について5点法、10点法などで評価し、コメントを記入する。これによって最終的に1社に絞り込む。最終決定は経営者の仕事である。

・トップ会談

　選定終了後、必ずITベンダーのトップと自社のトップが会談し、アライアンスを誓う。このイベントはITベンダーのプロジェクトマネジャーの緊張感を高めるとともに、情報システム部の安心感を生む。

・契約

　トップ会談後に契約する。契約はアライアンス契約と個別契約に分けて行う。アライアンス契約の項目は時間的継続、守秘義務、著作権、発注方法、ライセンシング方法、支払方法、瑕疵担保責任といった共通事項である。

　一方、個別契約は実際に購入する単位に行う。この個別契約ではSLA (Service Level Agreement)をこの単位に取り交わす。SLAとは主にITベンダーの稼働責

図表5-8　ITベンダー選定表

審査項目	A社	B社	C社	コメント
システム提案力				
インフラ・ネットワーク				
データ利用				
インターネット利用				
サポート力				
データセンターサポート				
教育体制				
アフターサービス				
担当プロジェクトマネジャー				
IT知識				
業務知識				
提案力				
信頼性				
金額				
イニシャル				
ランニング				
総合評価				

任に関することを契約するもので、情報システムにどの程度の品質（スピード、ボリューム……）を保証するのか、および品質低下の場合（一定時間以上システムが止まった場合など）やセキュリティトラブルにおいてはどのような保証があるのかといったことについて、文書で取り交わす。アライアンス契約が経営者としての意思決定なら、SLAによるITベンダーとの合意は情報システム部の仕事である。

コーポレート・イノベーション時の機能補充はITに限らず、原則としてアウトソーシング型アライアンスで考えるべきである。そしてアライアンスパートナーの選定は上記のようにニーズ提示→提案書→パートナー選定→トップ会談→アライアンス契約＆個別契約と進めていく。

②教育もアライアンスする
時間的継続性を考える

教育では先述したように、企業自らが持っていないノウハウ、情報を外部に求める

ことが多く、OJT、内部講師だけでは限界がある。特にイノベーション時にはこれが顕著であり、リーダー塾、経営塾の講師などは外部に頼らざるを得ない。

イノベーション時に求める外部の教育パワーは、アライアンス・イノベーションで述べた時間的継続性についてまず考える。この教育機能の補充をこれからも継続して外部に求めるのか、それともイノベーション後はこの機能を内部で遂行するのかである。

前者であれば、この教育を単なる外注(忙しくてできないから外に任せる)ではなく、アウトソーシング型アライアンスとしてとらえる。したがって外部機関を単にリーダー塾、経営塾のコンテンツや、今回担当する講師の質だけでなく、アライアンスするパートナーとして、一生の伴侶を見つけるつもりで①で述べたITベンダーと同様のステップで選ぶ。そしてその旨をきちんと相手企業に伝え、アライアンス契約を締結すべきである。

アライアンス契約はITベンダー同様に、リーダー塾、経営塾の運営といった個別契約をする前に、コンセプト(どんなパートナーシップを組むのか)、時間的継続(いつまでパートナーとして行うのか)、権利(著作権など)、義務(互いがどのような義務を負うのか)、料金(どういう形で支払うのか、稼働時間か、成果払いか、コンテンツ対応か……)などの項目とする。

ノウハウを盗む

もし後者(教育を一時的に外注する)であれば、その旨をはっきりと委託先に伝えるべきである。すなわち委託先の情報、ノウハウをイノベーション時に活用し、それによって自企業が変革、成長し、いずれ自らがその機能を遂行する「意思」を持っていることである。

受託側はそれを了承した上で自らの情報、ノウハウをライセンシング(企業がそれを使う間ずっと料金をもらう)ではなく、譲渡(売り渡す)するものとして金額見積を出すことになる。

これについて受託側へ提示、合意がないと悲劇を生むことになる。少しきつい言い方をすれば、受託側はライセンシング契約と思いながら、委託側がその契約に反してノウハウを「盗む」ことである。

外部教育機関は自らのサービスが良質であれば、プロフェッショナルなのでその意

図を予知し、その防御(盗まれないように)を意識して遂行する。そのため教育のパフォーマンスを落としてしまうことも多い(ノウハウのコア部分はブラックボックス化する。講師レベルを落とす。……)。

　結論はあらゆる企業において、教育はIT同様にアライアンスと考え、かつ教育をインテグレートできる一社とパートナーシップを結ぶべきといえる。

〔著者紹介〕

内山 力（うちやま　つとむ）

1955年　東京都生まれ。
1979年　東京工業大学理学部情報科学科卒業、日本ビジネスコンサルタント（現日立情報システムズ）入社。
現　在　株式会社MCシステム研究所代表取締役
　　　　産業能率大学大学院MBAコース非常勤講師
　　　　中小企業診断士、システム監査技術者、特種情報処理技術者
　　　　（URL）http://www.mcs-inst.co.jp

著　書　『数字を使える営業マンは仕事ができる』『マネジャーが知っておきたい経営の常識』『IT活用の実際』『中小企業診断士』以上、日本経済新聞社、『コンサルティングセオリー』『ソリューションビジネスのセオリー』『ビジネスリーダーのセオリー』『人材育成のセオリー』『計数分析のセオリー』『セールスのセオリー』『会社のナレッジ』『経理のナレッジ』『マーケティングのナレッジ』『ITのナレッジ』『生産のナレッジ』『流通のナレッジ』『法律のナレッジ』『経済のナレッジ』以上、同友館、『情報管理実務』（共著）産業能率大学出版部、他多数。

コーポレート・イノベーション　―イノベーターへ贈る企業変革のシナリオ―　〈検印廃止〉

著　者	内山　力
発行者	飯島聡也
発行所	産業能率大学出版部
	東京都世田谷区等々力6-39-15　〒158-8630
	（電話）03（6432）2536
	（FAX）03（6432）2537
	（振替口座）00100-2-112912

初版発行　2006年6月8日　初版1刷発行
　　　　　2015年5月15日　　5刷発行

印刷所／渡辺印刷　製本所／協栄製本

（落丁・乱丁本はお取り替えいたします）　ISBN978-4-382-05558-2
無断転載禁止